WILLIAMS-SONOMA

comidas familiares

maria helm sinskey

fotografía por ray kachatorian

contenido

acerca de este libro

Era un día caliente y húmedo de verano al norte de Nueva York. Mi padre estaba asando filetes, picándolos ocasionalmente con un tenedor largo de metal para revisar si ya estaban listos. El sol parecía cocinar las superficies de las carnes mientras las flamas trabajaban por debajo. Yo podía escuchar el chisporroteo de la grasa y los jugos cuando caían en los carbones encendidos. El humo del asador flotaba espeso y aromático en el aire bochornoso y una ligera brisa lo hacía girar de vez en cuando formando una aureola sobre la cabeza de mi padre.

Mis hermanos y yo estábamos ocupados desgranando elotes de la granja vecina, mordiendo de vez en cuando la punta de una mazorca recién desgranada para probar la dulzura lechosa de los granos. Nuestro padre nos había dicho repetidamente que el maíz recién cultivado tenía que cocerse lo más rápido posible para que su azúcar no se convirtiera en almidón y dejara la mazorca incomible. Nuestra degustación clandestina nos aseguraba que el maíz aún estaba dulce, que aún teníamos tiempo para ponerlo en la olla antes de que sucediera lo inevitable.

En la cocina, mi madre estaba preparando una ensalada de papa usando las papas blancas que había hervido el día anterior. Habían pasado la noche en el refrigerador y temprano en la mañana se había sentado en el porche y había retirado sus pieles con un cuchillo pequeño. Su ensalada era una muestra de simplicidad: rebanadas de papa hervida mezcladas con un puño de cebolla morada finamente rebanada, un chorrito de vinagre ácido de vino tinto, otro de aceite de oliva de buena calidad y un poco de sal kosher y de pimienta negra recién molida. Su toque final era un manojo de perejil cortado de una maceta bien cuidada de su cocina, picado toscamente y agregado al último minuto. La cena estaba lista. Nos sentábamos juntos.

En una mesa llena de comida y animada por la plática sencilla, todos competíamos para obtener nuestro trozo de carne favorito y el elote con las filas de granos más uniformes. A la hora del postre, cuando llegaban las tartaletas esponjadas de fruta con las primeras fresas dulces de la localidad, nosotros suplicábamos que nos dieran más crema batida y fruta.

Ésta es sólo una de las muchas comidas familiares que tengo grabadas en mi memoria. Las cenas nos permitían estar conectados entre nosotros y con la comida que comíamos. El cocinar juntos era una forma de comunicarnos, ya sea intercambiando historias acerca de nuestro día o reflexionando calladamente en la compañía de los demás, todo el tiempo rodeados por maravillosos aromas y el sonido de las ollas y sartenes.

Hoy en día, la vida va tan rápido que muchos de nosotros ya no preparamos comidas en casa. Como resultado, no sólo nos hemos desconectado de la comida que comemos sino que también de nuestros seres más cercanos. El libro *Comidas Familiares*, lleno de actividades creativas y recetas sencillas y deliciosas, está diseñado para facilitarle el camino para volver a cocinar en familia.

Los capítulos, organizados por ingredientes, le ayudarán a elegir los mejores y más frescos alimentos, la forma de identificar los productos de temporada y la manera de comer saludablemente. Cada capítulo empieza con un divertido proyecto culinario que permite que los jugos creativos de su familia fluyan y enseñe tanto a los adultos como a los niños acerca de los ingredientes, haciendo que todos estén felices de usarlos. Sus amigos y familiares se sorprenderán cuando oigan que usted está curando su propio tocino, ahumando su propio salmón, horneando hogazas de pan con levadura, haciendo queso ricotta en casa y amasando su propia pasta. Este libro promete lanzar un renacimiento de alimentos y diversión para su familia, cocinando unidos será el inicio para un maravilloso viaje comprometedor. Una comida hecha en casa nunca sabrá tan sabrosa como después de haber puesto en práctica las ideas expuestas en estas páginas.

entre más mejor

Algunas personas se entusiasman con la aventura solitaria de cocinar una comida, pero yo no soy así. Mi mantra es "entre más mejor". Mi esposo Rob y yo solíamos atender la tabla de picar y la estufa. Al ser dueños de un viñedo, constantemente recibíamos chefs y sommeliers además de amigos y familiares en nuestra casa. Mis años siendo un chef profesional demostraban que estaba acostumbrada a cocinar para muchas personas, por lo que Rob sabía que podía invitar a cenar en casa en cualquier momento y de seguro habría suficiente comida. A menudo era una experiencia inesperada y salvaje. A quienquiera que entrara por la puerta se le entregaba un cuchillo, cuchara de madera, rodillo o aparato para secar lechuga, dependiendo de su habilidad. Al cocinar con nuestros invitados empezamos a conocerlos mejor que si nos hubiéramos sentado a conversar sólo en una sobremesa.

Nuestras hijas, primero Ella y después Alexandra, llegaron a nuestra vida y se unieron a la mezcla. Inicialmente se sentaron en sus sillas altas y observaron la actividad que las rodeaba. En cuanto mostraron un poco de interés en ayudar, se les asignó una tarea en la lista de preparativos. Empezaron retirando hojas de las hierbas o ayudando a preparar las masas y ahora, que tienen nueve y siete años respectivamente, empiezan a rebanar con pequeños cuchillos y a cocinar sobre la parrilla. Si permite que los niños ayuden, ¡se zambullirán en la cocina!

"¡Yo no voy a comer eso!"

Quizás piense que no convencerá a sus hijos de comer más que pasta, queso o pan blanco, por lo que no valga la pena usar un libro que introduzca tantas cosas nuevas. Esto por una parte es una razón para hacerlo, los niños no deben comer sólo alimentos blancos. Nuestros gustos se inician en una edad temprana y algunas veces persisten hasta la edad adulta. Los padres establecen los futuros patrones de los niños en cuanto al consumo y recuerdo de alimentos, buenos o malos. Esto es lo que hace que nuestras experiencias alimenticias sean personales.

Los padres no entienden por qué a sus hijos les gusta la pasta con mantequilla, la pizza sencilla de queso y los palitos de queso. La respuesta es sencilla: se debe a que nosotros somos quienes les damos esos platillos. Los niños no empezaron a cocinar pasta con mantequilla para ellos cuando tenían dieciocho meses. Los padres invariablemente dan a los niños aquellos alimentos que se comen más fácilmente pues las batallas de alimentos son un gasto inútil de tiempo y energía. La mejor forma de convencer a los niños a comer algo nuevo es dejarlos participar en su preparación. Si puedes ser dueño de un platillo terminado te infunde un sentido de orgullo y te hace tener menos miedo ante los alimentos nuevos. La primera vez que permití a mis hijas hacer palitos de pescado hechos en casa, casi me tiran para comerse los que ellas habían hecho.

Cuando introduzca un alimento nuevo, incluso si sus hijos le ayudaron a hacerlo, no diga nada. Puede elogiarlos mientras están cocinando, pero cuando los alimentos lleguen al plato, sonría y diga "buen apetito". En el momento en que a usted le guste algo, sus hijos lo odiarán (excepto quizás la pasta con mantequilla). Coloque el nuevo alimento enfrente de ellos, junto con algo que ya conozcan y vea lo que sucede. Si se niegan a comerlo, actúe como si no fuera importante. Quizás requiera de varios intentos, algunas veces hasta diez, para hacer que acepten un nuevo ingrediente en su menú. Sólo asegúrese de tener siempre algo que les guste en el plato para que no se queden con hambre. Disfrute de su comida como de costumbre, sin hacer ningún tipo de exclamación acerca de la comida, y eventualmente sus hijos se extrañarán que usted siga sirviendo ese platillo, lo probarán y probablemente les guste.

planeando con anticipación

Una de las cosas más importantes para acometer una comida o un proyecto es planear con anticipación. Use sus recetas elegidas y prepare su lista de compras. Asegúrese de tener todo el equipo que vaya a necesitar y siéntase libre de improvisar, yo he extendido masa para pasta y galletas con botellas de vino en más de una ocasión. Planee comidas sencillas para los días de la semana y proyectos más complicados para los fines de semana y fiestas. Cada comida no tiene que ser una extravagancia de tres platos. Un plato principal con una o dos guarniciones es perfecto para una comida o cena del diario. Algunas comidas se preparan rápidamente y otras toman más tiempo. Revise su agenda y no trate de hacer demasiado en muy poco tiempo.

remánguese

La primera vez que su familia cocine unida quizás sea un poco complicado. Sólo recuerde permanecer calmado, esté dispuesto a cometer errores y deje que su control interno se quede paralizado en la puerta de la cocina. Puede estar seguro de que entre más veces su familia cocine unida, la experiencia fluirá con más facilidad. Pronto reconocerá quien tiene el don para lavar hortalizas o para extender una masa para pasta. O, quizás pueda descubrir que su niño de cinco años es un mago para medir ingredientes secos y que su esposo realmente puede hacer una vinagreta.

Para que mi familia se prepare para cocinar, paseamos por los mercados de granjeros de la localidad juntos o nos detenemos en los puestos de las granjas cuando salimos en el fin de semana. Si usted no tiene una hortaliza en su jardín trasero, organice una visita a una granja en donde le permitan cultivar. Esté dispuesto a comprar cosas que no se encuentren en su lista, aquello que llame su atención o la de sus hijos por su buen olor o su bello color. Lleve todo a casa, remangue sus mangas y póngase a trabajar en una comida sencilla que todos disfrutarán.

buena comida y las temporadas

Una vez que dejamos el nido familiar nos hacemos responsables de nutrir a nuestros cuerpos. Algunos somos unos magos para lograrlo y otros somos un fracaso. Cuando se tiene su propia familia usted tiene que elegir por todos, por lo menos durante algún tiempo. Es entonces cuando usted puede optar por alimentos cultivados en un laboratorio de alimentos que han sido plantados en tierra, sembrados en una hortaliza o en el campo o recolectados del mar. Cuando usted alimenta a una familia tiene que preocuparse del origen de las frutas y verduras, pescados y mariscos, carne y artículos de la despensa que usted adquiere. Las canastas de los mejores mercados no están llenas con productos de última moda. Por el contrario, tienen verduras recién cultivadas, carnes y pollos criados naturalmente, una variedad de pescados y mariscos, granos enteros así como huevos y productos lácteos de gallinas y vacas de granja.

La disponibilidad de alimentos frescos durante todo el año ha eliminado los límites de las temporadas, haciendo más difícil determinar lo que está en temporada en el lugar en donde usted vive. Esto es una lástima. Durante mi infancia casi siempre comía lo que había en esa temporada sin tener que pensarlo porque era lo que se podía conseguir a buen precio. Los transportes mundiales aún eran malos y caros, por lo que nosotros no teníamos la oportunidad de comprar frutas de Sudamérica a fines del invierno, con excepción del ubicuo plátano.

Actualmente, tenemos que descubrir qué es lo que se cultiva en cada lugar, en qué temporada y la manera en que se hace. La mejor forma de lograrlo es conociendo a los granjeros y proveedores de su localidad o cultivar sus propios alimentos si cuenta con el tiempo y el espacio para lograrlo. Una de las mejores decisiones que he tomado en mi vida ha sido plantar un pequeño jardín orgánico y un par de reliquias de árboles frutales. Cada cultivo parece ser el primero y yo constantemente me maravillo ante la belleza de las frutas y verduras maduras. De hecho, estaba tan satisfecha con mis esfuerzos iniciales que desde entonces he plantado dos docenas más de árboles frutales. Ahora la mayoría de nuestras frutas y verduras vienen de nuestro jardín o de unos cuantos kilómetros. Mis hijas me ayudan en el jardín y su alegría al jalar una zanahoria de color brillante de la rica tierra es una experiencia incomparable. Incluso si usted sólo tiene espacio suficiente para un pequeño árbol frutal en una maceta o en su terraza, plántelo. Es una forma maravillosa para marcar las estaciones.

Los alimentos de temporada cultivados localmente, por lo general, son más baratos y saben mejor que aquellos que vienen de tierras lejanas. Por supuesto que usted puede encontrar frambuesas en diciembre, pero su sabor no vale los cincuenta pesos que usted paga por ellas. No importa en que lugar del mundo viva, los granjeros y sus granjas están mucho más cerca de usted de lo que piensa. Use este libro como una guía para elegir buenos ingredientes y cada platillo sabrá mejor.

Pronto descubrirá que cada comida también sabrá mejor si toda la familia cultiva los ingredientes, se reúne en la cocina para cocinarlos y después se sienta a la mesa para disfrutar tanto de su trabajo como de su compañía.

una nota sobre la sal y la pimienta

Por lo general, yo sólo uso sal kosher. Me gusta su sabor ligero a sal y es fácil tomarla con las yemas de los dedos. La única otra sal que uso es la *fleur de sel*. Es una sal de mar con diminutos cristales blancos y un delicado sabor mineral a mar. La uso para terminar mis platillos como ensaladas y verduras, pescados, mariscos y carnes asadas.

La pimienta negra recién molida es mi primera elección cuando se trata agregar un toque a especia a mis platillos. Su sabor natural es mejor cuando los granos de pimienta se muelen justo antes de usarlos en lugar que emplear la versión premolida que se puede encontrar en los supermercados. Una vez que los granos de pimienta se muelen rápidamente pierden su sabor ya que sus aceites aromáticos se secan. La pimienta blanca, la cual yo uso ocasionalmente, es más refinada, menos natural y más fuerte que la pimienta negra, siempre téngalo presente cuando sustituya una por otra.

¡Diviértase en la cocina!

Maria Helm Sinskey

Los roles de canela recién salidos del horno, las galletas hojaldradas que se rompen a la primera mordida y los esponjosos hot cakes adornados con moras son alimentos que reúnen a la familia alrededor de la mesa.

panes

La harina es el corazón de cada una de las recetas de este capítulo. Pero ésta no trabaja por sí sola. Se mezcla con agentes leudantes, endulzantes, grasas y sales para crear innumerables panes y demás delicias con base de harina, desde los scones que se desmoronan con facilidad y la pasta de hojaldre ligera como una pluma, hasta las blandas tortillas y las crujientes cortezas para pizza. Si usted ha comprado estos alimentos preferidos por su familia de los anaqueles o refrigeradores de su supermercado local, ya no tendrá que hacerlo más. Todos ellos se pueden hacer en casa fácilmente, en especial cuando todos ayudan en la cocina. Instruya a sus hijos acerca de los diferentes tipos de harinas y agentes leudantes y pronto estarán haciendo pan árabe en su horno y amasando masa elástica y sedosa para hacer pan. Y felizmente comerán hasta la última migaja de sus esfuerzos harinosos.

Parece un ingrediente sencillo y básico de la alacena pero agregue un poco de agente leudante y algunos otros ingredientes a un poco de harina y pronto estará sacando de su horno charolas de deliciosos manjares horneados.

una simple bolsa de harina

HARINAS DE OTROS GRANOS

Las harinas de centeno claro y oscuro, maíz, avena, trigo sarraceno y arroz son maravillosos refuerzos de sabor y textura. Por lo general, se muelen de granos enteros por lo que no se pierde su personalidad. Pero todas ellas son bajas en gluten o libres de él, lo que significa que se deben combinar con harina de trigo rica en gluten para preparar la mayoría de los platillos horneados. La harina de centeno proporciona un delicioso sabor ácido y la harina de avena aporta un dulce sabor húmedo. Ambas son populares para hornear pan. La harina de trigo sarraceno natural y la harina de maíz anuezada son las preferidas para hacer mantecadas y hot cakes. La harina de arroz, tanto la blanca como la integral, algunas veces se usa para hornear pan, agregándole, por lo general, harina de trigo para reducir la textura desmoronable y hacerla esponjosa.

La harina es la base de todas las hogazas de pan, roles, mantecadas, tartas y pizzas. Se pueden hacer de todo tipo de granos, hierbas, nueces y legumbres pero la harina de trigo es la que gana el concurso de popularidad. Esto se debe a que la harina de trigo está llena de proteínas y nutrientes, especialmente si compra harina de trigo integral. La mayoría de las harinas de trigo que se usan para alimentos horneados se muelen de trigo duro, la cual tiene un alto contenido de proteínas, o de trigo suave que tiene un bajo contenido de proteínas.

Existen cinco tipos principales de harina de trigo: para pasteles, para pastas, para todo tipo de alimentos, para pan y alta en gluten, cada una de las cuales contiene una cantidad diferente de proteínas. La harina preparada para pastel es la que tiene menos proteínas, teniendo sólo entre el 7 y el 9 % y la harina alta en gluten es la que tiene más, por lo menos un 14% (vea la lista a la derecha). El contenido de proteínas también determina que tipo de harina se debe usar en una receta. Cuando la harina se mezcla con líquido, la proteína se convierte en gluten, en hilos elásticos y fibrosos que atrapan el gas leudante producido por la levadura o algún otro tipo de leudante. El gluten es lo que esponja los alimentos horneados y ayuda a definir su textura. Sin gluten su pan no quedará suave ni esponjoso. Con demasiado gluten sus mantecadas de chocolate quedarán pesadas y chiclosas.

harina blanca e integral

Un grano de trigo tiene tres capas: la capa exterior o salvado, la central o endospermo y la interior diminuta o germen.

La harina blanca es blanca debido a que durante el proceso de molienda se retiran el salvado y el germen, retirando así gran cantidad de nutrientes y de sabor agradable. Para recuperar las pérdidas, los fabricantes le bombean vitaminas y minerales, un pobre sustituto para lo que ya tenía por naturaleza. La harina blanca recién molida es de color amarillo claro. Cuando se empaca así es etiquetada "sin blanquear". De lo contrario, se blanquea, ya sea por medio de un agente blanqueador u ocasionalmente usando un costoso añejamiento al aire hasta dejarla de color tan blanco como la nieve. Si usa harina blanca en una receta, le recomiendo siempre comprar la harina sin blanquear para evitar la adición innecesaria de químicos a su harina.

La harina integral es molida con las tres capas del grano, proporcionando así un producto más saludable que su pariente desprovisto de agentes nutritivos. El salvado proporciona cuerpo, textura y vitaminas B y el germen, la capa más nutritiva, está llena de minerales, vitaminas B, proteínas, vitamina E y aceite, un tesoro oculto para obtener una buena salud y un buen sabor. Como es lógico, la harina de trigo es más pesada que la harina blanca y produce panes y productos horneados más densos y crujientes.

comprando y almacenando harina

Usted puede comprar harina a granel o en bolsas. Si la adquiere de un bote, observe bien la harina antes de sacarla para asegurarse de que no haya signos de insectos. Elija harina de trigo cultivado orgánicamente siempre que le sea posible. Por lo general sabe mejor y está libre de residuos de pesticidas y herbicidas. La harina, tanto la refinada como la integral, debe tener un olor fresco y prácticamente neutral. La harina integral, debido al contenido de aceite en el germen, es propensa a ranciarse. Si tiene un olor desagradable, no la compre.
Almacene toda la harina en recipientes con cierre hermético. Mantenga la harina blanca a temperatura ambiente frío hasta por 3 meses o en el refrigerador hasta por 6 meses. La harina integral dura menos tiempo: hasta 4 meses en el refrigerador o hasta un mes a temperatura ambiente fría. Deje reposar la harina refrigerada a temperatura ambiente antes de usarla. Si observa signos de bichos o palomillas (todo mundo tiene derecho a comer) ya sea adentro o alrededor del recipiente en donde almacena su harina, deséchela.

LAS CINCO HARINAS MEJORES

- **Harina preparada para pastel:** Harina baja en proteínas (entre el 7 y el 9 %) molida de trigo suave. Ideal para el pastel angel food y otros pasteles de textura fina.

- **Harina para pastas:** Harina con proteína media (entre el 9 y el 10%) molida de trigo suave y disponible en blanca y en integral. Maravillosa para cortezas de pasta, galletas, bisquets y otros productos horneados pequeños con textura demoronable.

- **Harina simple para todo uso:** La autoridad en el mundo de las harinas (entre el 10 y el 12%), hecha de trigo suave y duro. Úsela para hacer desde pan para sándwiches hasta hot cakes y pasta de hojaldre.

- **Harina para pan:** Harina alta en proteína (entre el 12 y el 14%) molida de trigo duro. Es la mejor para hacer roles de pan con levadura y hogazas que requieren de una alta elevación y una buena textura.

- **Harina alta en gluten:** Harina con mayor contenido de proteína (de 14% y más). Asegura una maravillosa estructura para panes con levadura de esponjado lento.

agentes leudantes

Agregue un poco de leudante, ya sea levadura, bicarbonato de sodio o polvo para hornear, a su mezcla de harina y ¡voilâ! Usted puede hacer que sus masas y pastas se eleven hasta convertirse en masas ligeras y esponjadas.

levadura

La levadura hace que la masa se esponje. Trabaja al alimentarse de carbohidratos y desprendiendo gas de dióxido de carbono y alcohol a través de la fermentación. El gas se queda atrapado en la estructura del poroso gluten, lo cual hace que la masa se expanda.

Ésta es la parte que les gusta ver a los niños. La levadura se esponja mejor entre 27 y 43°C (80 y 110°F). La temperatura superior a los 43°C (110°F) la mata. Las temperaturas inferiores a 1°C (34°F) la duermen.

Se usan dos tipos de levadura para hornear: la natural y la comercial. La levadura natural se cultiva de la atmósfera. La levadura comercial, que puede ser fresca o seca, se compra en paquetes en la tienda. La levadura natural necesita una levadura ácida para trabajar, o sea una fuente de alimento para la levadura. A medida que las esporas de la levadura flotan son atraídas por una pasta de harina y agua. Las esporas se alimentan de la harina y se fermentan muy lentamente. Esta acción pausada es lo que proporciona a la masa fermentada y otros panes hechos con levadura natural ácida (sourdough en inglés y levain en francés) su sabor único. Cada vez que se hace un pan, una pequeña porción del pie de levadura se aparta, por lo regular se alimenta con más harina y agua para mantenerla viva, y se usa para hacer la siguiente tanda de pan.

La levadura fresca, también conocida como levadura para pastel, se vende en discos húmedos comprimidos. Para evitar que se eche a perder, debe almacenarse en el refrigerador, en donde se mantendrá fresca hasta por tres semanas. Tiene una apariencia blanca aterciopelada, una textura húmeda y desmoronable y un aroma fresco a levadura. Si se ve, siente o huele de alguna otra forma, ha perdido su atractivo. Deséchela.

La levadura seca, que viene en forma de gránulos, viene en dos presentaciones: levadura seca activa y levadura instantánea. Ambas están activas pero ninguna de ellas actúa hasta que se le agrega humedad. Cada paquete tiene un sello con la fecha de caducidad y permanecerá fresca hasta esa fecha si se almacena a temperatura ambiente fría. La mayoría de los pasteleros y panaderos reconstituyen la levadura seca en agua caliente (aproximadamente 43°C/110°F) antes de integrarla a los demás ingredientes secos de la receta. Debe "espumar" (burbujear) en aproximadamente cinco minutos. Si no lo hace, la levadura estaba demasiado vieja o el agua estaba demasiado caliente o demasiado fría. Deséchela y empiece otra vez. Otros pasteleros optan por mezclar los gránulos con los ingredientes secos y después agregarles el líquido caliente (hasta 54°C/130°F). Tal como su nombre lo indica, la levadura instantánea trabaja más rápidamente que la levadura seca activa, reduciendo el tiempo de fermentación a la mitad.

La levadura fresca es más temperamental que la levadura seca, pero si usted quiere hacer la prueba, use esta fórmula: 1 sobre (7 g/¼ oz/2 ¼ cucharaditas) de levadura seca es igual a un paquete (17 g/.6 oz) de levadura fresca.

bicarbonato de sodio y polvo para hornear

Al igual que la levadura, el bicarbonato de sodio y el polvo para hornear son agentes leudantes. Cuando son activados producen dióxido de carbono, el cual hace que los alimentos horneados se esponjen. Yo pensaba que el bicarbonato de sodio y el polvo para hornear eran intercambiables por su gran parecido y por proporcionar el mismo resultado. ¡Madre mía! Sí que estaba equivocada. Un día hice un panqué con bicarbonato en vez de usar polvo para hornear y sabía tan amargo que tuve que tirarlo. Así que siempre recuerde: a menudo se usan ambos pero nunca puede intercambiar uno por otro.

El bicarbonato es bicarbonato puro de sodio. Reacciona ante la humedad y acidez y siempre necesita de un ingrediente ácido como el buttermilk, crema ácida, cocoa natural, jugo cítrico o miel de abeja para reaccionar. Una vez que el ácido entra en contacto con el bicarbonato, éste empieza su acción fermentadora. Eso significa que sus mantecadas tienen que entrar al horno caliente rápidamente o se aplanarán. Almacene el bicarbonato en un recipiente de cierre hermético en una despensa fría y se conservará fresco indefinidamente.

El polvo para hornear es una mezcla de bicarbonato de sodio con uno o dos ácidos y levadura (por lo general fécula de maíz, la cual conserva el polvo seco y no reactivo). Tradicionalmente viene en dos presentaciones; de acción sencilla y de doble acción. El polvo para hornear de acción sencilla, que se usa muy rara vez actualmente, contiene únicamente un ácido, el cual reacciona ante la humedad. El más común, el polvo para hornear de doble acción, comprende dos ácidos, uno de acción rápida y otro de acción lenta. El ácido de acción rápida reacciona ante la humedad y el de acción lenta reacciona ante el calor. Esa diferencia le proporciona un poco más de tiempo entre la batidora y el horno. El polvo para hornear empieza su descomposición en el momento en que se abre la lata, por lo que debe mantenerlo herméticamente cerrado en un lugar fresco y seco y comprar una lata nueva después de seis meses de haberla abierto. Si usted piensa que puede estar viejo, pruébelo antes de usarlo: Mezcle un poco de polvo con agua caliente. Si está fresco, hará burbujas.

levadura natural ácida (sourdough o levain)

Hay algo en el aire. Por lo menos eso es lo que usted espera cuando se embarca en la loca aventura de hacer una masa de levadura natural ácida. Necesitará paciencia, pero no necesitará de utensilios especiales o ingredientes costosos. La recompensa final será algo que usted puede comer recién salido del horno, lleno de dulce y cremosa crema de cacahuate y agridulce mermelada, una buena recompensa para el tiempo invertido. Es más, tendrá una mascota viva a la cual usted tendrá que cuidar y alimentar durante los próximos meses.

Para iniciar su aventura, usted tiene que atrapar un poco de levadura natural en una masa de harina. Usted no tiene idea lo que tardará en lograrlo o la cantidad de levadura que podrá atrapar, toma un poco más de tiempo en el invierno que en el verano. Algunos lugares tienen clima húmedo en el cual las esporas de la levadura florecen. San Francisco, con su famoso pan de levadura, es un buen ejemplo. La cacería puede ser mucho más lenta en los climas secos, pero no se desespere, la levadura quizás tarde hasta una semana en empezar a trabajar.

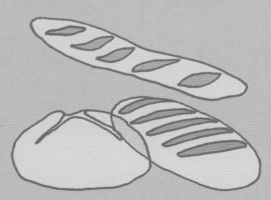

waffles de levadura ácida

Cuando la masa de levadura empieza a vencer su recipiente, no la deseche. Por el contrario, úsela para hacer waffles dorados y crujientes de masa fermentada. Los niños pueden hacer la masa, mezclarla y hacer los waffles con sólo un poco de supervisión de un adulto. Agregue moras o chispas de chocolate para hacer unos waffles más divertidos. Para servir, unte cada waffle generosamente con mantequilla y miel de maple.

usted necesitará

- 1 taza (270 g/9 ½ oz) de masa de levadura ácida
- ¾ taza (175 ml/6 fl oz) de agua caliente (40°C/105°F)
- 1 taza (155 g/5 oz) de harina de trigo
- 2 huevos
- 1 cucharadita de sal kosher
- 2 cucharadas de azúcar
- 1 cucharadita de bicarbonato de sodio
- mantequilla, para engrasar

cómo hacerlo

En un tazón mediano bata la masa de levadura ácida con agua caliente y harina. En un tazón pequeño bata los huevos e integre con la masa de levadura ácida. Agregue la sal, azúcar y bicarbonato de sodio y mezcle hasta integrar por completo. Tape el tazón con plástico adherente y deje fermentar la masa alrededor de 20 minutos a temperatura ambiente. Encienda la plancha para hacer waffles, engrase ligeramente con la mantequilla y vierta ½ taza de masa. Cocine de 3 a 4 minutos, hasta dorar. Repita la operación con la masa restante.

Rinde 6 waffles

lo que necesitará para hacer un pie de levadura natural ácida

- 1 taza (185 g/6 oz) de uvas orgánicas

- 2 ó 3 tazones de acero inoxidable o cerámica

- 1 taza (155 g/5 oz) de harina (de trigo duro) para pan sin blanquear, más la necesaria para alimentar

- 1 taza (250 ml/8 fl oz) de agua caliente (40°C/105°F)

- colador de malla gruesa

- dos frascos para almacenar con capacidad de 1 litro (1 qt)

- manta de cielo (muselina)

- tapas de cierre hermético para almacenar y bandas de metal

- clavo y martillo

1 presione las uvas

DÍA 1 Deseche los tallos, coloque las uvas en un tazón y presione ligeramente con sus manos. Coloque la harina en otro tazón e integre el agua para hacer una pasta tersa. Agregue las uvas y mezcle. Coloque el tazón, sin tapar, en un lugar cálido (aproximadamente a 27°C/80°F).

2 alimente a la criatura

DÍA 2 Usted deberá ver burbujas en el pie de levadura y éste deberá tener un olor agradable. Si su cocina es fría, coloque el tazón en un baño de agua caliente o encienda su horno y deje el pie cerca de él. Alimente el pie de levadura con ¼ taza (60 ml/2 fl oz) de agua caliente y ¼ taza (aproximadamente 60 g/2 oz) de harina. Mezcle hasta obtener una pasta tersa con trozos de uvas.

3 confirmación de vida

DÍA 3 Usted deberá ver una esponja espumosa debajo de una corteza secada al aire. (Si no aparece, su cocina puede estar demasiado fría por lo que deberá calentar el pie de levadura y dejarlo reposar 2 ó 3 días más.) Retire y deseche la corteza. Incorpore, batiendo, una taza de agua caliente con el pie de levadura, pase a través de un colador colocado sobre un tazón e incorpore, batiendo, una taza de harina para formar una pasta gruesa.

4 la nueva casa de su pie de levadura

Divida el pie de levadura entre los frascos para almacenar, tape los frascos con la manta de cielo y asegure cada una con las bandas de metal. Colóquelas una vez más en el lugar caliente. Si el pie de levadura triplica su volumen en las siguientes 4 ó 6 horas, es lo suficientemente fuerte para hacer que su pan se esponje.

Si no es así, aliméntelo cada día durante los siguientes días con ¼ taza de agua caliente y la misma cantidad de harina. Si los frascos quedan demasiado llenos al alimentarlos, deseche un poco de pie de levadura.

Cuando el pie de levadura esté lo suficientemente fuerte, retire una taza (270 g/9 ½ oz) para hacer el pan.

5 almacene y alimente

Tape los frascos, asegure cada tapa en su lugar con la banda, use un clavo y un martillo para hacer un orificio en las tapas y almacene en el refrigerador. Alimente el pie de levadura una vez a la semana con ½ taza (125 ml/4 fl oz) de agua tibia y ½ taza (75 g/2 ½ oz) de harina. Si el frasco se llena demasiado, haga pan o waffles (página 19), coloque un poco en otro frasco y regálelo a un amigo o deseche un poco.

pan crujiente de levadura ácida

1 taza (270 g/9 ½ oz) de pie de levadura ácida burbujeando

1 taza (250 ml/8 fl oz) de agua tibia (40°C/105°F)

aproximadamente 4 tazas (630 g/20 oz) de harina (de trigo duro) para pan sin blanquear

2 cucharaditas de sal kosher

aceite de oliva para el tazón

cornmeal (o polenta) o harina de sémola para el molde

3 tazas (750 ml/24 fl oz) de agua tibia (40°C/105°F)

rinde una hogaza grande

En un tazón grande bata el pie de levadura con el agua. Integre 2 tazas (315 g/10 oz) de harina mezclando hasta obtener una pasta tersa. Tape el tazón con plástico adherente, coloque en una esquina caliente de su cocina y deje esponjar hasta que triplique su tamaño y burbujee mucho. Esto tomará entre 4 y 8 horas.

Agregue la sal y una taza (155 g/5 oz) de harina a la esponja y mezcle con ayuda de una cuchara de madera. Cuando cueste bastante trabajo mezclar, pase la masa a una superficie de trabajo ligeramente enharinada y amase alrededor de 2 minutos, hasta que la masa esté uniforme. Integre gradualmente más harina, amasando entre 5 y 10 minutos, hasta que la masa esté tersa; quizás no necesite toda la harina. Haga una bola con la masa, coloque en un tazón ligeramente engrasado con aceite, voltee la bola para cubrir con el aceite, tape herméticamente con plástico adherente y coloque en una esquina caliente de su cocina y deje reposar entre 4 y 6 horas para que se esponje hasta duplicar su tamaño.

Ponche la masa, dele forma de bola y aplane ligeramente para hacer una hogaza redonda. Pellizque con fuerza las uniones de la base para unir. Cubra un tazón con una toalla de cocina, espolvoree la toalla con harina (para evitar que se pegue) y coloque la hogaza, con la unión hacia arriba, en el tazón. Tape con plástico adherente y deje esponjar en un lugar caliente de su cocina alrededor de 2 horas, hasta que duplique su tamaño.

Coloque una rejilla de su horno en el centro del horno y otra en el tercio inferior del mismo. Coloque una charola para hornear poco profunda con capacidad de 3 tazas sobre la rejilla inferior y precaliente el horno a 220°C (425°F). Espolvoree con el cornmeal una charola para hornear con borde.

Rápida y suavemente voltee la hogaza hacia abajo sobre la charola para hornear preparada. Cuidadosamente vierta el agua caliente en la charola que está en el horno y rápidamente cierre la puerta. Usando un cuchillo muy filoso haga 3 cortes, cada uno de 6 mm (¼ in) de profundidad, a lo largo de la superficie de la hogaza y, sin entretenerse, coloque el pan sobre la rejilla central del horno.

Hornee durante 15 minutos, usando un atomizador para rociar con agua las paredes del horno cada 5 minutos. Reduzca la temperatura del horno a 190°C (365°F), rote la charola para hornear del frente hacia atrás, y continúe horneando hasta que un termómetro de lectura instantánea insertado en el centro de la hogaza registre los 100°C (210°F). Deje enfriar durante 5 minutos, retire del horno y deje enfriar ligeramente antes de rebanar.

Nuestros árboles de limón Meyer producen toneladas de limones durante todo el invierno. Ésta es una buena noticia ya que mis hijas nunca se cansan de este pan dorado de limón. Les encanta llevarlo en sus loncheras o comerlo cuando llegan del colegio. Eso significa que cuando llega el momento de hornear, siempre están dispuestas a ayudar y preparar la ralladura y exprimir los limones, engrasar y enharinar el molde. Exprimimos los limones que sobran y congelamos el líquido de manera que podamos hacer este pan durante todo el año.

pan de limón alimonado

Precaliente el horno a 180°C (350°F). Engrase con mantequilla un molde para panqué rectangular de 20 x 10 cm (8 x 4 in), espolvoree con harina y sacuda para retirar el exceso.

En un tazón mezcle la harina con el polvo para hornear, bicarbonato de sodio y sal. En otro tazón bata la crema ácida con la leche y el jugo de limón.

En el tazón de una batidora de mesa y usando el aditamento de pala, bata la mantequilla con el azúcar y ralladura de limón a velocidad media-alta, hasta que esté ligera y esponjosa. Detenga la batidora y baje la masa que haya quedado en los lados del tazón. Agregue los huevos, uno a la vez, batiendo después de cada adición hasta incorporar por completo. Una vez más, baje la masa que haya quedado en los lados del tazón. A velocidad baja, agregue la mezcla de harina en 2 adiciones, alternando con la mezcla de crema ácida en 2 adiciones, empezando con la mezcla de harina y mezclando sólo hasta incorporar. Agregue las semillas de girasol, aumente la velocidad a alta y bata durante 5 segundos hasta integrar por completo.

Pase la masa al molde preparado. Hornee alrededor de 50 minutos, hasta que un palillo delgado insertado en el centro del panqué salga limpio. Desmolde hacia una rejilla y deje enfriar antes de servir.

sea creativo

Sustituya el sabor de la harina de limón por naranja supliendo por ralladura y jugo de naranja. Si a sus hijos no les gustan las semillas de girasol, omítalas. O, si lo desea, agregue ¼ taza (30 g/1 oz) de almendras tostadas finamente molidas en lugar de las semillas de girasol para hacer un Pan de Limón con Almendras Tostadas.

2 ¼ tazas (360 g/11 ½ oz) de harina de trigo (simple)

1 cucharadita de polvo para hornear

¼ cucharadita de bicarbonato de sodio

½ cucharadita de sal kosher

½ taza (125 g/4 oz) de crema ácida

½ taza (125 ml/4 fl oz) de leche entera

2 cucharadas de jugo de limón amarillo fresco

½ taza (125 g/4 oz) de mantequilla sin sal, a temperatura ambiente

1 taza (250 g/8 oz) de azúcar

1 cucharada compacta de ralladura de limón

2 huevos grandes

¼ taza (37 g/1 ¼ oz) de semillas de girasol

rinde una barra de panqué

Mis hijas y yo hacemos estos panes todo el tiempo y nuestro índice de éxito es de aproximadamente un 99%. Por lo general, hay un pan árabe que no se esponja. La clave del éxito es un horno muy caliente y una superficie de cocimiento muy caliente. Una vez que se coloca la masa en el horno no abra la puerta hasta que el pan se esponje.

bolsas de pan árabe

1 ½ cucharadita de levadura instantánea seca en polvo

1 ½ taza (375 ml/12 fl oz) de agua tibia (40°C/105°F)

1 cucharadita de azúcar

3 ½ tazas (545 g/17 ½ oz) de harina de trigo (simple)

½ taza (75 g/2 ½ oz) de harina integral de trigo entero

1 ½ cucharadita de sal kosher

aceite de oliva

rinde 12 panes

En el tazón de una batidora de mesa espolvoree la levadura sobre ½ taza (125 ml/4 fl oz) del agua, permita que espume durante unos minutos y bata hasta que esté tersa. Integre el azúcar, batiendo, e incorpore ½ taza (75 g/2 ½ oz) del harina de trigo, batiendo hasta obtener una pasta. Tape con plástico adherente y deje reposar en un lugar cálido alrededor de 15 minutos, hasta que burbujee. Agregue el agua restante, la harina de trigo restante, la harina integral y la sal a la mezcla de levadura. Usando la batidora adaptada con el aditamento de gancho, bata a velocidad media alrededor de 10 minutos, hasta que la masa esté tersa. Haga una bola con la masa, coloque en un tazón ligeramente engrasado con aceite, voltee la bola para cubrir con el aceite, tape con plástico adherente y deje fermentar la masa en un lugar cálido alrededor de 2 horas, hasta que duplique su tamaño.

Enharine ligeramente una charola para hornear. Voltee la masa sobre una superficie de trabajo ligeramente enharinada y ruede para hacer una barra gruesa. Corte la barra en 12 trozos iguales y ruede cada trozo para hacer una bola. Coloque sobre la charola preparada, tape holgadamente con plástico adherente y deje reposar entre 10 y 15 minutos. Coloque una rejilla en la parte más baja del horno, ponga una charola para hornear grande sobre la rejilla, retire las demás rejillas y precaliente el horno a 260°C (500°F). Para hacer cada pan árabe, extienda una bola de masa sobre una superficie ligeramente enharinada para hacer un círculo de aproximadamente 6 mm (¼ in) de grueso. Coloque el círculo sobre la palma de su mano, abra la puerta del horno, voltee su mano y deje caer el círculo sobre la charola caliente y cierre rápidamente la puerta. Hornee de 3 a 4 minutos, hasta que el círculo se esponje. Voltee el círculo esponjado con ayuda de unas pinzas y hornee de 2 a 3 minutos más, hasta dorar. Usando las pinzas, pase el pan árabe a una toalla de cocina, doble la toalla sobre el pan para cubrirlo y presione suavemente con las pinzas para desinflarlo. Trabaje cuidadosamente pues el vapor que sale es muy caliente. Sirva el pan árabe caliente.

Resista la urgencia de abrir la puerta del horno mientras se hornean estas joyas tan ligeras como una pluma y usted será recompensado con unos grandes popovers esponjados. Mis niñas no pueden resistir la curiosidad de espiar por lo que siempre tengo que ahuyentarlas de la cocina. Si le sobran, sírvalos para el desayuno y acompañe con mermelada.

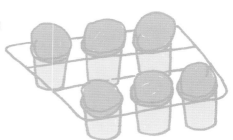

popovers esponjados

Precaliente el horno a 230°C (450°F). En un tazón pequeño mezcle la harina con la sal y polvo para hornear. En una licuadora mezcle los huevos con la leche y mantequilla derretida licuando hasta obtener una mezcla tersa. Agregue la mezcla de harina y licue hasta obtener una mezcla tersa. O, si lo desea, bata los ingredientes húmedos en un tazón grande y posteriormente integre los ingredientes secos batiendo hasta que se forme una masa tersa. Vierta en una jarra para medir líquidos con capacidad de 4 tazas (1 litro/32 fl oz) con pico.

Coloque una charola antiadherente para popovers sobre una charola para hornear con borde. Corte las 4 cucharadas de mantequilla en 12 trozos iguales y coloque un trozo en la base de cada molde. Coloque la charola en el horno alrededor de 5 minutos, hasta que la mantequilla se derrita y empiece a chisporrotear y reventar.

Retire la charola para hornear del horno y rápidamente vierta la masa en los moldes para popovers, rellenándolos hasta tres cuartas partes. Vuelva a colocar la charola para hornear en el horno y no se le vaya a ocurrir abrir la puerta del horno durante 20 minutos o los popovers no se esponjarán.

Después de 20 minutos, reduzca la temperatura a 190°C (375°F) y continúe horneando entre 15 y 20 minutos más, hasta que estén dorados y crujientes. Desmolde los popovers y sirva de inmediato.

1 ½ taza (235 g/7 ½ oz) de harina de trigo (simple)

1 cucharadita de sal kosher

¼ cucharadita de polvo para hornear

4 huevos grandes, a temperatura ambiente

1 ½ taza (375 ml/12 fl oz) de leche entera

3 cucharadas de mantequilla sin sal, derretida y caliente, más 4 cucharadas (60 g/2 oz) para el molde

rinde 12 popovers esponjados

Los hot cakes de moras azules siempre me recuerdan los veranos que pasábamos en la playa hace muchos años. Bronceados y cubiertos de sal, mis hermanos y yo afrontábamos matorrales de moras para llegar a los arbustos de moras azules que crecían como hierbas silvestres en la Isla del Fuego en Nueva York. De regreso a casa, mi padre convertía las moras en hot cakes esponjosos con orificios agridulces de jugosas frutas.

hot cakes de mora azul

En un tazón pequeño mezcle la harina con el azúcar, polvo para hornear y sal. En un tazón grande bata la leche con los huevos, mantequilla derretida y vainilla. Agregue la mezcla de harina y revuelva sólo hasta integrar. Si quedan algunos grumos no importa. Para asegurar hot cakes suaves, no bata demasiado la masa. Usando una espátula de hule integre las moras con movimiento envolvente. Si usa moras congeladas agréguelas congeladas, no las descongele.

Caliente una parrilla o una sartén grande y gruesa sobre fuego medio y añada una cucharada de mantequilla. Cuando la mantequilla se derrita y chisporrotee, ladee la sartén para extenderla uniformemente sobre la base. Usando una taza de medir con capacidad de ¼ de taza (60 ml/ 2 fl oz), vierta la masa en la sartén para formar los hot cakes teniendo cuidado de no llenar demasiado la sartén. Cocine alrededor de 2 minutos, hasta que las orillas estén firmes y las superficies estén cubiertas de burbujas. Usando una espátula voltee y cocine alrededor de 2 minutos más, hasta que se doren por el segundo lado. Pase a platos precalentados conforme vayan saliendo de la parrilla. Repita la operación con la masa restante agregando más mantequilla a la parrilla conforme sea necesario. Acompañe con la miel a la mesa.

sea creativo

Para hacer hot cakes de buttermilk, sustituya la leche por buttermilk. Puede usar otro tipo de moras, ya sea frambuesas, fresas rebanadas o arándanos o también plátanos rebanados para sustituir las moras. Y, para hacer un platillo súper especial para los niños, yo le pongo algunas chispas de chocolate en vez de ponerle fruta.

1 ½ taza (235 g/7 ½ oz) de harina de trigo (simple)

1 cucharada de azúcar

1 cucharada de polvo para hornear

¾ cucharadita de sal kosher

1 taza (250 ml/8 fl oz) de leche

2 huevos grandes

4 cucharadas (60 g/2 oz) de mantequilla sin sal, derretida, más la necesaria para cocinar

1 cucharadita de extracto puro de vainilla

1 ½ taza (185 g/6 oz) de moras azules frescas o congeladas

miel pura de maple, para acompañar

rinde aproximadamente 12 hot cakes; de 4 a 6 porciones

Si sus hijas son como las mías, les gustará ver cómo se esponjan estas donas en el aceite. Déjelas ver sobre sus hombros, manteniéndolas seguras lejos de la sartén caliente. Póngalas a trabajar cortando las donas y déjelas agitar las donas calientes con el azúcar de canela dentro de una bolsa de papel que ellas hayan decorado.

donas de azúcar y canela

aceite vegetal para freír

2 ¾ tazas (440 g/14 oz) de harina de trigo (simple)

¼ taza (60 g/2 oz) de azúcar

1 cucharadita de sal kosher

½ cucharadita de bicarbonato de sodio

1 cucharada de polvo para hornear

⅛ cucharadita de nuez moscada, rallada

1 huevo grande

½ taza (125 ml/4 fl oz) de buttermilk o yogurt

¼ taza (60 ml/2 fl oz) de sidra de manzana sin alcohol

2 cucharadas de mantequilla sin sal, derretida

½ cucharadita de extracto puro de vainilla

½ taza (125 g/4 oz) de azúcar mezclada con 2 cucharaditas de canela molida

rinde aproximadamente 13 donas y sus centros

Vierta el aceite en una olla profunda y gruesa hasta obtener una profundidad de 2.5 cm (1 in) y caliente hasta alcanzar 190°C (375°F) en un termómetro para fritura profunda. Asegúrese de que la olla no esté más llena de la mitad. Coloque una rejilla grande sobre una charola para hornear grande con bordes y póngala cerca de la estufa.

Mientras tanto, en un tazón mezcle la harina, azúcar, sal, bicarbonato de sodio, polvo para hornear y nuez moscada. En otro tazón bata el huevo con el buttermilk, sidra, mantequilla derretida y vainilla hasta obtener una mezcla tersa. Integre la mezcla de huevo con la mezcla de harina y revuelva hasta que la masa esté espesa.

Con sus manos enharinadas, pase la masa a una superficie de trabajo enharinada y amase ligeramente hasta que los ingredientes estén uniformemente integrados. La masa deberá estar suelta y pegajosa. Golpee la masa con sus manos para hacer un círculo de 2.5 cm (1 in) de grueso. Enharine un molde para donas de 5.5 cm (2 ¼ in) de diámetro y corte las donas enharinando el molde conforme sea necesario para evitar que se peguen. O use 2 moldes redondos, uno de 5 ½ cm (2 ¼ in) y otro de 3 cm (1 ¼ in) de diámetro. Los recortes se pueden usar para hacer un disco y cortar otra vez.

Usando una espátula plana resbale cuidadosamente las donas y sus centros, 2 ó 3 a la vez, en el aceite caliente y fría alrededor de un minuto, hasta dorar por la parte inferior. Usando una cuchara ranurada voltee y fría por el otro lado, de 1 a 2 minutos, hasta dorar. Si se doran demasiado rápido, reduzca el fuego ligeramente. Usando la cuchara pase a la(s) rejilla(s) para escurrir.

Con las donas aún calientes, coloque el azúcar con canela en una bolsa de papel, agregue las donas y agite suavemente para cubrir. ¡Disfrute!

Esta tarta, un platillo favorito para compartir en el verano con mi familia y amigos, sabe como si la hubiera comprado en una pastelería de París. A mis hijas les encanta cubrir la natilla con manojos de fruta, especialmente con jugosas moras maduras, dulces duraznos blancos o ácidos chabacanos. Si usted lo prefiere, puede hornear la fruta con la natilla; acomódela en una capa uniforme sobre la superficie y aumente el tiempo de horneado 10 ó 15 minutos.

tarta de natilla con frambuesas

Extienda la pasta sobre una superficie de trabajo ligeramente enharinada formando un círculo de 30 cm (12 in) de diámetro y 3 mm (⅛ in) de grueso. Enrolle holgadamente alrededor de un rodillo y coloque en el centro de un molde para tarta de 25 cm (10 in) con base desmontable. Desenrolle la masa y acomode en el molde presionándola sobre la base y los lados y dejando que el exceso de masa cuelgue sobre el borde. Recorte la orilla dejando un sobrante de 12 mm (½ in) sobre el borde. Refrigere la masa durante 20 minutos. Mientras tanto, precaliente el horno a 200°C (400°F).

Pique la corteza para tarta por todos lados con un tenedor. Cubra la masa con papel aluminio, dejando que cuelgue de las orillas (para evitar que se dore demasiado), y llene con pesas para pay o frijoles crudos. Hornee la corteza durante 15 minutos, retire las pesas y el papel aluminio y continúe horneando alrededor de 10 minutos más, hasta que la pasta esté ligeramente dorada.

Mientras la corteza para tarta se hornea, bata en un tazón la crème fraîche con los huevos, azúcar, harina, sal y vainilla hasta obtener una masa tersa. Reserve a temperatura ambiente.

Retire la corteza para tarta del horno y reduzca la temperatura a 180°C (350°F). Deje la corteza enfriar ligeramente, vierta la mezcla de crème fraîche en la corteza para tarta, vuelva a colocar en el horno y hornee alrededor de 20 minutos, hasta que la corteza esté lista. Deje enfriar por completo sobre una rejilla de alambre, retire los lados del molde y resbale cuidadosamente la tarta para pasarla de la base hacia un platón de servir. Monte la fruta sobre la natilla y sirva.

⅓ receta de Pasta de Hojaldre Rápida (página 279) o 250 g (1 hoja) de pasta de hojaldre de mantequilla congelada de 25 x 33 cm (10 x 13 in), descongelada de acuerdo a las instrucciones del paquete

1 taza (250 g/8 oz) de crème fraîche

2 huevos grandes

¼ taza (60 g/2 oz) de azúcar

1 cucharada de harina de trigo (simple)

½ cucharadita de sal kosher

½ cucharadita de extracto puro de vainilla

3 tazas (375 g/12 oz) de frambuesas o 3 tazas (560 g/18 oz) de duraznos o chabacanos rebanados

rinde una tarta de 25 cm (10 in)

El horno muy caliente de esta receta hace que las bolsas de manequilla se derritan y produzcan vapor, asegurando unos scones ligeros que se esponjan maravillosamente. Estos scones son una estupenda forma de mantener a los niños ocupados. Hágalos medir y mezclar la masa, cortar los círculos y barnizar las superficies con crema.

scones de crema

2 tazas (315 g/10 oz) de harina de trigo (simple)

2 cucharadas de azúcar

1 cucharadita de polvo para hornear

½ cucharadita de sal kosher

1 cucharadita de ralladura de naranja o limón (opcional)

½ taza (125 g/4 oz) de mantequilla sin sal, fría, cortada en cubos

½ taza (90 g/3 oz) de grosellas secas

1 taza (250 ml/8 fl oz) de crema dulce para batir más ¼ taza (60 ml/2 fl oz) para barnizar

rinde 12 scones

Precaliente el horno a 230°C (450°F). Forre una charola para hornear grande con borde con papel encerado (para hornear).

En un tazón grande mezcle la harina con el azúcar, polvo para hornear, sal y ralladura de naranja, si la usa. Esparza los trozos de mantequilla sobre la mezcla de harina y, usando un mezclador de varillas o dos cuchillos de mesa, corte la mantequilla en trozos hasta que queden del tamaño de chícharos grandes. Agregue las grosellas y la crema y mezcle sólo hasta que la masa se una.

Voltee la masa sobre una superficie de trabajo ligeramente enharinada, reúnala, forme una bola y amase ligeramente hasta obtener una masa uniforme. Golpee suavemente con la palma de su mano para hacer un círculo de aproximadamente 4 cm (1 ½ in) de grueso. Usando un cortador para bisquets corte círculos. Coloque los círculos con los cortes hacia abajo y acomode sobre la charola para hornear preparada, dejando una separación de 5 cm (2 in) entre ellos. Reúna los sobrantes, júntelos y corte más scones. Barnice las superficies con crema.

Hornee los scones alrededor de 12 minutos, rotando la charola a la mitad del tiempo de horneado, hasta que estén dorados. Deje enfriar ligeramente sobre una rejilla. Sirva calientes.

sea creativo

Las grosellas se pueden sustituir por la misma cantidad de moras azules secas, cerezas ácidas o arándanos. También puede convertir estos scones fácilmente en bisquets de buttermilk. Simplemente omita una cucharada de azúcar y las grosellas, agregue una cucharadita de bicarbonato de sodio con el polvo para hornear y sustituya la crema por buttermilk.

A mi hija mayor le gustan más las tortillas de maíz que las de harina y se ha convertido en una experta haciéndolas a su temprana edad de 7 años. Incluso ella hace sus propias quesadillas. Nuestra buena amiga Dolores nos trajo una bella máquina de madera para hacer tortillas de México, la cual hace las tortillas en un santiamén.

tortillas de maíz

Coloque la *masa para tortillas* en un tazón. Agregue el agua y mezcle a mano hasta que la masa se haga una bola húmeda pero no pegajosa. Agregue unas gotas más de agua caliente si la masa parece seca y grumosa.

Divida la masa en 12 trozos iguales, ruede cada trozo para hacer una bola y cubra las bolas con un trapo húmedo para evitar que se sequen

Tenga a la mano dos cuadros de plástico adherente del tamaño de la prensa si usa una prensa para tortillas o, si usa un rodillo, abra una bolsa grande de plástico en las tres partes laterales dejando la unión inferior unida. Caliente una sartén grande y gruesa sobre una hornilla a fuego medio-alto.

Abra la prensa para tortillas, cubra la base con el trozo grande de plástico, coloque una bola de masa en el centro, cubra con otro trozo de plástico adherente y baje la parte superior de la prensa lentamente. Abra la prensa, retire la capa superior de plástico adherente, levante la tortilla usando la hoja inferior de plástico, voltee sobre la palma de su mano y retire el plástico. O, si lo desea, coloque una bola entre las dos hojas de la bolsa de plástico y presione con un rodillo para hacer un círculo, retire el plástico y voltéela sobre la palma de su mano.

Invierta su mano rápidamente, dejando la tortilla extendida sobre la sartén. Cocine durante 30 segundos. Voltee la tortilla y cocine alrededor de un minuto más, hasta que se esponje. Envuelva las tortillas en una toalla de cocina para mantenerlas calientes y flexibles. Repita la operación con la masa restante y sirva.

2 tazas (315 g/10 oz) de masa para tortillas

1 taza (250 ml/8 fl oz) de agua tibia

rinde aproximadamente 12 tortillas

Cuando yo era pequeña, mi mamá solía traer masa a la casa de la pizzería local y hacíamos nuestras propias pizzas. Disfrutábamos esas pizzas más que las de la pizzería pues habíamos contribuido para hacer nuestras imperfectas y magníficas pizzas. Y pensábamos que las pizzas hechas por nosotros eran mucho mejores que las que se hacían en la pizzería. Además, siempre sobraba masa, lo cual garantizaba que podíamos disfrutarla a la mañana siguiente.

Mi papá solía despertarse temprano y sacaba la masa sobrante del refrigerador para dejarla esponjar. Calentaba aceite en una olla, cortaba la masa sobrante en tiras y las freía hasta que se doraban y esponjaban. El aroma de la masa friéndose era embriagador y su textura era chiclosa, con su exterior dorado y crujiente. Espolvoreábamos los dedos de masa frita con azúcar glass o los sumergíamos en miel de maple de Vermont. Me recuerdo recostada en mi silla, con mi sonriente cara cubierta de miel pegajosa. Esta costumbre de freír masa la enseñé a mis hijas hace unos cuantos años y, basada en su reacción, vi que el gusto por este sencillo platillo lo traen en sus genes.

Todo lo que necesita para hacer estas deliciosas frituras (parecidas a un beignet) es una olla gruesa con capacidad de 5 litros (5 qt) llena hasta la mitad con aceite de canola a 190°C (375°F), ½ receta de masa para pizza (página 38), un cuchillo filoso y azúcar glass y/o miel de maple para sumergirlas. Sólo debe seguir el ejemplo de mi padre que expliqué con anterioridad.

A menudo hacemos fiestas en nuestra casa en donde cada quien hace su propia pizza. Yo preparo la masa la noche anterior y dejo que se esponje durante toda la noche en el refrigerador. Al día siguiente, la dejo reposar a temperatura ambiente y después, junto con nuestros amigos, creamos cada uno nuestra propia pizza con nuestro estilo personal. Esta receta es para una pizza Margarita clásica, pero puede hacerla de la forma que usted quiera, simplemente prepara tazones con diferentes ingredientes para la cubierta.

masa para pizza

1 ½ cucharadita de levadura instantánea seca en polvo

1 ¼ taza (310 ml/10 fl oz) de agua caliente (40°C/105°F)

1 cucharadita de azúcar

3 ½ tazas (545 g/17 ½ oz) de harina de trigo (simple)

2 cucharaditas de sal kosher

2 cucharadas de aceite de oliva extra virgen

rinde suficiente masa para 4 pizzas medianas

Para hacer la masa, en un tazón pequeño espolvoree la levadura sobre ½ taza (125 ml/4 fl oz) de agua, permita que espume durante unos minutos y bata hasta que esté tersa. Integre el azúcar, batiendo, y ½ taza de harina (75 g/2 ½ oz). Tape con plástico adherente y deje reposar en un lugar caliente alrededor de 15 minutos, hasta que la mezcla burbujee.

En el tazón de una batidora de mesa mezcle 2 ½ tazas (390 g/12 ½ oz) de harina con la sal. Agregue la mezcla de levadura, ¾ taza (180 ml/6 fl oz) de agua y el aceite. Adapte la batidora con el aditamento de gancho y amase a velocidad media alrededor de 10 minutos, agregando la ½ taza restante de harina conforme sea necesario para reducir la humedad, hasta que la masa esté elástica, flexible y húmeda pero no pegajosa.

Dele forma de bola a la masa, coloque en un tazón ligeramente engrasado con aceite, voltee la bola para cubrir con el aceite, tape con plástico adherente y deje esponjar la masa en un lugar cálido alrededor de 2 horas, hasta que duplique su tamaño. (O refrigere durante toda la noche y deje reposar a temperatura ambiente antes de continuar.)

Ponche la masa y divida en 4 trozos iguales. Ruede cada trozo para hacer una bola, coloque las bolas sobre un plato ligeramente enharinado, tape con plástico adherente y deje reposar durante 15 minutos.

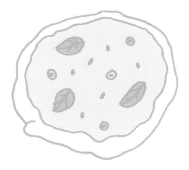  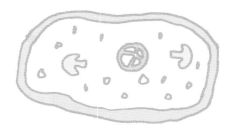

pizza, pizza, pizza

Cuando esté listo para hacer las pizzas, coloque la rejilla del horno en el tercio inferior del horno y precaliéntelo a 230°C (450°F). Espolvoree ligeramente una charola para galletas grande sin bordes con la harina de sémola.

Separe las bolas de masa y coloque una bola sobre una superficie de trabajo ligeramente enharinada. Extienda con ayuda de un rodillo para hacer un círculo de aproximadamente 6 mm (¼ in) de grueso. Pique la masa por todos lados con ayuda de un tenedor y pase a la charola preparada.

Extienda aproximadamente ¼ taza (60 ml/2 fl oz) de la salsa (o menos, si no le gustan las pizzas con mucha salsa) sobre la masa hasta llegar casi a la orilla. Espolvoree con las hojuelas de chile, si las usa, y con una cuarta parte de la albahaca. Cubra con una cuarta parte del queso mozzarella y del queso parmesano. En este momento usted puede agregar más cubiertas, si lo desea, pero no llene demasiado la masa o quedará aguada. Rocíe con aceite y espolvoree con sal.

Hornee alrededor de 10 minutos, hasta que la corteza se dore y el queso burbujee y empiece a caramelizarse. Retire del horno y resbale la pizza hacia una tabla para picar. Deje enfriar durante 5 minutos y corte en rebanadas. Repita la operación con la masa y las cubiertas restantes.

½ taza (75 g/2 ½ oz) de harina de sémola para espolvorear las charolas

1 taza (250 ml/8 fl oz) de Salsa de Jitomate a la Albahaca (página 235) o salsa de tomate comprada de buena calidad

hojuelas de chile rojo (opcional)

½ taza (20 g/¾ oz) de hojas de albahaca fresca, troceadas

500 g (1 lb) de queso mozzarella fresco, finamente rebanado

¼ taza (30 g/1 oz) de queso parmesano, rallado

aceite de oliva extra virgen, para rociar

sal kosher

rinde 4 círculos para pizza

Mis hijas no podían contener su emoción la primera vez que vieron estos grandes y dulces rollos de canela. Incluso insistieron en llevarse cada una uno al colegio para mostrarlo a todas sus amigas. Prepárelos con anticipación y deje en el refrigerador durante toda la noche para que pueda disfrutarlos relajadamente con su café y su familia a la mañana siguiente.

rollos de canela nocturnos

para la masa

1 cucharada de levadura instantánea seca en polvo

½ taza (125 ml/4 fl oz) de agua caliente (40°C/105°F)

4 ½ tazas (700 g/22 ½ oz) de harina de trigo (simple)

4 huevos grandes

¼ taza (60 g/2 oz) de azúcar

2 cucharaditas de sal kosher

½ taza (125 g/4 oz) de mantequilla sin sal, a temperatura ambiente

½ taza (125 g/4 oz) de mantequilla sin sal, derretida

½ taza (125 g/4 oz) de azúcar mezclada con 1 cucharada de canela molida

glaseado de vainilla (página 279)

rinde 10 roles grandes

Para hacer la masa, en el tazón de una batidora de mesa espolvoree la levadura sobre el agua, permita que espume durante unos cuantos minutos y bata hasta que esté tersa. Integre ½ taza (75 g/2 ½ oz) de harina. Tape con plástico adherente y deje reposar en un lugar caliente alrededor de 30 minutos.

Agregue los huevos, azúcar y las 4 tazas (625 g/20 oz) restantes de harina a la mezcla de levadura. Adapte la batidora con el aditamento de gancho y amase a velocidad media de 3 a 4 minutos, hasta que esté tersa. Agregue la mantequilla a temperatura ambiente y continúe batiendo durante 10 ó 12 minutos agregando un poco más de harina para reducir la textura pegajosa, si fuera necesario, hasta que la masa esté tersa. Tape con plástico adherente, deje esponjar alrededor de 2 horas, hasta que duplique su tamaño.

Engrase con mantequilla un refractario de 23 x 33 cm (9 x 13 in). Pase la masa a una superficie de trabajo enharinada. Extienda con ayuda de un rodillo para hacer un rectángulo de 38 x 25 cm (15 x 10 in). Barnice el rectángulo con la mitad de la mantequilla derretida, dejando una tira de 5 cm (2 in) de ancho sin cubrir en uno de sus lados largos. Espolvoree el azúcar con canela sobre la mantequilla. Empezando en uno de los lados largos cubierto con azúcar, enrolle el rectángulo de forma apretada y presione la orilla para unir. Con la unión hacia abajo corte en 10 trozos iguales. Coloque los trozos, con el lado cortado hacia arriba, en el refractario preparado. Barnice con la mantequilla restante. Tape con plástico adherente y deje esponjar en el refrigerador durante toda la noche.

A la mañana siguiente, retire del refrigerador y deje esponjar alrededor de una hora, hasta que se esponjen un cincuenta por ciento. Precaliente el horno a 180°C (350°F). Hornee alrededor de 30 minutos, hasta dorar. Deje enfriar en el refractario durante 15 minutos Extienda el glaseado sobre los roles calientes y sirva.

Una gallette sencilla y rústica con su frágil corteza amantequillada rellena de fruta burbujeante es un postre bello y versátil. Siga las temporadas para elegir la fruta. Retire los huesos de las cerezas en la primavera; retire la piel y el corazón de las manzanas y peras y rebane finamente en el otoño; o parta a la mitad, retire los huesos y rebane los duraznos, nectarinas o chabacanos en el verano. Las moras, en su mejor temporada durante la primavera y el verano, deben recolectarse pero no se deben lavar (las moras azules y las fresas son la excepción).

gallette de cualquier-tipo-de-fruta

Prepare y refrigere la masa para pasta como lo indica la receta. En un tazón mezcle la fruta preparada con el azúcar, harina y sal. Reserve a temperatura ambiente. Coloque una rejilla en el tercio inferior del horno y precaliente a 220°C (425°F).

Engrase ligeramente con mantequilla una charola para hornear con borde. En una superficie de trabajo ligeramente enharinada extienda con ayuda de un rodillo la masa para hacer un círculo de aproximadamente 3 mm (⅛ in) de grueso, espolvoree ligeramente con harina, doble a la mitad, pase a la charola preparada y desdoble en el centro de la charola. Apile la fruta uniformemente sobre el círculo dejando libre una orilla de 5 cm (2 in). Cubra la fruta con los trozos de mantequilla. Doble la masa y coloque sobre el relleno, plegando cada 5 cm (2 in) y dejando el centro abierto.

Revise cada pliegue y selle con un poco de agua fría usando su dedo o una brocha. Después de que la masa ha sido plisada y sellada, presiónela suavemente sobre la fruta para compactarla y sellar los pliegues. Refrigere la galette durante 20 minutos antes de hornear para dejar reposar la masa y evitar que se encoja.

Hornee durante 15 minutos. Reduzca la temperatura a 190°C (375°F) y continúe horneando de 50 a 60 minutos, hasta que la corteza se dore y la fruta esté suave. Deje la galette reposar durante 5 minutos sobre la charola colocándola sobre una rejilla de alambre, desprenda las orillas de la galette con una espátula delgada de metal. Deje enfriar por lo menos durante 20 minutos, empujándola ocasionalmente para evitar que se pegue. Sírvala acompañando con bolas de helado.

Masa para Pasta Quebrada Hecha en Casa (página 278)

4 tazas (575 g/20 oz) de fruta preparada (vea nota superior)

aproximadamente ½ taza (125 g/4 oz) de azúcar, dependiendo el sabor de la fruta

2 ó 3 cucharadas de harina de trigo (simple), dependiendo de lo jugoso de la fruta

una pizca de sal

2 cucharadas de mantequilla sin sal, cortada en trozos

El mejor Helado de Vainilla (página 71) o Crema Batida Dulce (página 278), para acompañar

rinde una gallette; de 6 a 8 porciones

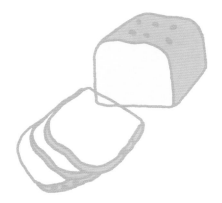

Hacer este pan integral satisface mi alma y llena nuestra casa con el maravilloso olor del pan fresco hecho en casa. Es un magnífico pan para tostar para el desayuno y para los sándwiches preferidos de los niños: de ensalada de huevo, crema de cacahuate y mermelada o de queso fundido. Yo siempre hago dos hogazas de pan y congelo una para tener como reserva.

pan hecho en casa

2 ¾ tazas (440 g/14 oz) de harina de trigo (simple)

4 ¾ tazas (750 g/1 ½ lb) de harina integral (de trigo entero)

2 cucharadas de levadura instantánea seca en polvo

2 ½ tazas (625 ml/20 fl oz) de leche entera, caliente (40°C/105°F)

½ taza (185 g/6 oz) de miel de abeja

2 cucharaditas de sal kosher

½ taza (125 g/4 oz) de mantequilla sin sal, a temperatura ambiente

rinde 2 hogazas

En un tazón mezcle las harinas y reserve una taza (155 g/5 oz). En el tazón de una batidora de mesa espolvoree la levadura sobre la leche, permita que espume durante unos minutos y bata hasta que esté tersa. Integre la miel y la sal, batiendo, deje reposar durante 5 minutos y bata una vez más. Usando una cuchara de madera integre las harinas para hacer una mezcla gruesa. La mezcla deberá estar seca y hojaldrada. Agregue la mantequilla, adapte la batidora con el aditamento de gancho y bata a velocidad media alrededor de 10 minutos, agregando la cantidad necesaria de harina reservada para reducir la consistencia pegajosa, hasta que la masa esté tersa, elástica y ya no esté pegajosa.

Pase la masa a una superficie de trabajo y amase brevemente. Haga una bola, vuelva a colocar en el tazón, tape con plástico adherente, coloque en un lugar caliente y deje reposar entre 2 y 2 ½ horas, hasta que duplique su tamaño. Deje que los niños le hagan la prueba de la yema de dedo: presione la masa; estará lista cuando se le quede ligeramente marcada la yema del dedo.

Precaliente el horno a 190°C (375°F). Engrase dos moldes rectangulares para barras de pan de 20 x 10 cm (8 x 4 in). Ponche la masa, corte a la mitad y haga una barra con cada mitad: aplane la masa formando un rectángulo de 5 cm (2 in) de grueso y del largo del molde y doble longitudinalmente hacia arriba para darle forma de barra, presionando firmemente a medida que lo hace. Pellizque la unión para unirla y coloque la barra, con la unión hacia abajo, en el molde. Tape los moldes holgadamente con plástico adherente. Deje esponjar en un lugar cálido alrededor de 45 minutos, hasta que la masa esté 2.5 cm (1 in) arriba del borde del molde.

Hornee entre 35 y 40 minutos, hasta que las superficies estén doradas y las hogazas suenen huecas cuando se les golpee. Desmolde sobre rejillas de alambre para dejar enfriar antes de rebanar.

Esta focaccia gruesa y suave es maravillosa para hacer el panini favorito de los niños; de jamón y queso o jitomates y queso mozzarella, o para rebanar a la hora de la cena. Si usted prefiere una focaccia más delgada, use un molde más grande y estire la masa. Sólo tenga presente que la focaccia duplicará su grosor durante el horneado.

focaccia de romero fresco

En un tazón pequeño espolvoree la levadura sobre ½ taza (125 ml/ 4 fl oz) de agua, permita que espume durante unos minutos y bata hasta que esté tersa. Integre el azúcar y ½ taza (75 g/2 ½ oz) de harina, batiendo hasta obtener una mezcla tersa. Tape con plástico adherente y deje reposar en un lugar cálido alrededor de 15 minutos, hasta que la mezcla burbujee.

En el tazón de una batidora de mesa mezcle la harina restante con la sal y haga una fuente en el centro. Vierta la mezcla de levadura en la fuente, el agua restante y ½ taza (125 ml/4 fl oz) de aceite. Adapte la batidora con el aditamento de gancho y bata a velocidad media entre 8 y 10 minutos, agregando más harina para reducir la consistencia pegajosa conforme sea necesario, hasta obtener una mezcla tersa. Haga una bola, coloque en un tazón engrasado con aceite, ruede la bola para cubrir con aceite, tape herméticamente con plástico adherente y deje esponjar en un lugar cálido alrededor de 2 horas, hasta que duplique su tamaño.

Engrase ligeramente con aceite un refractario o un molde de 23 x 33 cm (9 x 13 in). Ponche la masa en el tazón y pase al molde. Estire suavemente para adaptar al molde, empujando las orillas de la masa hacia las esquinas. Usando las yemas de sus dedos, marque orificios sobre toda la superficie. Rocíe el aceite restante sobre la masa y espolvoree uniformemente con el romero y la sal de mar. Tape con plástico adherente y deje esponjar en un lugar cálido durante 30 minutos. Precaliente el horno a 220°C (425°F).

Hornee durante 10 minutos. Reduzca la temperatura a 200°C (400°F) y continúe horneando alrededor de 20 minutos, hasta dorar. Deje enfriar en el molde colocándolo sobre una rejilla durante 15 minutos antes de servir.

1 cucharada de levadura instantánea seca en polvo

1 ½ taza (375 ml/12 fl oz) de agua caliente (40°C/105°F)

1 cucharadita de azúcar

4 ½ tazas (700 g/22 ½ oz) de harina de trigo (simple) más la necesaria

2 cucharaditas de sal kosher

¾ taza (180 ml/6 fl oz) de aceite de oliva extra virgen

1 ½ cucharadita de romero fresco, toscamente picado

¾ cucharadita de sal gruesa de mar o fleur de sel

rinde 1 pan plano

La leche en el vaso estaba helada. Sumergí la galleta, vi cómo absorbía lentamente el cremoso líquido y rápidamente me la comí antes de que se desmoronara en el blanco mar.

lácteos

¿Qué haríamos sin la leche? La usamos para cocinar, para alimentar a nuestros bebés, a nuestros niños y adolescentes. Por la tarde sumergimos una galleta con chispas de chocolate en un vaso de leche fría como tentempié y en una noche fría tomamos una taza de leche caliente con chocolate. Transformamos la leche en mantequilla, yogurt, crema ácida y en cientos de quesos diferentes. Después, alegremente convertimos todos estos nuevos alimentos en una sustanciosa lasaña, en exquisitos helados y todo tipo de sándwiches, de aguacate y queso, jamón y queso o simplemente de queso, para comer como refrigerio escolar. Además, como la leche contiene proteínas y calcio que mantienen fuertes los huesos y los dientes, vitaminas y minerales para el crecimiento y grasa para obtener energía, nos sentamos a la mesa con la certeza de que nos estamos alimentando con algo bueno.

No importa si viene de vaca, de borrego o de cabra; el potencial de la leche es ilimitado. Todos los lácteos, desde las nubes de crema batida y las ruedas de mantequilla hasta las cremosas rebanadas de queso brie y las láminas de parmesano, provienen de la leche.

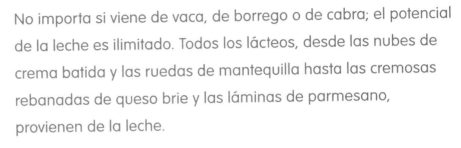

las diferentes formas de la leche

Vertida en un vaso, la leche no parece gran cosa, sólo un líquido blanco opaco. Incluso algunas veces hasta la tratamos sin importancia: bebiendo del cartón o tirando la mitad de un vaso al fregadero. La leche no es algo gratuito. Es muy buena para nosotros y también es un ingrediente básico para preparar muchos de nuestros platillos favoritos: el queso crema para untar nuestros bagels, el yogurt cremoso que vertimos sobre la fruta, las cucharadas de crema ácida para nuestras papas al horno, el helado que rociamos con jarabe de chocolate. Y todo empieza con una vaca, chivo o cordero.

La leche tiene 4 componentes principales:

Agua, lactosa, grasa y proteína, con su cantidad de variantes dependiendo de la fuente animal que la produjo. La leche de vaca fresca comúnmente contiene grasa de leche al 4 % o más alta, la cantidad depende de la época del año, la raza de la vaca y del tipo de alimento con que fue alimentada la vaca. Una taza (250 ml/8 fl oz) de leche entera contiene cerca de 8 gramos de grasa. La leche reducida en grasa, etiquetada por su porcentaje ya sea de 2 por ciento, 1 por ciento, sin grasa o descremada, proporciona los mismos beneficios que la leche entera, con menos grasa y más calcio por taza.

bronca contra pasteurizada

La leche pasteurizada fue introducida a finales del siglo XIX. Antes de eso, la gente se enfermaba y muchas veces moría por tomar leche procesada en condiciones insalubres. Actualmente, muchas personas creen que la pasteurización mata bacterias buenas y vitaminas sensibles al calentamiento y prefieren los valores nutricionales de la leche bronca que la seguridad de la pasteurizada. La leche bronca es segura si se maneja con cuidado, por lo que si la compra, asegúrese de conocer al productor y manténgala bien fría.

leche orgánica y productos derivados de la leche

La leche orgánica proviene de animales que han pastado en pastos orgánicos o han sido alimentadas con ensilado orgánico. Nunca deben recibir hormonas de crecimiento o antibióticos y deben tener acceso al exterior aunque las reglas no especifican exactamente cuanto tiempo. Muchos estudios, más no todos, han demostrado que la leche y los productos derivados de la leche de vacas alimentadas con pastura son mejores para usted.

homogeneizado

Si la leche se deja reposar, se separa en crema y en leche sin grasa y algunas veces usted verá leche tradicional con una capa de crema sobre ella en algunos mercados. A mi me gusta la idea de la capa de crema pero una vez que se separa, es difícil emulsionarla otra vez con la leche. La persona que toma el primer vaso de leche del envase, tomará los glóbulos de crema y las demás personas tomarán leche descremada. El proceso de homogeneizado fue desarrollado para evitar la separación de la leche. Fuerza a la leche, bajo alta presión a través de boquillas muy pequeñas, para que el agua y la grasa se unan y adhieran.

crema

El proceso inverso al de homogeneizado es la separación de la leche de la grasa sustanciosa. De esta manera se crea la leche descremada y la exquisita crema entera, proceso que la industria lleva a cabo por medio de la fuerza centrífuga. Para llevarlo a cabo de manera tradicional, deje que la leche repose hasta que la grasa flote y retire la crema de la superficie. De ahí proviene el término de leche descremada que se usa para nombrar la leche a la cual se le ha retirado toda la grasa. Los distintos tipos de crema contienen diferentes cantidades de grasa de leche (la leche se añade otra vez a la crema para diluir su fuerza). La media crema tiene el menor contenido de grasa de leche y la crema espesa tiene la mayor cantidad (vea explicación a la derecha). Hoy en día, la mayoría de las cremas que venden las grandes compañías de lácteos son ultra pasteurizadas, lo cual significa que se han calentado a altas temperaturas a fin de eliminar ciertos microorganismos y poder mantenerlas frescas durante más tiempo. Tienen un ligero sabor a "cocido" y no se baten tan fácilmente como las no procesadas.

DIFERENTES CREMAS PARA DIFERENTES USOS

- Media crema (del 10 al 18% de grasa de leche): No trate de batirla ya que fracasaría. Mezcle con el café o vierta sobre su cereal y disfrútelo.

- Crema ligera (del 18 al 30% de grasa de leche): Tampoco trate de batirla. Sirve para preparar un delicioso chocolate y resaltar el sabor de la fruta fresca.

- Crema dulce o crema dulce ligera (del 30 al 36% de grasa de leche): Sube con facilidad cuando se bate: resulta menos grasosa y con una textura más ligera que la crema espesa batida.

- Crema espesa o crema dulce para batir (con un mínimo del 36% de grasa de leche): También conocida como doble crema. Ésta es la crema clásica para las nubes de crema batida.

el club de cultivo

Al cultivar la leche le proporciona sustancia, cuerpo y acidez y le da mayor vida en el refrigerador. Los socios más famosos del club son: la crema ácida, el yogurt, la crème fraîche y el buttermilk. Los quesos también se cultivan pero se preparan separando los cuajos. Los cuajos y el suero se mantienen unidos y el producto final siempre será cremoso. El proceso de cultivo es sencillo: Se agrega bacteria a la leche fresca y se coloca la leche en un lugar tibio para fomentar que la bacteria se desarrolle. La bacteria se alimenta con los azúcares naturales de la leche lo cual hace que la leche fermente, espese y produzca ácido láctico. El ácido es lo que da a los productos de cultivo su acidez. Los diferentes tipos de bacteria producen diferentes sabores y texturas. Es por eso que el yogurt y la crema ácida no se ven igual ni saben a lo mismo.

buttermilk

El ácido buttermilk es de alguna forma el nuevo miembro del club del cultivo. En los viejos tiempos era el líquido que sobraba después de batir la mantequilla. Hoy en día se prepara cultivando leche baja en grasa. Eso también significa que, a pesar de su nombre, no tiene un alto contenido de grasa.

yogurt

El yogurt, al igual que la mayoría de los productos lácteos, contiene calcio, proteína, vitaminas y minerales. ¿Cuál es su mayor cualidad? Que contiene bacterias benignas vivas. Los estudios han demostrado que estos cultivos de bacterias vivas pueden ayudarlo a vivir durante más tiempo y a vigorizar su sistema inmunológico. Asegúrese de buscar yogurts que contengan cultivos activos. Además, si usted compra yogurt simple bajo en grasa sin endulzar, usted puede añadir su propia miel de abeja y fruta. Es mucho más sano que los yogurts de sabores endulzados con azúcar, además de tener un mejor sabor.

mantequilla

La regla más importante para comprar mantequilla es leer la etiqueta, primero revise la forma como fue preparada. Encontrará dos tipos básicos: la de crema dulce, preparada con crema fresca, y la cultivada, preparada con crema fermentada. Las mantequillas dulces siempre contienen aproximadamente un 80% de grasa de la leche y tienen un sabor suave como una cucharada de crema fresca. Las mantequillas de cultivo son menos comunes (por lo general las mantequillas europeas o aquellas de estilo europeo pertenecen a este grupo) y tienen una mayor cantidad de grasa de la leche y un sabor ácido más complejo. (A los chefs pasteleros les gusta la mantequilla cultivada porque su alto contenido de grasa de la leche las hace más flexibles). Después, revise su contenido de sal. Todas las mantequillas son saladas a menos que la etiqueta diga lo contrario. La sal se usa tradicionalmente como conservador para alargar la vida en anaquel, pero también puede ayudar a disimular el sabor de una mantequilla económica.

La mantequilla ligeramente salada de crema dulce es excelente para todo uso, para untar por la mañana sobre pan tostado y mezclar con palomitas de maíz. La mantequilla sin sal es deliciosa para hornear cuando usted necesita tener bajo control la cantidad de sal en una receta. Si va a preparar galletas y sólo tiene a la mano mantequilla con sal, reduzca la sal de la receta en ¼ cucharadita de sal para cada ½ taza (125 g/4 oz) de mantequilla.

COMPRANDO QUESOS

El mejor lugar para comprar queso es una tienda especializada en quesos, porque los vendedores usualmente conocen sus productos y permiten probarlos antes de comprarlos, pero muchos de nosotros no tenemos esa opción. Si usted los compra en el supermercado, aquí le presento algunos consejos: Utilice sus ojos y su olfato. Los quesos duros no deberán tener moho. Si el hongo es parte del queso tiene que tener un color uniforme. Un moho de raro color negruzco o verde o un olor fuerte a amoniaco o una supuración excesiva son señales para seguir de largo y no comprarlos. Utilice su buen juicio. Pero ante la menor duda, pida ayuda al vendedor del departamento.

queso

El queso viene en formas y tamaños diferentes y se puede preparar con todo tipo de leche. Por lo que el mundo de los quesos ha simplificado clasificando su gran familia en cuatro grupos definiéndolos por su textura en: suaves, los cuales incluyen los frescos y los añejos, semi suaves, semi duros y duros. La cantidad de humedad en el queso determina su textura.

Los quesos frescos son rápidos y fáciles de preparar. Se añade a la leche un ácido, como el vinagre, o una enzima, usualmente en forma de cuajo, y rápidamente formará requesón.

Los quesos preparados con ácido tendrán cuajos más suaves y deformes que los quesos preparados con suero. Los cuajos se drenan del suero (la parte aguada) y se empacan o moldean en figuras. La mayoría de los quesos frescos no son de cultivo, por lo que saben agridulces y son un poco insípidos. Y, como su nombre lo indica, se deben comer rápidamente.

Para preparar quesos añejos suaves, semi suaves, semi duros y duros, se añade a la leche un cultivo bacterial y una enzima, por lo general un cuajo, para separar los cuajos del suero. El suero es escurrido, la cuajos se salan y empacan en moldes para escurrir y después se añeja el queso. El tipo de bacteria elegida, la forma en que los cuajos son procesados y el tiempo en que el queso es añejado, que puede ser de varias semanas o incluso hasta de varios años, determinan su sabor y textura final. La vida de anaquel de los quesos varía de acuerdo al tiempo que han sido añejados. Envuelva en papel encerado, guarde en una bolsa de plástico, déjela parcialmente abierta y almacene en el refrigerador alrededor de una semana para quesos añejados suaves o hasta por varias semanas para quesos duros.

¿PARA QUÉ USO ESTE QUESO?

- Quesos frescos (ricotta, cottage, crema, mascarpone, quark, de granja): Estos quesos por naturaleza suaves se pueden mezclar con todo tipo de ingredientes, para rellenar pastelería y pastas o batir y preparar un pastel de queso o para cubrir fruta.

- Quesos añejos suaves (brie, camembert, triple crema): Estos quesos son ideales para poner sobre una tabla de quesos y preparar deliciosos sándwiches o rellenos de omelet.

- Quesos semi suaves (azul, colby, fontina, havarti, monterrey Jack): Se usan para tabla de quesos, en sándwiches fríos o calientes o para preparar omelets. Los quesos azules son buenos para desmoronar sobre ensaladas o para batir en aderezos de ensalada.

- Quesos semi duros o duros (gouda, la mayoría de los cheddar, dry jack, gruyère y parmesano): Combinan prácticamente con cualquier cosa desde una quiche o macarrones con queso hasta omelets y pastas.

queso ricotta preparado en casa

Nubes sustanciosas y esponjadas de queso ricotta recién preparado. Esta golosina especial es tan deliciosa que querrás sentarte y comerla a cucharadas como si fuera helado. La primera vez que probé queso ricotta recién preparado fue en el condado de Sonoma, California, en la granja Bellweather. El quesero Liam Callahan había terminado de empacar los cuajos de un queso de leche de vaca en sus moldes y estaba calentando una batea muy grande con el suero sobrante para preparar queso ricotta. Él agregó un poco de crema, para darle el toque sustancioso, junto con sal y vinagre. Fue muy emocionante ver como se formaban los cuajos en el remolino de suero. Posteriormente, utilizando una coladera enorme, levantó los cuajos hacia arriba, tomó algunos y me los dio. Estaban tibios, delicados y deliciosos.

Este queso ricotta, preparado con leche entera y crema, es similar en textura y sabor al preparado con suero. Toda su familia, desde los más grandes hasta los pequeños, se asombrará al ver como se forman los cuajados en la olla e igualmente se sorprenderán al comerlos.

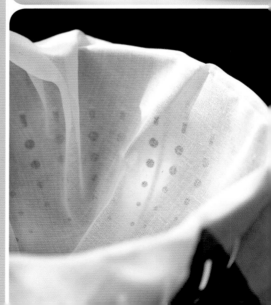

recetas sencillas con queso ricotta

El queso ricotta no sólo sirve para rellenar lasaña o ravioles; es muy versátil y sirve para preparar sencillos y deliciosas botanas o postres exquisitos.

queso ricotta asado con jitomates cereza a las hierbas

Esta entrada ligera hará que se deleiten tanto los niños como los adultos.

Precaliente el asador de su horno. Rebane a la mitad 2 tazas (375 g/ 12 oz) de jitomates cereza con bonito color y saltee en 2 cucharadas de aceite de oliva extra virgen sobre fuego medio-alto de 1 a 2 minutos, hasta que estén ligeramente calientes y empiecen a soltar su jugo. Agregue ½ cucharadita de ajo finamente picado, 1 cucharadita de orégano fresco, sal de mar y pimienta recién molida al gusto y mezcle hasta integrar por completo. Pase los jitomates a un refractario poco profundo y cubra uniformemente con una taza (250 g/8 oz) de queso ricotta. Rocíe con aceite de oliva extra virgen y ase cerca de 2 ó 3 minutos, hasta que el queso ricotta burbujee y se dore.

Rinde de 4 a 6 porciones

queso ricotta fresco con miel de abeja y fresas

Éste es un postre sencillo y rápido que permite que luzca cada ingrediente.

Presione 2 tazas (500 g/1 lb) de queso ricotta en un tazón pequeño para darle forma. Invierta sobre un platón de servicio. Rocíe con 3 cucharadas de miel de abeja de flores silvestres. Coloque alrededor del queso 1 ½ taza (185 g/ 6 oz) de fresas rebanadas.

Acompañe con más miel a un lado.

Rinde de 4 a 6 porciones

lo que se necesitará para hacer queso ricotta en casa

- 4 litros (1 galón) de leche entera orgánica
- 2 tazas (500 ml/16 fl oz) de crema espesa orgánica
- 1 olla grande y gruesa de material no reactivo
- 1 espátula de silicón
- 1 termómetro de lectura instantánea
- ¼ taza más 2 cucharadas (90 ml/ 3 fl oz) de vinagre blanco destilado orgánico
- 1 cucharadita de sal kosher
- 1 coladera
- 1 tramo de manta de cielo (muselina)
- 1 tazón grande
- 1 cuchara ranurada
- 1 recipiente hermético

1 caliente la leche

Vierta en la olla la leche y la crema, coloque sobre fuego medio-alto y caliente justo antes del punto de ebullición. Mezcle con la espátula para evitar que el líquido se queme. Justo antes de que empiece a hervir la leche, la superficie empezará a formar espuma y a desprender vapor. Revise la temperatura y retire la olla del fuego justo antes de que empiece a llegar a los 85°C (185°F).

2 Haga algunos cuajos

Añada el vinagre y mezcle durante 30 segundos. Los cuajos se formarán casi inmediatamente. Agregue la sal y mezcle durante 30 segundos más. Tape la olla con una toalla de cocina y deje que los cuajos reposen a temperatura ambiente durante 2 horas.

3 escurra el queso

Forre la coladera con un cuadro grande de manta de cielo y coloque la coladera sobre un tazón para recoger el líquido drenado. Usando una cuchara ranurada pase los cuajos cuidadosamente de la olla a la coladera. Deje que el ricotta escurra durante 30 minutos.

4 ¡amarre!

Tome la manta de cielo de las esquinas y tuerza para exprimir el líquido. Cuando el líquido se vuelva de claro a lechoso y el queso empiece a pasar a través de la manta de cielo, se ha escurrido lo suficiente.

5 almacene para después

Retire el queso ricotta de la manta de cielo y almacene en un recipiente hermético dentro del refrigerador. Sabe mejor cuando está recién preparado pero puede conservarse fresco hasta por una semana.

El queso ricotta recién preparado es un relleno increíblemente ligero para lasaña. La pasta seca ya no es la única opción para preparar lasaña. Nosotros intercalamos finas hojas de pasta fresca con el relleno para hacer una atractiva y delicada lasaña. En un apuro, también se puede usar lasaña precocida que es deliciosa y muy fácil de usar.

lasaña con varios quesos

aceite de oliva extra virgen para rociar

4 tazas (1 kg/2 lb) de queso ricotta preparado en casa (página 52) o comprado

½ taza (60 g/2 oz) de queso parmesano, rallado

500 g (1 lb) de queso mozzarella fresco, picado en cubos

2 dientes de ajo, finamente picados

1 cucharada de perejil liso (italiano) fresco, picado

sal kosher y pimienta recién molida

2 huevos grandes, ligeramente batidos

3 tazas (750 ml/24 fl oz) de Salsa de Jitomate con Albahaca (página 235) o salsa de tomate comprada

250 g (½ lb) de hojas de lasaña fresca preparada en casa (página 228) o comprada

rinde 8 porciones

Precaliente el horno a 190°C (375°F). Rocíe con aceite de oliva la base de un refractario cuadrado de 23 cm (9 in) con orillas de 7.5 cm (3 in).

En un tazón grande mezcle el queso ricotta con el queso parmesano y todo el queso mozzarella menos 1 taza (125 g/4 oz). Agregue el ajo, perejil, 1 cucharadita de sal y un poco de pimienta. Pruebe y rectifique la sazón con más sal si fuera necesario. Añada los huevos y mezcle hasta integrar por completo.

Usando un cucharón vierta ½ taza (125 ml/4 fl oz) de la salsa en la base del refractario preparado, extienda para cubrir uniformemente y acomode 2 capas de la pasta cortada al tamaño necesario sobre la salsa. Espolvoree un tercio de la mezcla de quesos uniformemente sobre la pasta. Cubra con una capa de pasta, ¾ taza (180 ml/6 fl oz) de salsa y otra capa de pasta. Repita la operación haciendo capas: mezcla de quesos, pasta, salsa, pasta, mezcla de quesos pasta y por último la taza (250 ml/ 8 fl oz) restante de salsa, extendiéndola uniformemente. Espolvoree la taza de queso mozzarella reservada sobre la superficie. (En este punto se puede cubrir la lasaña y refrigerar hasta por 2 días o congelar hasta por 3 meses.)

Hornee de 40 a 45 minutos, hasta que se dore la capa de quesos, la pasta burbujee y esté suave. (Si hornea lasaña congelada o refrigerada cubra con papel aluminio herméticamente durante los primeros 30 minutos, destape y hornee cerca de 30 a 45 minutos más.) Deje reposar durante 10 minutos antes de servir rebanadas grandes y deliciosas.

Llega el invierno, buscamos pistas con buena nieve y esquiamos todo el día, al llegar la noche nos atiborraremos con este delicioso y cremoso fondue. Si no cuenta con una olla para fondue, sirva el fondue en la misma olla en donde lo preparó. Además del pan, acompañe con rebanadas de manzana, flores blanqueadas de brócoli o coliflor y trozos de jamón de buena calidad. El alcohol se consumirá mientras el fondue hierve lentamente por lo que los niños lo pueden comer sin ninguna preocupación.

fondue de queso

Frote el fondo y las orillas de una olla de fondo grueso con el diente de ajo, deseche el ajo. Vierta el vino en la olla, hierva sobre fuego alto, reduzca el fuego a medio y deje hervir lentamente durante 5 minutos.

Mientras tanto, en un tazón mezcle los quesos con la harina hasta integrar por completo. Integre los quesos, un puñado pequeño a la vez, con el vino hirviendo, moviendo con una cuchara de madera después de cada adición hasta que el queso se incorpore y la mezcla esté tersa. Añada el kirsch, si lo usa, eleve el fuego a medio-alto y deje que suelte el hervor.

Retire inmediatamente del fuego y sazone al gusto con sal y pimienta. Pase el fondue a una olla para fondue, si la usa, y coloque sobre su base en la mesa. Coloque el pan a un lado. Dé a todos los comensales un tenedor de mango largo para remojar el pan dentro del queso caliente.

1 diente de ajo

2 tazas (500 ml/16 fl oz) de vino blanco seco afrutado como el Riesling

500 g (1 lb) de queso gruyère o emmentaler, rallado

½ taza de queso parmesano o grana padano, rallado

3 cucharadas de harina de trigo (simple)

2 cucharadas de kirsch (opcional)

sal kosher y pimienta recién molida

1 pan baguette, rebanado en cubos del tamaño de un bocado

rinde de 4 a 6 porciones

Casi a todos los niños les gusta el brócoli. Aun aquellos que ni siquiera miran otra verdura, escarban para encontrar el brócoli. A mi me gusta sencillamente con un poco de mantequilla o con limón exprimido, pero para ciertas ocasiones especiales este gratín es una maravilla. Es también fabuloso para utilizar los sobrantes de queso del refrigerador.

gratín dorado de brócoli

2 cucharadas de mantequilla sin sal

¼ taza (45 g/1 ½ oz) de harina de trigo (simple)

3 tazas (750 ml/24 fl oz) de leche entera

½ taza (45 g/1 ½ oz) de cebolla, finamente rebanada

½ hoja de laurel

una pizca de nuez moscada

sal kosher y pimienta recién molida

750 g (1 ½ lb) de brócoli

¼ taza (30 g/1 oz) de queso parmesano, rallado

1 taza (60 g/2 oz) de pan molido fresco

2 cucharadas de aceite de oliva

1 taza (125 g/4 oz) de mezcla de queso rallado como el gruyère o cheddar

¼ taza (60 ml/2 fl oz) de crema espesa

rinde de 4 a 6 porciones

Para preparar la salsa, derrita la mantequilla en una olla sobre fuego medio. Incorpore la harina y cocine cerca de un minuto, moviendo, hasta que la mezcla forme una bola floja. Retire del fuego e integre la leche, una taza (250 ml/8 fl oz) a la vez, mezclando después de cada adición hasta obtener una mezcla tersa. Vuelva a colocar la olla sobre fuego medio y bata hasta que la mezcla suelte el hervor. Agregue la cebolla, hoja de laurel y nuez moscada y sazone al gusto con sal y pimienta. Reduzca el fuego a bajo y cocine cerca de 10 minutos, moviendo frecuentemente, hasta que espese. Cuele a través de un colador de malla fina colocado sobre un tazón grande; mantenga caliente. Deberá tener aproximadamente 2 ½ tazas (625 ml/20 fl oz).

Precaliente el horno a 190°C (375°F). Engrase con mantequilla un refractario de 28 x 18 cm (11 x 7 in). Ponga una olla grande con tres cuartas partes de agua sobre el fuego y lleve a ebullición. Mientras tanto, corte las cabezas de los tallos de brócoli. Divida las cabezas en flores del tamaño de un bocado, retire la piel y rebane los tallos en trozos delgados. Añada 3 cucharadas de sal y el brócoli al agua hirviendo y cocine durante 2 minutos. Escurra perfectamente.

En un tazón pequeño mezcle el queso parmesano con el pan molido y el aceite; sazone al gusto con sal y pimienta. Añada la mezcla de quesos a la salsa caliente, mezcle para derretir y agregue el brócoli y la crema. Vierta la mezcla en el refractario preparado y espolvoree uniformemente con las migas preparadas de pan. Hornee cerca de 30 minutos, hasta que el gratín burbujee y la cubierta se dore.

Cuando mi esposo y yo visitamos Italia, aprendimos que el pan es lo que hace un buen panini: el mejor no es ni muy grueso ni muy delgado para que al tostarlo quede crujiente por fuera y ligeramente chicloso por dentro. Busque una buena hogaza de pan artesanal y rebánela, después pida a sus niños que le ayuden a untar el pan con mantequilla y a montar los ingredientes para el sándwich.

panini de jamón, jitomate y queso

Precaliente sobre la hornilla de su estufa a fuego medio una parrilla para preparar panini, una sartén gruesa o una parrilla acanalada, o precaliente un asador eléctrico para panini de acuerdo a las instrucciones del fabricante. Empareje las rebanadas, creando 4 pares uniformes y engrase ligeramente con mantequilla la parte exterior de cada rebanada. Para preparar cada sándwich, coloque una rebanada de pan, con la parte con mantequilla hacia abajo sobre una superficie de trabajo y cubra con 2 rebanadas de queso, dos rebanadas de jitomate y sazone con sal y pimienta; agregue otras 2 rebanadas de queso, una o dos rebanadas de jamón y dos rebanadas más de queso. Tape con la rebanada restante de pan colocando la cara con mantequilla hacia arriba. (En este punto, usted puede envolver los sándwiches y refrigerar hasta por un día.)

Trabajando en tandas, si fuera necesario, coloque los sándwiches en el asador y cubra con la tapa superior, o coloque en la sartén para saltear o para asar y presione firmemente con la tapa plana de una olla pesada, presionando hacia abajo intermitentemente. Cocine los sándwiches de 10 a 14 minutos en total, volteando una sola vez a la mitad de la cocción si utiliza una parrilla colocada sobre la estufa, hasta que el pan esté tostado y dorado y el queso se haya derretido. Rebane a la mitad y sirva de inmediato.

sea creativo

Los paninis son sumamente versátiles y usted puede preparar prácticamente cualquier tipo de sándwich utilizando los ingredientes favoritos de su familia como: atún con queso cheddar, filete de res con queso provolone o queso mozzarella y jitomate con pesto para nombrar algunos. Para agregar sazón a sus panini, unte con un poco de mostaza de grano entero o aceitunas picadas, o utilice jitomates deshidratados cuando no encuentre frescos.

8 rebanadas de pan de levadura o *pain au levain*, cada una de 12 mm (½ in) de grueso

3 cucharadas de mantequilla sin sal, a temperatura ambiente

24 rebanadas pequeñas y delgadas de queso gruyère o cheddar blanco

8 rebanadas delgadas de jitomate beefsteak u otro tipo de jitomate maduro grande

sal kosher y pimienta recién molida

de 4 a 8 rebanadas delgadas de jamón estilo campesino

rinde 4 porciones

Me enamoré del yogurt casero cuando era estudiante de preparatoria en Francia. Mi mamá francesa a diario o cada dos días cultivaba una tanda en su calentador para yogurt. Hoy en día hago lo mismo para mis hijas, a las cuales les gusta con sabor a vainilla y rociado con bastante miel de abeja.

yogurt casero

4 tazas (I litro/32 fl oz) de leche entera o baja en grasa

¼ taza (20 g/²⁄₃ oz) de leche en polvo (opcional)

2 cucharadas de cultivos activos simples de yogurt

¼ taza (80 g/2 ¾ oz) de miel pura de maple o 3 cucharadas de miel de abeja (opcional)

rinde aproximadamente 8 porciones

Tenga listos ocho refractarios para flan o tazas especiales para preparar yogurt con capacidad de ¾ taza (180 ml/6 fl oz), o frascos para hacer conserva con capacidad de una taza (250 ml/8 fl oz). En una olla grande con base gruesa caliente la leche hasta que registre 85°C (185°F) en un termómetro de lectura instantánea. Vierta en un tazón de acero inoxidable o tazón refractario y deje enfriar hasta que registre entre 43° y 45°C (110° y 115°F). Integre, batiendo, la leche en polvo (si utiliza leche baja en grasa, la leche en polvo hará que el yogurt final quede más espeso), cultivos activos de yogurt, miel de maple o miel de abeja, si lo desea; si utiliza miel de abeja no dé este yogurt a niños menores de un año de edad.

Vierta en las tazas, cubra herméticamente y coloque en su lugar favorito para el cultivo: un horno calentado a una temperatura constante de 43°C (110°F), una máquina para preparar yogurt (encienda el cronómetro), un baño María observado continuamente hasta que registre los 43°C (110°F) o un lugar caliente sobre la superficie de la cocina. Deje reposar de 10 a 12 horas, hasta que esté firme, espeso y ácido. Refrigere por lo menos durante 4 horas antes de servir. El yogurt se conservará fresco hasta por una semana.

sea creativo

Si planea utilizar el yogurt para un platillo salado como la raita (página 65) deje al natural y no agregue la miel de maple. También puede utilizar un saborizante (como la esencia de vainilla) o compota de fruta (ya sea de cerezas, ruibarbo o higos) después de que el yogurt esté listo, si es una persona espontánea, prepare yogurt simple y añada el sabor al final.

Una fría y refrescante raita es la guarnición perfecta para platillos sustanciosos o condimentados. A mis hijas les gusta esta raita especialmente para acompañar el Curry de Garbanzo (página 249) pero también es deliciosa con pollo, cordero o carne de res a la parrilla. Mejora al reposar, por lo que prepare con varias horas de anticipación para que los sabores se integren.

raita refrescante de pepino

Si utiliza yogurt regular, vierta sobre un colador de malla fina forrado con un trozo de manta de cielo y refrigere durante toda la noche, mezclando el yogurt antes de irse a dormir. Cuando se despierte por la mañana usted tendrá 2 tazas de yogurt sumamente espeso y aproximadamente una taza de agua. Deseche el agua y pase el yogurt a un tazón. Si utiliza yogurt griego, pase a un tazón.

Retire la cáscara del pepino, parta longitudinalmente a la mitad y retire las semillas raspando con la punta de una cucharita pequeña. Ralle sobre las raspas más grandes de un rallador manual o en un procesador de alimentos adaptado con el aditamento para rallar. Exprima el exceso de agua del pepino con sus manos hasta que esté casi seco. Deberá tener aproximadamente una taza (125 g/4 oz) de líquido. Agregue el pepino rallado al yogurt.

Añada el ajo, menta, cilantro, sal, comino y pimienta de cayena, si lo desea, y mezcle hasta integrar por completo. Cubra y refrigere durante varias horas para permitir que se mezclen los sabores, pruebe y rectifique la sazón antes de servir.

sea creativo

Si usted desea que su raita tenga más textura y un sabor más dulce, ralle ½ zanahoria sin piel e integre con el pepino.

3 ½ tazas (875 g/28 oz) de yogurt natural casero (página 64) o comprado, o 2 tazas (500 g/1 lb) de yogurt griego simple

1 pepino inglés (de invernadero) pequeño

1 diente de ajo, machacado

1 cucharada de menta fresca, finamente picada

1 cucharada de cilantro fresco, finamente picado

½ cucharadita de sal kosher

⅛ cucharadita de comino molido

⅛ cucharadita de pimienta de cayena (opcional)

rinde aproximadamente 3 tazas (750 g/24 oz)

He aquí una forma festiva para preparar algo sano para usted que luce y tiene un sabor delicioso. Puede mezclar diferentes tipos de frutas, o usted y su familia pueden crear parfaits afrutados como los Parfaits Veraniegos de Moras o el Parfait de Cereza, Almendra y Chocolate, que es el favorito tanto de mis dos hijas como de los hijos de mis amigos. Si a usted no le gusta que su parfait quede crujiente, omita la granola y añada más fruta y yogurt.

parfaits de almendra, fruta y yogurt

1 ½ taza (250 g/8 oz) de su granola favorita

½ taza (60 g/2 oz) de hojuelas de almendra o trozos de nuez, ligeramente tostados

2 tazas (500 g/1 lb) de yogurt casero simple o yogurt de vainilla (página 64) hecho en casa o comprado

2 tazas (de 250 a 375 g/8 a 12 oz) de fruta fresca mixta picada y/o moras

rinde aproximadamente de 4 a 6 porciones

Tenga listas cuatro copas para servir parfait con capacidad de una taza (250 ml/8 fl oz) o seis con capacidad de ¾ taza (180 ml/6 fl oz). En un tazón pequeño mezcle la granola con las almendras. Reserve ¼ taza (45 g/1 ½ taza).

Permita que los niños le ayuden a montar los parfaits. Divida la mitad de la mezcla de granola uniformemente entre las copas. Cubra con la mitad del yogurt, dividiéndolo una vez más uniformemente entre las copas y después con la mitad de la fruta, otra vez dividiéndola uniformemente. Repita la operación haciendo las capas y terminando con la fruta. Espolvoree las superficies con la granola reservada. Refrigere los parfaits durante 20 minutos o un poco más para permitir que se mezclen los sabores y disfrútelo.

A mi familia le encanta el helado, especialmente el helado de vainilla. No importa cuantos sabores mis hijas prueben en la heladería, siempre eligen el de vainilla. Un verano las llevé a la ciudad de Nueva York para visitar a su bisabuela de 93 años. Decidimos que queríamos un muy buen helado de vainilla, por lo que caminamos como una hora para llegar a Il Laboratorio Del Gelato, en la parte baja del lado este. Las niñas se cansaron y casi se dan por vencidas a medio camino, pero yo las engolosiné con la promesa del mejor helado que pudieran probar. Cuando al final llegamos a la tienda mis hijas degustaron varios sabores dudando entre algunos, pero al final decidieron tomar el de vainilla. No me sorprendí. Mi hija menor dijo que era el helado de vainilla más rico del mundo y que bien había valido la pena la caminata.

De regreso a casa preparé helado de vainilla. Mi pequeña lo probó y volteando a verme y hablando seriamente me dijo: "Mamá, me equivoqué en Nueva York. Tú preparas el mejor helado de vainilla del mundo". Inmediatamente la abracé y le hice saber que me había hecho el día.

El helado de vainilla es nuestro sabor favorito pero también es una buena base para los helados de chispas de chocolate, de fruta amortajada y de esencias como la de menta o limón. Mezcle con sus cubiertas favoritas para crear sus propios sabores o utilice solo para acompañar pays o pasteles.

Cuando al fin decidí comprar una máquina para hacer helados cambiaron nuestras vidas y se redujeron drásticamente nuestras cuentas de helados. Además de este maravilloso helado de vainilla, ahora podemos recolectar fruta de nuestros árboles frutales por la mañana y convertirla en helado para el final del día. Tener una máquina para preparar helado también inspira creatividad en los niños: a mis hijas les gusta invitar a sus amigos a casa e inventar los sabores más descabellados que se les ocurren.

el mejor helado de vainilla

En una olla de base gruesa mezcle la leche, crema y ¼ taza (60 g/2 oz) del azúcar. Con la punta del cuchillo, raspe las semillas de la vaina de vainilla sobre la olla y agregue las vainas también a la olla. Coloque sobre fuego medio y deje hervir lentamente, mezclando para disolver el azúcar. Retire del fuego y deje reposar durante 20 minutos.

Mientras tanto, en un tazón grande y con ayuda de un batidor globo, bata vigorosamente las yemas de huevo, sal y la ½ taza (125 g/4 oz) restante de azúcar, hasta que la mezcla esté espesa y caiga como un listón grueso al levantar el batidor globo.

Retire las vainas de vainilla y recaliente la leche hasta que hierva ligeramente. Integre lentamente con la mezcla de yemas batiendo constantemente. Vierta de vuelta a la olla y cocine suavemente sobre fuego medio-bajo cerca de 3 minutos, moviendo a menudo con una cuchara de madera, hasta que espese lo suficiente para cubrir el revés de la cuchara. Pase su dedo sobre la cuchara. La natilla estará lista si no se junta inmediatamente. Pase a través de un colador de malla fina colocado sobre un recipiente de almacenamiento limpio, deje enfriar a temperatura ambiente, tape y refrigere durante toda la noche.

Vierta en una máquina para hacer helado y congele de acuerdo a las instrucciones del fabricante. Pase a un recipiente con cierre hermético y congele cerca de 6 horas para que esté firme antes de servir.

1 ½ taza (375 ml/12 fl oz) de leche entera

2 ½ tazas (625 ml/ 20 fl oz) de crema dulce para batir

¾ taza (185 g/6 oz) de azúcar

2 vainas de vainilla, partidas a la mitad

8 yemas de huevo grandes

¼ cucharadita de sal kosher

rinde 1.5 litro (1 ½ qt)

Los huevos son mágicos. Se pueden batir para hacer merengues tan ligeros como una pluma, hornear en natillas sedosas para el postre o revolver para comer en el desayuno.

huevos

Un huevo es algo más de lo que se ve a simple vista. Es rico en simbolismo: un ícono de la fertilidad y renacimiento tanto para los cristianos como para los paganos. Además es accesible. Viene ya dividido en porciones y en un magnífico empaque aunque un poco frágil. Si se comen solos, los huevos proporcionan una gran cantidad de beneficios: grasas, proteínas, vitaminas y minerales que su cuerpo necesita para obtener energía y poder crecer. También son talentosos artistas en la cocina, ya sea enteros o separados: Usted puede mezclar verduras con huevos enteros para hacer frittatas o quiches, batir las claras para hacer un sublime pastel angel food, o batir crema con las yemas para hacer una rica y sedosa natilla. En realidad, los huevos son un elemento esencial en la elaboración de los alimentos favoritos de la familia, desde el helado y los pasteles hasta las omelets y los sándwiches de ensalada de huevo.

Nuestra familia cría gallinas ponedoras de diferentes razas, lo cual hace que la población de nuestro gallinero sea colorida y exótica. Cada día encontramos una nueva colección de huevos en un maravilloso arco iris de colores.

¿qué fue antes?

Aunque nosotros criamos a nuestras propias gallinas, aún no hemos descubierto qué color de huevo pertenece a cuál gallina, pero esto en realidad no importa. Los huevos son una belleza digna de admiración cuando se acomodan en un cartón. Los huevos que compramos en las tiendas, por lo general, sólo vienen en dos colores: blanco o rojo, y casi siempre son de gallinas blancas Leghorn y de gallinas rojas de Rhode Island respectivamente. Pero todos los huevos de gallina, sin importar el color, tienen el mismo contenido nutricional, a menos de que las gallinas hayan sido tratadas con una dieta especial.

la anatomía de un huevo

Un huevo tiene cinco partes básicas: cascarón, membrana, chalaza, yema y clara. El cascarón está hecho de carbonato de calcio, y su forma oval es una de las más resistentes de la naturaleza. Un huevo no se romperá si se aprieta con una presión uniforme sobre todos sus puntos. Ésa es la razón por la que no se rompe cuando la gallina se echa sobre él. Las membranas interior y exterior debajo del cascarón protegen el interior de las bacterias y reducen el paso de la humedad del interior al exterior.

La yema y la clara (también conocida como el albumen), que son las partes que nosotros cocinamos, son sorprendentemente resistentes. Se requiere de cierta fuerza para romper una yema y una acción de batido constante para batir las claras hasta que estén tersas. La yema también es en donde se encuentra la mayor parte de vitaminas y minerales, un poco de la proteína y todas las grasas. Obsérvela de cerca y podrá ver un pequeño disco redondo de color blanco. Esa diminuta porción contiene el material genético de la gallina. Algunas veces tiene una pequeña mancha de sangre, la cual no es dañina. Simplemente retírela con la punta de una cuchara.

La clara es el medio cómodo que protege a la yema. Contiene mucha proteína que es saludable para nosotros y la cual ayuda a batirse tan maravillosamente. Los dos ligamentos nebulosos y fibrosos que se ven son la chalaza. Son lo que detiene a la yema en el centro de la clara para evitar que se golpee contra del cascarón y se rompa.

Son comestibles pero usted puede retirarlos si no le gusta su apariencia.

comprando y almacenando huevos

Ahora que tenemos nuestras propias gallinas ponedoras, tenemos huevos frescos cada día. Si necesitamos más huevos de los que nuestras gallinas producen, los compramos de un granjero local o en el mercado de granjeros. Cuando compro huevos en alguna tienda, elijo los cartones etiquetados como huevos orgánicos o vegetarianos, lo que me indica la dieta que comieron los pollos que pusieron esos huevos. Si el cartón dice "libre de jaula", significa que las gallinas no estaban en jaula pero probablemente vivían en gallineros. Si dice "de granja", significa que pudieron salir del gallinero pero no significa que siempre vivieron fuera de él. Las gallinas son criaturas de hábitos. Si empiezan a poner huevos en un lugar, seguramente siguen poniéndolos siempre en el mismo lugar. Y si no se colocan físicamente a la intemperie, por lo general, se mantienen contentas permaneciendo dentro con sus amigas.

Siempre almacene los huevos en el cartón en que los compró en uno de los anaqueles del refrigerador. Esos bellos recipientes de plástico para almacenar huevos que tienen las puertas de los refrigeradores no los mantendrán lo suficientemente fríos. El cartón suave también les ayuda a mantener un equilibrio adecuado de humedad el cual hace que duren más tiempo. A algunas personas les gusta almacenar los huevos a temperatura ambiente fría. Eso puede hacerse cuando se consumen uno o dos días después de haberlos comprado. Si se refrigeran permanecerán frescos de 3 a 5 semanas después de la fecha de venta escrita en el cartón. Los huevos cocidos pueden durar hasta una semana.

TAMAÑOS Y GRADOS

Los huevos se catalogan de acuerdo a su peso y van de chicos a jumbo. El tamaño más popular es el grande, que es el tamaño de los huevos típicamente usados en todas las recetas aunque éstas no lo indiquen. Un huevo grande pesa 60 g (2 oz), y la clara representa un poco más de la mitad del peso.

La calidad, que es independiente del tamaño, se indica por medio de los grados AA, A y B. Los consumidores rara vez ven el huevo de grado B, los cuales, por lo general, se dan a fabricantes e instituciones. Tanto los huevos AA como los A tienen cascarones limpios y enteros y una buena apariencia, siendo los AA los que tienen las yemas ligeramente mejores y las claras más espesas. Es un concurso de belleza para decidir cuál es el mejor huevo para convertirse en un huevo estrellado o en uno poché.

ponga los huevos a trabajar

Ya sea que usted esté cocinando un huevo poché para servir sobre un pan tostado con mantequilla para el desayuno, batiendo huevos enteros para rellenar una quiche o batiendo claras de huevo para hacer un pastel usando movimiento envolvente, los huevos son los máximos trabajadores. Y aunque son relativamente fáciles de manipular, es importante saber algunos conceptos básicos antes de que saque el tazón para mezclar.

separando un huevo

Un huevo frío es más fácil de separar que un huevo a temperatura ambiente. El frío mantiene la yema y la clara firmes de manera que se desconectan fácilmente.

Prepare dos tazones. Golpee el huevo firmemente en su ecuador en contra de una superficie plana. Voltee el huevo roto hacia arriba y retire la mitad superior del cascarón. Deje las claras fluir sobre los lados de la mitad inferior y caer en el primer tazón. Pase cuidadosamente la yema de una mitad del cascarón a la otra, asegurándose de no ponchar la yema y permitiendo que la clara restante caiga en el tazón. Cuando la yema de huevo ya no tenga clara, déjela caer en el segundo tazón. Deseche el cascarón.

batiendo claras de huevo

Asegúrese de que las claras de huevo estén a temperatura ambiente. Se pueden batir a mano usando un batidor globo o con una batidora manual o una de mesa. Coloque las claras en un tazón de vidrio, cobre sin recubrimiento o de acero inoxidable impecablemente limpio. Cualquier indicio de grasa (incluyendo un trocito de yema) en el tazón o en el batidor globo o aditamento de la batidora evitará que las claras se esponjen a su volumen total. Si usa una batidora, bata a velocidad media hasta que las claras espumen y aumente la velocidad a media-alta.

Para hacer que sus claras batidas sean más estables agregue un ácido como el cremor tártaro o el jugo de limón justo cuando sus claras empiecen a espumar. Usted puede suprimir el ingrediente ácido si usa un tazón de cobre. Existe una proteína en las claras de huevo que interactúa con los iones de cobre creando el mismo efecto estabilizador.

Si usted está agregando azúcar a las claras, bátalas hasta que se formen picos suaves y continúe batiendo a medida que agrega el azúcar en un hilo lento y continuo.

Para revisar si los picos están suaves levante el batidor globo o aspa de su batidora. Si los picos caen, es el momento de agregar el azúcar. Una vez que haya añadido el azúcar, las claras se podrán batir rápidamente para adquirir picos firmes. Tenga mucho cuidado de no sobre batirlas o se cortarán.

Si no se detiene en el momento preciso, algunas veces puede evitar que las claras se corten agregando una clara más por cada tres claras batidas y batir una vez más sólo hasta que estén firmes.

batiendo yemas de huevo

Debido a que las yemas de huevo contienen un 34% de grasa, éstas pueden atrapar mucho aire, lo cual significa que a diferencia de las claras de huevo, las yemas nunca se pueden batir para obtener picos elevados. También, para producir algún volumen notorio, la proteína de las yemas se debe calentar sobre la estufa como cuando usted hace un esponjoso zabaglione o una salsa holandesa espesa.

Si usted bate yemas frías, el mayor volumen que puede esperar es el de listón espeso, un término que a menudo se ve en algunas recetas para pastel y natillas. La idea es batir las yemas hasta que al caer de un batidor globo cuando éste se levanta caen en forma de listón ancho y espeso que se mantiene un momento sobre la superficie de la mezcla batida y lentamente se sumerge en ella. A medida que bate el color de las yemas cambiará gradualmente de amarillo brillante a amarillo claro y casi blanco.

Para batir yemas frías, primero bátalas con un batidor globo o una batidora manual o de mesa a velocidad media-alta hasta que estén tersas. Y posteriormente, si va a agregar azúcar, agréguela gradualmente y continúe batiendo las yemas hasta que la mezcla se espese y forme un listón como el descrito con anterioridad. Una vez que usted haya agregado azúcar a las yemas de huevo, usted deberá batirlas de inmediato ya que el azúcar reacciona con las yemas si se mantiene en reposo durante mucho tiempo convirtiéndose en trocitos granulosos.

pintura para huevos naturales

Usted no tiene que esperar a que sea Pascua para pintar huevos. Estos huevos del color de las joyas son tan bellos que a menudo nos reunimos con nuestros amigos y sus hijos para pintarlos. Y usted tampoco necesita de productos comerciales para crearlos. Su refrigerador y su despensa contienen abundantes frutas, verduras y especias que se pueden convertir en un arco iris de pinturas originales.

Sin embargo, usted necesitará paciencia para producir huevos de intensos colores con pinturas naturales. Actúan más lentamente que los productos comerciales, de manera que usted deberá sumergir los huevos en la pintura y distraerse con alguna otra actividad para mantener a todos ocupados mientras los cascarones de huevo absorben el color. La primera vez que los pintamos, mis hijas no podían resistirse a ver los tazones con las pinturas y rodaban los huevos dentro de ellos por lo que sus manos terminaron tan pintadas como los huevos.

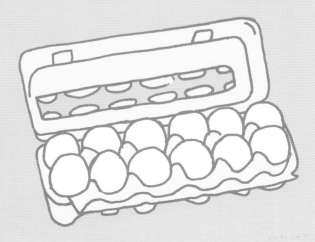

un arco iris de colores

A continuación presentamos lo que usted necesitará para obtener un arco iris completo de pinturas:

huevos azules de petirrojo

- 2 tazas (185 g/26 oz) de col morada, toscamente picada
- 2 cucharaditas de vinagre blanco destilado

rosa vivo

- 2 betabeles grandes, sin piel y rallados
- 2 cucharaditas de vinagre blanco destilado

anaranjado tropical

- 2 tazas (30 g/1 oz) holgadas de piel de cebolla amarilla
- 2 cucharaditas de vinagre blanco destilado

amarillo especia

- 1 cucharada de cúrcuma molida
- una pizca grande de hilos de azafrán
- 1 cucharadita de vinagre blanco destilado

Para hacer el azul, rosa, anaranjado y amarillo mezcle los ingredientes con 4 tazas (1 litro/32 fl oz) de agua en una olla y hierva sobre fuego alto. Cuando suelte el hervor reduzca el fuego a medio y hierva lentamente durante 20 minutos para extraer todo el color y reducir el líquido. Deje enfriar y cuele a través de un colador de malla fina colocado sobre un tazón. Agregue agua fría, si fuera necesario, para obtener 3 tazas (750 ml/24 fl oz).

morado oscuro

- 1 taza (250 ml/8 fl oz) de jugo concentrado de uvas concord congelado, descongelado
- 1 cucharadita de vinagre blanco destilado
- 3 tazas (750 ml/24 fl oz) de agua

Para hacer el morado simplemente mezcle los ingredientes en un tazón.

lo que usted necesitará para hacer pintura natural para huevos

- 2 docenas de huevos blancos, grandes y orgánicos
- una olla grande
- 2 cucharadas de vinagre blanco destilado
- pinturas naturales (página 79)
- la cantidad necesaria de tazones para sus diferentes pinturas
- periódicos
- usar ropa vieja
- 2 cartones de huevo vacíos
- cucharas ranuradas
- velas blancas de cera para cumpleaños y/o crayolas

1 cómo hervir un huevo

Coloque los huevos en la olla con 4 litros (4 qt) de agua fría y agregue el vinagre. Prepare un cronómetro para medir 16 minutos. Hierva los huevos sobre fuego alto. Cuando suelte el hervor reduzca el fuego a medio-bajo y hierva lentamente hasta que suene el cronómetro. Retire del fuego, deje reposar durante 5 minutos, escurra, deje los huevos reposar en agua fría durante 10 minutos y escurra.

2 ¡prepárese!

Prepare las pinturas como se indica en la página 79 y vierta cada pintura en un tazón. Proteja la superficie de trabajo con periódico y asegúrese de que todos estén usando ropa vieja, las pinturas naturales también manchan. Acomode los tazones sobre la superficie de trabajo y coloque los cartones de huevo vacíos cerca de ellos.

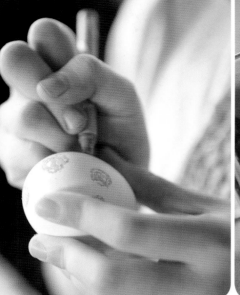

3 dibuje sobre los huevos

Use una vela blanca de cumpleaños para marcar los lugares donde no quiere que se pegue la pintura. Escriba un nombre o dibuje una línea en zigzag y éste quedará de color blanco cuando usted pinte el huevo. Use crayolas si usted prefiere que quede de color en vez de blanco.

4 pinte los huevos

Coloque los huevos en las pinturas durante 20 ó 30 minutos, hasta obtener el tono deseado. Usando cucharas ranuradas retire los huevos de la pintura y colóquelos en los cartones de huevo. Deje reposar los huevos alrededor de una hora, hasta que se sequen, antes de agarrarlos.

5 pinte con locura

Para teñir los huevos de forma combinada, use los que ya están pintados de un solo color, tome otro color más vivo, como el Rosa Vivo y garabatee sobre el huevo con las yemas de sus dedos mientras el huevo todavía está húmedo.

Toda su familia aprecia un buen sándwich de ensalada de huevo, y es mi forma favorita de usar una gran cantidad de huevos cocidos. A mis hijas les gusta picar los huevos en el tazón con dos cuchillos de mesa y hacer una papilla con todos los ingredientes. Y, cuando llega la hora de hacer los sándwiches, montan la ensalada de huevo sobre el pan. Si sus hijos dicen ¡guácala! cuando ven "trocitos verdes", puede omitir las hierbas opcionales.

sammies de ensalada de huevo

8 huevos cocidos, sin cascarón

¼ taza (60 ml/2 fl oz) de mayonesa comprada o Mayonesa Casera de Limón (página 165)

1 cucharada de mostaza Dijon

1 cucharada de estragón fresco, picado (opcional)

1 cucharadita de cebollín fresco, picado (opcional)

2 cucharaditas de eneldo fresco, picado (opcional)

¼ taza (35 g/1 ¼ oz) de apio, finamente rebanado

½ cucharadita de sal kosher

pimienta recién molida

8 rebanadas delgadas de pan de caja, tostado si lo desea

8 hojas pequeñas de lechuga mantequilla (Boston)

rinde 4 sándwiches

La ensalada de huevo sabe mejor si se deja reposar un rato antes de servirla, por lo que, si le es posible, deberá prepararla con algunas horas de anticipación y refrigerarla. Rebane los huevos y coloque en un tazón. Usando 2 cuchillos de mesa, córtelos como si fuera una tijera en trozos más pequeños. Agregue la mayonesa, mostaza, y hierbas, si las usa, apio, sal, y un poco de pimienta; mezcle hasta integrar uniformemente.

Para hacer cada sándwich, cubra una rebanada de pan con aproximadamente una cuarta parte de la ensalada de huevo y 2 hojas de lechuga. Cubra con otra rebanada de pan y presione suavemente. Corte a la mitad para servir.

sea creativo

A continuación presentamos algunas otras formas de usar huevos cocidos:

Para hacer huevos a las especias: Retire el cascarón de 8 huevos cocidos, corte longitudinalmente a la mitad, desprenda las yemas y coloque en un tazón. Disminuya todos los ingredientes de la ensalada de huevo a la mitad, sustituyendo la pimienta por pimienta de cayena e integre con las yemas. Mezcle hasta integrar por completo. Usando una cucharita, rellene las mitades de clara de huevo con la mezcla. Adorne con cebollín fresco picado.

Para hacer ensalada de papa con huevo: Prepare su ensalada de papa favorita con vinagre y aceite. Pase 2 huevos cocidos, sin cascarón, a través de un colador de malla fina colocado sobre la ensalada y mezcle hasta integrar. Los huevos le proporcionarán un sabor delicioso a esta ensalada.

Para hacer unos huevos esponjosos estilo Ella: Ralle los huevos cocidos sobre las raspas grandes de un rallador manual y forme un montículo. Disfrútelos así o espolvoree sobre espárragos asados y rocíe con vinagreta.

Cuando yo era pequeña mi mamá tradicionalmente servía una omelet y una ensalada verde para la cena del domingo, y ahora yo a menudo preparo lo mismo para mi familia. En Francia, en donde las omelets se sirven para la hora de la cena, por lo general, van rellenas con verduras de temporada que las convierte en platillos únicos para cada época del año. Esta deliciosa y sencilla omelet se puede hacer sólo con hierbas o con el queso favorito de sus hijos en vez del queso Brie.

omelet de hierbas rellena de queso brie

En un tazón grande bata los huevos hasta integrarlos por completo pero que no espumen. Caliente una sartén para saltear de 30 cm (12 in) sobre fuego medio-alto y agregue la mantequilla. Cuando la mantequilla empiece a dorarse, agregue los huevos y ladee y gire la sartén para cubrir la base uniformemente. Agregue las hierbas picadas distribuyéndolas uniformemente sobre los huevos. A medida que los huevos empiecen a cuajarse, levante sus orillas ligeramente con ayuda de una espátula de silicón para permitir que los huevos crudos de la superficie pasen para abajo. Continúe esta operación hasta que los huevos estén casi cuajados y ya no se vea huevo crudo cuando se ladee la sartén.

Espolvoree con un poco de sal y pimienta y retire del fuego. Agregue el queso en una capa uniforme en el centro de la omelet. Usando la espátula levante un lado de la omelet y doble a la mitad. Pase la omelet a un plato y corte en porciones para servir.

sea creativo

Si a usted le gustan los huevos más cocidos, vierta los huevos en la sartén y cocine como lo indica la receta (asegúrese de que la sartén se pueda meter al horno). Agregue las hierbas y coloque la sartén en un horno precalentado a 200°C (400°F) durante 4 ó 5 minutos, o hasta que estén totalmente cuajados. Retire del horno, agregue el queso, doble y sirva como se indica en la receta. La omelet tenderá a separarse cuando se doble, pero de todas formas será deliciosa. Las opciones para hacer omelets son ilimitadas. Algunas de mis favoritas son las de hongos silvestres salteados, espinacas con tocino desmoronado o espárragos blanqueados y queso de cabra fresco.

6 huevos grandes

1 cucharada de mantequilla sin sal

1 cucharadita de estragón fresco, picado

1 cucharadita de perifolio fresco, picado

1 cucharadita de cebollín fresco, picado

sal kosher y pimienta recién molida

125 g (¼ lb) de queso brie maduro, rebanado

rinde de 4 a 6 porciones

La clásica ensalada francesa de escarola, chicloso tocino sin ahumar y un huevo poché medio crudo se ha puesto al día en esta receta con dulces jitomates cereza y lechuga francesa, convirtiéndola en todo un éxito con los niños que de otra forma la evadirían. Esencialmente es una ensalada de tocino, lechuga y jitomate con un toque de huevo. No cocine el tocino demasiado; querrá que quede un poco chicloso en vez de crujiente. Deje que los niños agarren las pinzas para ensalada y le ayuden a armar y mezclar esta deliciosa ensalada.

ensalada de BLT y huevo poché

1 cucharada de mostaza Dijon

1 cucharadita de chalote, finamente picado

¼ cucharadita de azúcar

sal kosher y pimienta recién molida

4 cucharadas de vinagre de vino blanco, divididas

3 cucharadas de aceite de oliva extra virgen

6 rebanadas de tocino grueso, toscamente picado

2 tazas de jitomate cereza partido en mitades o 3 jitomates grandes picados

3 cucharadas de hojas de albahaca fresca, troceadas

4 tazas (125 g/4 oz) de hojas de lechuga francesa, troceadas

de 4 a 6 huevos

rinde de 4 a 6 porciones

Para preparar la vinagreta, bata en un tazón la mostaza con el chalote, azúcar, ½ cucharadita de sal, un poco de pimienta y 2 cucharadas de vinagre. Deje reposar la mezcla durante 10 minutos e integre el aceite batiendo.

Caliente una sartén para saltear sobre fuego medio. Agregue el tocino y saltee alrededor de 5 minutos, hasta que suelte gran parte de la grasa y el tocino esté crujiente en las orillas pero aún chicloso en el centro. Usando una cuchara ranurada pase a un plato cubierto con toallas de papel y deje escurrir.

Llene hasta la mitad una sartén para saltear ancha con agua y lleve a ebullición. Cuando suelte el hervor reduzca el fuego a bajo e integre las 2 cucharadas restantes de vinagre y 2 cucharaditas de sal. Coloque 3 toallas de papel sobre un plato. Mantenga el agua hirviendo a fuego lento mientras mezcla la ensalada.

En un tazón grande mezcle los jitomates con la albahaca, lechuga y tocino. Rocíe con 2 cucharadas de la vinagreta, mezcle para cubrir y sazone al gusto con sal y pimienta. Agregue más vinagreta al gusto (quizás no necesite toda). Divida la ensalada entre platos individuales.

Trabajando con rapidez, rompa los huevos, uno a la vez, sobre un tazón pequeño y resbálelos lentamente al agua hirviendo. Eleve el fuego brevemente para que el agua vuelva a hervir lento pero no vigorosamente. Hierva durante 3 ó 4 minutos, hasta que las claras estén firmes y las yemas aún estén tiernas. Usando una cuchara ranurada retire los huevos del agua, uno a la vez, escurra sobre las toallas de papel y luego coloque cuidadosamente sobre las ensaladas. Sazone los huevos con sal y pimienta y sirva las ensaladas de inmediato.

Un huevo revuelto para la mañana es el alimento ideal para esos días en que usted quiere algo sencillo pero los huevos simples no son suficientes para su desayuno. A mi me gusta cortar el queso en cubos en vez de rallarlo. De esta forma los trozos derretidos se sumergen lentamente en los huevos calientes en vez de derretirse y desaparecer con rapidez.

huevo revuelto mañanero

3 cucharadas de mantequilla sin sal

185 g (6 oz) de hongos cremini o champiñones, limpios y rebanados

1 cucharada de chalote, finamente picado

sal kosher y pimienta recién molida

½ taza (90 g/3 oz) de salchichas ahumadas de puerco, pollo o pavo, partidas en cubos

6 huevos grandes

¼ taza (60 ml/2 fl oz) de leche entera

½ taza (60 g/2 oz) de queso cheddar blanco, partido en cubos

1 cucharada de perejil liso (italiano) fresco, picado

rinde de 4 a 6 porciones

Caliente una sartén para saltear de 25 cm (10 in) a prueba de horno sobre fuego medio-alto y agregue una cucharada de mantequilla. Cuando la mantequilla empiece a dorarse, agregue los hongos y saltee alrededor de 5 minutos, hasta que se doren y su líquido casi se haya evaporado. Integre el chalote y sazone con sal y pimienta. Añada las salchichas y cocine durante 3 ó 4 minutos, moviendo, hasta que estén totalmente calientes. Retire del fuego y mantenga calientes.

En un tazón bata los huevos con la leche, usando un batidor globo, hasta integrar y sazone con sal y pimienta. Caliente una sartén grande para saltear sobre fuego medio-alto y añada las 2 cucharadas restantes de mantequilla. Cuando la mantequilla se empiece a dorar, vierta los huevos. A medida que los huevos empiecen a cuajarse use una espátula de silicón para jalar las orillas ligeramente hacia el centro y permitir que el huevo líquido de la superficie pase a la parte inferior. Continúe la operación hasta que tres cuartas partes de los huevos se vean cuajados cuando ladee la sartén.

Reduzca el fuego a medio-bajo e integre lentamente la mezcla de hongos y salchichas seguida del queso, usando movimiento envolvente y manteniendo los huevos en cuajos grandes. Querrá que los huevos se vean aterciopelados y voluptuosos, no cortados. Resbale el huevo revuelto hacia un platón precalentado, cubra con varias espolvoreadas de pimienta y el perejil; sirva de inmediato.

Relleno de mermelada de frambuesa, o realmente de cualquier tipo de mermelada de moras de buena calidad (como la que se muestra en la página 102), este pan francés es esponjoso, delicioso y lleno de sabor. Desde que le enseñé esta receta a mi hija menor, la vida en los fines de semana ya nunca es igual.

pan francés con mermelada

Trabajando desde la parte superior de cada rebanada de pan, encuentre el centro y corte una bolsa transversal aproximadamente a una tercera parte del pan. Extienda aproximadamente una cucharadita de la mermelada de frambuesa uniformemente en la bolsa y presione el pan para cerrarla. En un tazón bata los huevos, leche, vainilla y nuez moscada con ayuda de un batidor globo hasta integrar por completo; vierta hacia un refractario poco profundo. Agregue el pan y deje remojar durante 5 minutos, volteándolo para asegurarse de que ambos lados estén bien cubiertos con la mezcla de huevo.

Caliente una sartén grande o una parrilla sobre fuego medio-alto y agregue la mantequilla. Cuando la mantequilla se empiece a dorar, extiéndala con una espátula para cubrir uniformemente la sartén. Retire cuidadosamente el pan de la mezcla de huevo, dejando caer el exceso de nuevo al tazón y coloque en la sartén agregando únicamente los trozos que quepan holgadamente. Cocine durante 4 ó 5 minutos, hasta dorar por debajo, ajustando el fuego si se están dorando demasiado rápido. Voltee el pan y cocine durante 4 ó 5 minutos más por el otro lado, hasta que se doren y esponjen. Pase a platos precalentados, espolvoree con el azúcar, adorne con las frambuesas y sirva.

sea creativo

Para hacer pan francés de almendra y frambuesas, sustituya la vainilla por ¼ cucharadita de extracto puro de almendra. También puede sustituir la nuez moscada por canela molida o la mermelada de frambuesa por láminas de chocolate semi amargo. El plátano rebanado finamente también es un maravilloso relleno. Si desea un pan francés rico y con textura de natilla, sustituya ¼ taza de leche por ¼ taza (60 ml/2 fl oz) de crema espesa.

6 rebanadas de pan blanco o pan integral (de trigo entero), pan campestre, challah o brioche del día anterior de 2.5 cm (1 in) de grueso

6 cucharaditas de mermelada de frambuesa o de su sabor favorito

3 huevos grandes

1 ¼ taza (310 ml/10 fl oz) de leche entera

½ cucharadita de extracto puro de vainilla

una pizca de nuez moscada, recién rallada

2 cucharadas de mantequilla sin sal

azúcar glass, para espolvorear

1 ½ taza (185 g/6 oz) de frambuesas para adornar

rinde de 4 a 6 porciones

A menudo sirvo frittatas para los desayunos del fin de semana porque son muy fáciles, sumamente versátiles y a todos en mi casa les gustan (además de que todos votan en cuanto a las combinaciones de ingredientes). Esta receta ofrece una deliciosa mezcla de texturas y sabores, con los dulces jitomates proporcionando un bello contraste para la sencilla espinaca y el queso feta ligeramente salado. Otras ideas son: champiñones salteados con queso fontina o espárragos con queso parmesano.

frittata colorida

Precaliente el horno a 200°C (400°F). Coloque las espinacas en una olla sobre fuego medio sólo con el agua que quede en sus hojas después de enjuagarlas y cocine alrededor de 3 minutos, mezclando y moviendo ocasionalmente, hasta que se marchiten. Escurra perfectamente en un colador presionando con el revés de una cuchara y pique finamente. En un tazón grande bata los huevos con ½ cucharadita de sal usando un batidor globo, hasta integrar.

Caliente una sartén a prueba de horno de 25 cm (10 in) sobre fuego medio-alto y agregue el aceite. Cuando el aceite esté caliente, agregue los jitomates y el chalote y cocine durante 1 ó 2 minutos, moviendo ocasionalmente, hasta que el chalote se empiece a dorar pero los jitomates mantengan su forma. Agregue el orégano y sazone los jitomates con sal y pimienta. Añada los huevos y la espinaca, distribuyéndolos uniformemente en la sartén. Espolvoree el queso feta uniformemente sobre la superficie.

Meta al horno y hornee alrededor de 15 minutos, hasta que se esponje y la superficie se dore. Retire del horno, muela un poco de pimienta sobre la superficie y sirva de inmediato directamente de la sartén. O, si lo desea, pase una espátula delgada de metal alrededor de la orilla de la sartén para desprender la frittata y, con ayuda de una espátula grande y plana de metal, pásela a un plato.

250 g (½ lb) de espinaca, sin tallos duros

6 huevos grandes

sal kosher y pimienta recién molida

1 cucharada de aceite de oliva extra virgen

2 tazas (375 g/12 oz) de jitomates cereza, partidos a la mitad

1 cucharada de chalote, finamente picado

½ cucharadita de orégano fresco, picado

½ taza (75 g/2 ½ oz) de queso feta desmoronado, bien escurrido

rinde de 4 a 6 porciones

La quiche es un alimento fácil de transportar con una infinidad de posibilidades. Usted puede hornearla, enfriarla y llevarla con usted a un día de campo, que es lo que a menudo hacemos. A menos que la deje caer de cabeza, es bastante resistente. Este relleno de crema es sumamente ligero, permitiendo que resalte el delicado sabor de los poros. Prepare a los niños para que ayuden a desmenuzar el queso y retirar las arenillas de los poros (página 283).

quiche de jamón y poro

1 cucharada de mantequilla sin sal

3 tazas (280 g/9 oz) de poros, finamente rebanados

sal kosher y pimienta recién molida

1 taza (185 g/6 oz) de jamón ahumado, partido en dados

3 huevos grandes

1 ½ taza (375 ml/12 fl oz) de crema espesa

una pizca de nuez moscada recién molida

una corteza para pay de 23 cm (9 in), horneada en blanco (vea página 278)

¼ taza (30 g/1 oz) de queso gruyère, finamente rallado

rinde una quiche de 23 cm (9 in)

En una sartén grande para saltear sobre fuego medio-alto derrita la mantequilla hasta que se dore. Agregue los poros y saltee alrededor de 2 minutos, hasta que se marchiten pero aún estén de color verde brillante. Sazone con sal y pimienta, desmolde sobre una charola para hornear y deje enfriar. Pase a un tazón e integre el jamón.

Precaliente el horno a 180°C (350°F). En un tazón grande bata los huevos con la crema. Sazone con ½ cucharadita de sal, una espolvoreada de pimienta y la nuez moscada. Esparza la mezcla de poro uniformemente sobre la base de la corteza. Vierta la mezcla de huevo y revuelva ligeramente usando un tenedor para distribuir uniformemente. Espolvoree uniformemente con el queso.

Hornee la corteza entre 40 y 45 minutos, hasta que la crema se cuaje y dore. Si la superficie está firme pero no se ha dorado, coloque la quiche debajo del asador de su horno durante 1 ó 2 minutos, vigilando de cerca. Deje enfriar alrededor de 20 minutos sobre una rejilla antes de servir.

sea creativo

En lugar de la clásica quiche redonda, divida el relleno entre dos cortezas rectangulares para tarta de 33 x 10 cm (13 x 4 in) horneadas en blanco (horneado parcial). Cualquier tipo de verduras y quesos se puede combinar para preparar el relleno de una quiche. Es una forma maravillosa para usar los sobrantes. Algunas de nuestras combinaciones preferidas son coliflor con queso parmesano y corazones de alcachofa con queso de cabra.

Este hot cake es tan esponjoso que se tendrá que asegurar que los niños lo vean antes y después: cuando entra al horno y en el momento en el que sale todo esponjado. A mi me emociona cada vez que lo hago. Las manzanas ácidas combinan perfectamente con la textura cremosa del hot cake.

hot cake de manzana esponjado al horno

2 manzanas Fuji u otra variedad de manzanas para hornear

²⁄₃ taza (105 g/3 ½ oz) de harina de trigo (simple)

½ cucharadita de canela molida

2 cucharadas de azúcar granulada

¼ cucharadita de sal kosher

4 huevos grandes

1 taza (250 ml/8 fl oz) de leche entera

1 cucharadita de extracto puro de vainilla

2 cucharadas de mantequilla sin sal, derretida y fría, más 4 cucharadas (60 g/2 oz)

azúcar glass, para espolvorear

rinde de 4 a 6 porciones

Precaliente el horno a 220°C (425°F). Retire la piel de las manzanas, parta a la mitad, descorazone y corte cada manzana en 16 rebanadas. En un tazón pequeño mezcle la harina con la canela, azúcar granulada y sal. En una licuadora mezcle los huevos, leche, vainilla y las 2 cucharadas de mantequilla derretida y procese sólo hasta que esté tersa. Agregue la mezcla de harina y licue sólo lo necesario hasta obtener una masa tersa.

En una sartén para saltear de 25 cm (10 in) a prueba de horno derrita 3 cucharadas de la mantequilla sobre fuego medio-alto. Cuando la mantequilla empiece a dorarse, agregue las manzanas y cocine alrededor de 5 minutos, volteándolas conforme sea necesario, hasta que se doren por todos lados. Agregue la cucharada restante de mantequilla y caliente hasta que se derrita y burbujee. Vierta la masa sobre las manzanas y pase la sartén inmediatamente al horno.

Hornee entre 15 y 20 minutos, hasta que se esponje y dore. Espolvoree con azúcar glass y sirva el hot cake directamente de la sartén.

sea creativo

Para hacer un hot cake de peras y almendras, use 2 peras en lugar de las manzanas y extracto puro de almendra en lugar del de vainilla y espolvoree con ¼ taza (28 g/1 oz) de almendras rebanadas sobre la superficie antes de hornearlo.

Me recuerdo de niña deteniendo una monstruosa rebanada de este pastel en mi mano y metiendo el dulce y airoso pastel en mi boca. Deje que sus hijos observen como bate usted las claras, se sorprenderán de ver cómo se transforma este líquido pegajoso en unas grandes nubes blancas y esponjadas.

pastel angel food

Coloque una rejilla en el tercio inferior del horno, asegurándose de que haya suficiente espacio sobre ella para que esponje el pastel y precaliente el horno a 180°C (350°F). Tenga listo un molde para pastel angel food de 25 cm (10 in) sin engrasar.

En un tazón pequeño cierna el azúcar glass con la harina. En el tazón de la batidora de mesa, usando el aditamento de batidor globo, bata las claras de huevo, cremor tártaro y sal a velocidad media hasta que espume. Aumente la velocidad a alta e integre lentamente el azúcar granulada batiendo sólo hasta que se formen picos suaves. Agregue los extractos de vainilla y almendra y bata durante 30 segundos más, sólo hasta que se formen picos firmes. No sobrebata.

Usando una espátula de hule pase las claras de huevo batidas a un tazón muy grande. Suave y rápidamente incorpore la mezcla de harina con las claras de huevo usando movimiento envolvente en 3 tandas iguales, asegurándose de que no queden bolsas de harina. Pase la masa al molde para pastel y aplane la superficie. Golpee ligeramente el molde contra la cubierta de su cocina para retirar las bolsas grandes de aire que pudiera tener.

Hornee entre 40 y 45 minutos, hasta que se dore y esponje y que un palillo delgado, insertado cerca del centro, salga limpio. Retire del horno, deje enfriar durante 5 minutos e invierta el molde sobre sus pies, si los tiene, o coloque sobre el cuello de una botella de vino y deje enfriar por completo. Para desmoldar, pase un cuchillo largo y delgado alrededor de la orilla interior del molde y del tubo central para desprender el pastel. Invierta el molde y golpee suavemente hasta que el pastel se resbale hacia afuera.

½ taza (60 g/2 oz) de azúcar glass

1 taza (125 g/4 oz) de harina preparada para pastel (de trigo suave)

2 tazas (500 ml/16 fl oz) de claras de huevo (de aproximadamente de 14 huevos grandes), a temperatura ambiente

2 cucharaditas de cremor tártaro

½ cucharadita de sal kosher

1 ½ taza (375 g/12 oz) de azúcar granulada

1 cucharadita de extracto puro de vainilla

½ cucharadita de extracto puro de almendra

rinde un pastel de 25 cm (10 in)

Ya sea una dulce fresa de primavera, un jugoso durazno de verano, una crujiente manzana otoñal o una brillante mandarina de invierno, la fruta es uno de los mejores indicadores de cada temporada.

fruta

Las frutas han estado presentes a lo largo de la historia: Se encontraron canastas de higos en las tumbas egipcias junto a las momias. También aparecen en los cuentos de hadas: Blanca Nieves no se pudo resistir a la manzana envenenada que le ofreció la reina. Son hermosas a la vista, maravillosamente aromáticas cuando están maduras y contienen una gran variedad de vitaminas, minerales, fibra y carbohidratos complejos, todo unido en un único y sensacional paquete. También parece que se adaptan a nuestro humor. Justo cuando empezamos a cansarnos de una fruta de determinada estación, comienza la siguiente temporada con múltiples opciones dulces y jugosas para rellenar empanadas, cocinar en pays, asar al horno, combinar en smoothies o simplemente para comerse a mordidas.

Ya sea en rebanadas, horneada, en capas o a mordidas, a mi familia le encanta la fruta. Desde las moras y chabacanos hasta los mangos y peras, una suculenta fruta dulce es el postre perfecto: es saludable, va de acuerdo a las estaciones del año y existe una gran variedad.

un arco iris delicioso y nutritivo

Somos muy afortunados de tener un arco iris de frutas a la mano. La mayoría de ellas son dulces y aromáticas, lo que las hace casi irresistibles. Incluso las frutas que no son tan dulces, como las más parecidas a las verduras, son muy tentadoras. ¿Quién se puede resistir a un rico y cremoso aguacate o a la jugosa pulpa de un jitomate madurado al sol? Quizá los niños se coman las verduras a la fuerza, pero muy rara vez sucede lo mismo con las frutas. Y eso es algo maravilloso porque las frutas son ricas en carbohidratos, fibra, potasio y vitaminas A y C. Algunas incluso tienen un alto contenido de hierro y calcio.

el ritmo de las frutas de temporada

La mejor manera de disfrutar la mayoría de las frutas es cuando están crudas y en el punto perfecto de su temporada. Algunas frutas como las manzanas, naranjas, uvas y moras, las podemos encontrar en el mercado durante todo el año. Pero en un determinado momento a lo largo de esos doce meses estas frutas fueron cosechadas y traídas desde algún lugar lejano del mundo. Algunas veces

esas frutas viajeras saben bastante bien, pero ¿desea comprarlas? Por lo general, se envían cuando aún no están maduras para que duren a través de su largo viaje. Eso significa que nunca tendrán el mejor sabor.

Existe un ritmo en la maduración de las frutas que a menudo se pierde debido a las importaciones provenientes del hemisferio sur. Yo trato de no distraerme con las frutas importadas y por el contrario me enfoco en las que tenemos a la mano. Después de un largo invierno de cítricos y frutas exóticas traídas de las regiones tropicales, estoy ansiosa por la aparición de las primeras fresas. Su llegada a la granja se observa a todo lo largo de las carreteras de California, lo que nos avisa que finalmente ha llegado la primavera y que el verano está en camino. Cuando desaparecen los últimos limones de nuestro árbol, los ácidos tallos de ruibarbo están lo suficientemente maduros para reunirse con las fresas en el primer maridaje de primavera, una unión interesante entre una fruta y una verdura disfrazada de fruta.

Las siguientes en aparecer en escena son las cerezas y los chabacanos. Estas frutas están justo en la frontera entre el verano y la primavera y anuncian la llegada de la estación de las frutas con hueso. Las cerezas agrias desaparecen para mediados de mayo. Si las encuentra, cómprelas y utilícelas para rellenar empanadas y pays. Sus hermanas dulces, las cerezas Bing de color rubí oscuro y las Rainers rojas y amarillas, rápidamente se encargan de reemplazarlas. Esta aparición de las primeras frutas con hueso abre las puertas a la llegada de las ciruelas, duraznos y mandarinas conforme avanza el verano. Los higos hacen una corta aparición y regresan rápidamente a sus brigadas para esperar su entrada principal en el otoño.

Las frambuesas y las moras azules llegan a los mercados de Estados Unidos justo a tiempo para festejar el cuatro de julio. El verano trae consigo grandes tazones con ensaladas de fruta, tartas y empanadas. Desempolve la maquina para hacer helados y haga un sorbete con puré dulce de frutas. Por último, aparecen los melones a mediados del verano y julio y agosto siguen surtiendo canastas de frutas llenas de moras, duraznos, mandarinas, ciruelas y melones. Las primeras manzanas de mediados de agosto nos recuerdan que el otoño está por llegar.

Los pomos: manzanas, peras y membrillos, aparecen a principios de septiembre. Nuestras opciones de frutas disminuyen para finales de octubre, teniendo tan solo granadas y pérsimos hasta llegar a noviembre. Para cuando los pérsimos han dado su último adiós, comenzamos nuestras reuniones con naranjas dulces, uvas, limones y mandarinas y así vuelve a empezar el ciclo de las estaciones. Los cítricos locales siempre están acompañados por una cornucopia de frutas tropicales cuya estación llega cuando bajan las temperaturas. A lo largo de este recorrido contamos siempre con la compañía de los plátanos, nuestra reserva por si todo lo demás falla.

FRUTAS DE PRIMAVERA

cerezas

fresas

cítricos tardíos: limones, amarillos, limones agrios, toronjas, naranjas y mandarinas

chabacanos tempranos

mangos de manila

FRUTAS DE OTOÑO

manzanas

peras

higos

membrillos

uvas

granadas rojas

pérsimos

FRUTAS DE VERANO

frambuesas

moras azules

zarzamoras

higos tempranos

chabacanos

duraznos

nectarinas

ciruelas

pluots

melones

FRUTAS DE INVIERNO

naranjas

mandarinas

toronjas

limones agrios

limones amarillos

kiwis

naranjas chinas

piñas

mangos

papayas

comprando las frutas más frescas

Las frutas más frescas son aquellas que se cosechan en la localidad y se venden en los mercados, granjas y algunos supermercados y mercados de productos agrícolas. Busque aquellas tinajas llenas de hermosa y madura fruta a buen precio. Eso, por lo general, significa que es la fruta de temporada. Compre únicamente la fruta que necesita para los siguientes días. La fruta es perecedera y a la gran mayoría, con excepción de las manzanas y las peras, no les beneficia la refrigeración. Huela la fruta al escogerla. La fruta madura tiene un olor muy aromático. La cáscara debe estar suave y sin picaduras ni golpes. Las manchas superficiales no tienen importancia. No seleccione fruta con un olor desagradable ni aquella que se vea marchita. Las moras deben estar bien redondas y no aplastadas y no debe escurrir ningún tipo de líquido de la parte inferior de su recipiente.

Yo compro fruta orgánica siempre que puedo para evitar los residuos de pesticidas y porque así me aseguro de que pasaron por un buen proceso de cultivo. Muchas veces compro la fruta local aunque no cuente con el certificado de orgánico. Conozco a los granjeros y la manera en que cultivan sus cosechas. Si usted se encuentra en el mercado de la granja y no está seguro de la manera en que se cultivó la fruta, pregunte si la fruta es orgánica y si fueron rociadas con algún producto. Si tiene duda sobre el producto rociado, retire la cáscara de las frutas antes de comerlas. Al lavar las frutas se les quita el polvo pero retienen lo demás.

Algunas veces verá frutas etiquetadas con un valor hereditario (heirloom). Esto no nos indica la manera cómo se cultivaron. Lo que sí nos dice es que dicha variedad fue probablemente cultivada hace por lo menos cincuenta años.

Las manzanas y las peras encabezan este movimiento hereditario, sin embargo los chabacanos, cerezas, duraznos y membrillos no se quedan atrás. Antiguamente, los cocineros tenían a la mano muchas más variedades de cada fruta. En otras palabras, se compraban diferentes tipos de manzanas para pays y tartas que para la sidra, salsa, para endulzar o para comerse a mordidas. Hoy en día, es difícil ver más de tres o cuatro tipos de manzanas en el supermercado y lo que vemos es un tipo de manzanas que se utiliza para cualquier uso, tanto para pays como para comerse a mordidas, teniendo buen tiempo de durabilidad en el anaquel. Pruebe las frutas que tengan un valor hereditario cuando pueda para así experimentar un gran espectro de sabores y texturas.

al llegar a casa

En cuanto regrese a su casa saque la fruta de las bolsas. Es necesario que la fruta respire. Las frutas suaves como los chabacanos y los duraznos se marchitan fácilmente, deben guardarse en una sola capa sin amontonarse, por ejemplo en una charola para hornear. Almacene la fruta sin partir a temperatura ambiente. La fruta que ya se partió puede guardarse en el refrigerador ya que una vez que se parte deja de madurar. Para guardar las moras, coloque un paño limpio sobre una charola y acomode las moras en una sola capa, sin amontonar. Cubra con otro paño y almacene en el refrigerador. Las moras le duraran hasta una semana. Lave las frutas hasta que se las vaya a comer. Una vez que las lava, se empiezan a deteriorar rápidamente.

historia sobre recolectar su propia fruta

Cuando era niña, recuerdo lo que luché para colocar una delgada escalera triangular en un árbol de una granja que nuestra familia solía visitar cada otoño, en donde cada quien podía recolectar su propia manzana. Una vez que mi padre se aseguraba de que la escalera estaba bien anclada, nos devorábamos las manzanas dulces y calientes por el sol mientras las íbamos recogiendo, y nuestras caras y brazos, pegajosas por el jugo, atraían a miles de avispas. Cuando nuestras bolsas ya estaban a punto de reventar por tantas manzanas, nos íbamos a casa a preparar pays de manzana, puré de manzana y ensaladas adornadas con manzanas. Recoger manzanas en un fresco día de otoño y disfrutar de las deliciosas recompensas de nuestro trabajo nos hacía muy felices.

Regresé al mismo huerto veinte años después y encontré que todos los árboles eran apenas un poco más altos que yo y sin ninguna escalera a la vista. Estaba muy decepcionada. El reto de intentar alcanzar las manzanas de la parte alta de las ramas que estaban fuera de mi alcance había desaparecido. ¿Cuáles eran las razones? La gente se empezó a caer de los árboles junto con las manzanas y era más fácil recoger las manzanas de árboles menos altos. Aún aprecio la fruta recién recogida pero el sentido de aventura es ahora solamente un recuerdo.

mermelada de muchas moras

Frambuesas, moras azules, fresas, zarzamoras…elija alguna de estas frutas y siga un par de sencillas instrucciones para preparar dulce y fresca mermelada en menos de una hora. Más adelante, cuando abra un frasco en pleno invierno, recordará los soleados días de verano.

No se necesita ningún equipo ni ingredientes especiales. Una manzana verde rallada, con todo y cáscara, nos brinda la cantidad de pectina necesaria para cuajar la mermelada, además de que le da sabor. No es necesario esterilizar los frascos ni procesar la mermelada en agua caliente. Simplemente rellene frascos limpios con mermelada caliente, tápelos, voltéelos de cabeza y deje que la mermelada derretida esterilice las tapas y se forme el vacío.

Utilice fruta madura pero no demasiado madura. Deje que los niños elijan las moras, las muelan con el azúcar en una olla hasta formar una pulpa y que diseñen sus propias etiquetas para los frascos. Los adultos y adolescente podrán revolver la mermelada en la olla, siempre cuidando las salpicaduras de la mermelada al estar caliente, para más tarde rellenar los frascos con la mermelada.

la mezcla de la pectina

Todas las frutas contienen pectina en diferentes cantidades. La pectina favorece a que los jugos de las frutas cuajen. Pero necesita azúcar y un ácido para funcionar. Si las mermeladas no tienen la cantidad de azúcar necesaria para mezclarse con la pectina, las mermeladas no cuajarán como deben. El jugo de limón amarillo acidifica la fruta, lo cual ayuda a que la pectina se mezcle con el azúcar.

La mayoría de la pectina comercial que tenemos al alcance se obtiene de las manzanas o de la piel blanca de los cítricos. Se puede hacer mermelada con menos azúcar, pero se necesita un tipo especial de pectina. Si no agrega nada de pectina cuando cocine la fruta para preparar mermelada, ésta perderá su fresco sabor y color brillante.

Todas las frutas alcanzan su más alto contenido de pectina justo antes de madurar. Una vez que comienzan a ablandarse, la pectina se empieza a desbaratar, así que la fruta que está en su punto es la mejor opción para preparar mermelada.

Frutas con alto contenido de pectina:

- grosella espinosa
- grosella negra y roja
- manzanas
- membrillos
- cáscara de cítricos

Frutas con bajo contenido de pectina:

- cerezas dulces y agrias
- uvas
- fresas
- frambuesas
- moras azules

lo que necesitará para preparar mermelada de moras

- báscula de cocina
- 1 kg (2 lb) de moras cuidadosamente escogidas
- 750 g (1 ½ lb) de azúcar
- una manzana verde o semi madura rallada, con cáscara y sin centro
- ¼ taza (2 fl oz / 60 ml) de jugo fresco de limón amarillo
- olla gruesa de material no reactivo con capacidad de 5 litros (5 qt)
- pala de madera
- 2 platos pequeños, fríos
- cucharón
- embudo (opcional)
- 4 ó 5 frascos de 250 ml (8 fl oz) con tapa autosellable y bandas de anillos de metal

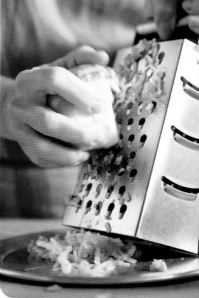

1 pese las moras y el azúcar

Pese bien los ingredientes para asegurar que su mermelada obtenga la dulzura perfecta y cuaje. Si está utilizando fresas, quíteles el tallo y rebánelas antes de pesarlas.

2 mezcle y aplaste

Mezcle las moras con el azúcar, manzana rallada y jugo de limón en la olla. No debe llenarse más de la mitad o la mermelada se escurrirá. Revuelva con la pala de madera hasta incorporar bien todos los ingredientes y que las moras estén bien molidas y jugosas.

3 hierva la fruta

Hierva la mermelada a fuego medio-alto. Utilice la cuchara para retirar la espuma que se forma en la superficie. Esto ayudará a que la mermelada quede bien clara. Hierva durante 15 minutos. Revuelva constantemente hasta que sienta que la fruta comienza a pegarse en la base de la olla y continúe revolviendo.

4 pruebe su mermelada

Una vez que la mermelada haya espesado, vierta una pequeña cantidad sobre un plato frío. Si la mermelada está espesa y los jugos de la fruta no se escurren, entonces está lista. De lo contrario, cocine durante 5 minutos más y pruébela nuevamente. Repita la operación las veces que sea necesario. La mayoría de las mermeladas de moras cuajan en aproximadamente 15 minutos. Las moras jugosas quizá tarden un poco más.

5 rellene sus frascos de mermelada

Usando un cucharón vierta la mermelada en los frascos limpios. Selle con las tapas y los aros de metal. Voltee los frascos de cabeza y deje enfriar por completo. Voltee los frascos nuevamente y presione el centro de cada tapa. Mientras el centro de la tapa siga presionado, guarde los frascos en un lugar fresco hasta por un año. De lo contrario, almacene en el refrigerador y cómase la mermelada en las siguientes 3 semanas.

Estas deliciosas barras obtienen la mayor parte de su dulzura del relleno de mermelada. La pasta desmoronable, con su textura crujiente de avena y nuez, nos recuerda una cobertura de migas. Si desea que sus barras queden más dulces, agregue ½ taza (5 oz /155 g) más de mermelada. Deje que los niños mezclen la pasta y armen las barras. Después de prepararlas, seguramente querrán llevarlas a la escuela en sus loncheras, un saludable y delicioso tentempié.

barras de avena con mermelada

1 ½ taza (235 g/7 ½ oz) de harina de trigo (simple)

½ taza (105 g/ 3 ½ oz) compacta de azúcar mascabado

1 cucharadita de sal kosher

1 cucharadita de polvo para hornear

¼ cucharadita de bicarbonato de sodio

¾ taza (185 g/6 oz) de mantequilla sin sal fría, cortada en cubos

1 ¼ taza (115 g/3 ¾ oz) de hojuelas de avena tradicional

¼ taza (30 g/1 oz) de nueces o almendras, toscamente picadas (opcional)

½ taza (155 g/5 oz) de mermelada de muchas moras, hecha en casa (página 102) o comprada

rinde 10 barras

Precaliente el horno a 180°C (350°F). Engrase con mantequilla un molde o refractario cuadrado de 23 cm (9 in).

En un tazón grande mezcle la harina, azúcar, sal, polvo para hornear y bicarbonato de sodio revolviendo con sus manos hasta incorporar todos los ingredientes. Esparza los cubos de mantequilla sobre la mezcla de harina e incorpórelos con un mezclador de varillas o con dos cuchillos de cocina, hasta que la mezcla quede suave y con migas. Agregue la avena y las nueces, si las usa, y revuelva hasta incorporar uniformemente.

Presione dos terceras partes de la masa sobre la parte inferior del molde preparado. Extienda la mermelada uniformemente sobre la base. Espolvoree la masa restante sobre la mermelada y presione ligeramente.

Hornee de 35 a 40 minutos, hasta que la superficie de las barras se haya dorado. Deje enfriar por completo sobre una rejilla y corte formando barras.

El invierno nos brinda un sinnúmero de frutas tropicales a buen precio en las tiendas. Es la única temporada en la que los mangos y las papayas están muy baratos. Yo corto las frutas en dados y las congelo para preparar smoothies más adelante. A mis hijas les gustan sus smoothies con hielo en vez de yogurt pero a mi me gustan con yogurt y sin hielo.

smoothies tropicales

1 taza (155 g/5 oz) de mango en dados y la misma cantidad de papaya en dados y de piña en trozos

4 tazas (1 litro/32 fl oz) de jugos de frutas tropicales variados como mango, mandarina, naranja, maracuyá, piña, papaya o coco

3 plátanos maduros, sin piel y partidos a la mitad

1 ½ taza (375 g/12 oz) de yogurt natural o de vainilla

hielo picado

rebanadas de limón, para adornar

rinde 6 smoothies

Si a usted o a sus hijos les gustan los smoothies congelados, asegúrese de que los jugos estén bien fríos, congele la fruta en trozos y tenga hielo picado a la mano.

Para preparar cada smoothie, mezcle en un tazón dados de mango papaya y piña. Seleccione 1 ó 2 jugos para reunir ⅔ taza (160 ml/5 fl oz) y vierta en una licuadora. Agregue ½ plátano; ½ taza (90 g/3 oz) de la mezcla de fruta; ¼ taza (60 g/2 oz) de yogurt y una buena porción de hielo. Procese hasta obtener una mezcla tersa, vierta en un vaso alto y adorne con una rebanada de limón para exprimirlo y darle un poco de brillo antes de tomárselo.

sea creativo

Éstas son 3 maravillosas combinaciones:

- *⅓ taza (80 ml/3 fl oz) de jugo de maracuyá y la misma cantidad de jugo de mandarina, ½ plátano y ½ taza (90 g/3 oz) de mango en dados.*

- *⅓ taza (80 ml/ 3 fl oz) de jugo de piña y la misma cantidad de jugo de coco, ½ plátano, ¼ taza (45 g/1 ½ oz) de piña en dados y ¼ taza (60 g/2 oz) de yogurt natural o de vainilla.*

- *⅓ taza (80 ml/ 3 fl oz) de jugo de papaya y la misma cantidad de jugo de mandarina, ¼ taza (45 g/1 ½ oz) de mango en dados y la misma cantidad de papaya en dados y ½ taza (90 g/3 oz) de piña en trozos.*

En nuestro patio tenemos diferentes tipos de árboles de manzanas heirloom cuyos nombres he olvidado, que producen la fruta perfecta para hacer este puré. Mi hija más pequeña se come tazas de este puré a la hora de la comida. También puede ser un gran acompañamiento para las chuletas de puerco (página 215). Si a su familia le gusta el puré de manzana un poco más ácido, utilice menos azúcar o nada en lo absoluto.

puré con trocitos de manzana

Retire la piel de las manzanas, parta en cuartos, descorazone y corte en trozos pequeños. Debe tener aproximadamente 4 tazas (500 g/1 lb) de manzanas cortadas en dados. Coloque en una olla, agregue el azúcar, ¼ taza (60 ml/2 fl oz) de agua, jugo de limón y sal; mezcle hasta incorporar por completo. Deje hervir a fuego medio-alto, reduzca a fuego bajo, tape y hierva a fuego lento aproximadamente 30 minutos, hasta que estén suaves. Si las manzanas empiezan a secarse antes de estar listas, agregue un poco más de agua.

Destape la olla y machaque las manzanas ligeramente con una pala de madera o con una espátula de silicón. Continúe cocinando durante 5 minutos más para que se evapore parte de la humedad excedente. El puré de manzana debe quedar espeso. Retire del fuego y sirva tibio o frío.

4 manzanas Fuji o Braeburn

½ taza (2 oz/60 g) de azúcar

2 cucharaditas de jugo fresco de limón amarillo

una pizca de sal kosher

rinde de 4 a 6 porciones

sea creativo

Puede mezclar 2 peras con 2 manzanas o utilizar únicamente peras. También puede darle un toque de sabor agregándole una pizca de canela en polvo o ¼ taza (1 oz/30 g) de arándanos frescos y aumente la cantidad de azúcar a 1 taza (250 g/8 oz) para balancear su acidez. Para preparar un puré más salado que combina muy bien con el puerco, agregue ½ cucharadita de tomillo fresco picado y sazone con sal y pimienta.

La limonada es la bebida perfecta para quitar la sed durante un verano caluroso. Pero para cuando el verano comienza, ha pasado mucho tiempo desde que recogimos los últimos limones. Por lo que cada invierno, por lo menos dos veces al mes, mis hijas y yo recogemos todos los limones que podemos, preparamos ralladura, los exprimimos y después congelamos nuestro trabajo para utilizarlo durante el verano.

limonada veraniega

Para preparar el jarabe simple mezcle en una olla pequeña el agua con el azúcar, revuelva y lleve a ebullición sobre fuego medio-alto. Cuando suelte el hervor reduzca el fuego a medio y deje hervir lentamente durante 5 minutos más. Vierta en un refractario, deje enfriar por competo y refrigere hasta que esté bien frío. Debe tener de 1 ¼ a 1 ½ taza (de 310 a 375 ml/10-12 fl oz) de jarabe. Se puede guardar indefinidamente.

Para preparar la limonada, vierta el jugo de limón en una jarra con capacidad de 2.5 litros (2 ½ qt). Agregue el jarabe simple al gusto. Si utiliza limones dulces como el Meyer, necesitará menos jarabe. Agregue el agua, revuelva hasta integrar por completo y añada los hielos. Sirva en vasos altos, adorne con las rebanadas de limón y sirva de inmediato.

para el jarabe simple

1 taza (250 ml/8 fl oz) de agua

1 taza (250 g/8 oz) de azúcar

1 taza (250 ml/8 fl oz) de jugo fresco de limón amarillo

4 tazas (1 litro/32 fl oz) de agua fría

cubos de hielo

1 limón amarillo, en rebanadas delgadas y sin semillas

rinde 6 pociones

Decidimos plantar árboles frutales en lugar de pasto, ya que éste únicamente consumiría agua y no nos daría nada a cambio. Nos dimos cuenta de que una vez que los árboles se aclimataran, necesitarían muy poca agua y producirían fruta y sombra para el caliente sol de verano. El primer año solamente recogimos dos ciruelas, con las cuales desfilamos haciendo gran ceremonia. Para el siguiente año cosechamos los suficientes duraznos y manzanas para preparar algunos pays y unos cuantos frascos de mermelada. Pero mi gran anhelo, el árbol de cerezas Morello, continuaba totalmente árido.

Pasaron tres años. Más adelante, a finales de la primavera me di cuenta que entre las hojas comenzaron a brotar protuberancias de cientos de cerezas. Empezaron a engrosarse con el paso de las semanas y yo comencé a esperar ansiosamente la cosecha de julio. De pronto las hojas del árbol comenzaron a caerse, unas cuantas al principio pero después en grandes cantidades. Cuando faltaba sólo una semana para la cosecha mi suegro comentó, "Qué buenas cerezas. ¿Pero qué sucedió con las hojas?" Yo no lo sabía. De pronto empecé a temer que el árbol muriera, así que comencé a recoger las cerezas más maduras, cerca de un puño por día, las deshuesaba y las congelaba. Sabían un poco ácidas en el centro pero dulces con la primera mordida, con un toque de almendra amarga al final. Terminé ese año con 8 litros de cerezas (8 qts), lo necesario para hacer un pay y unas cuantas empanadas. El sabor de las cerezas era tan inquietante y dulce, que no podía esperar a que llegara la siguiente cosecha.

Cada nueva cosecha de cerezas trae consigo un inmenso plan de posibilidades. Imagínese un pay de cerezas tibio, un helado de cereza con trozos de chocolate o una mermelada de cereza. Ya sea a mordidas o rápidamente preparadas en una compota o adornando una copa de yogurt, las cerezas encabezan la lista de las frutas favoritas de casi todos los niños y adultos.

Las cerezas, especialmente las cerezas ácidas, tienen un toque de sabor a almendra, el cual se intensifica al mezclarse con las verdaderas almendras. Mis hijas se han vuelto expertas en rellenar y sellar grandes tandas de estas empanadas para grandes fiestas a la hora del desayuno. También nos gusta servirlas como pastelillos individuales en parrilladas.

empanadas de almendra tostada y cereza

⅓ de receta de **Pasta de Hojaldre Rápida (página 279)** o 250 g (1 hoja) de pasta de hojaldre comprada de 28 x 43 cm (11 x 17 in), descongelada siguiendo las instrucciones del empaque

2 cucharadas de almendras, molidas

2 cucharadas de azúcar glass

1 taza (185 g/6 oz) de cerezas ácidas o Bing frescas, congeladas, descongeladas, o de lata, sin tallos ni huesos

½ taza (125 g/4 oz) más 2 cucharadas de azúcar granulada

1 cucharada de harina de trigo (simple)

1 clara de huevo grande, ligeramente batida

¼ taza (30 g/1 oz) de almendras fileteadas

rinde 6 empanadas

Cubra una charola para hornear con papel encerado. En un superficie de trabajo enharinada extienda la pasta formando un rectángulo de 45 x 30 cm (18 x 12 in) y de aproximadamente 3 mm (⅛ in) de grueso. Corte el rectángulo en 6 cuadrados de 15 cm (6 in). En un tazón pequeño mezcle las almendras molidas con el azúcar glass. En un tazón mediano revuelva las cerezas con ½ taza de azúcar granulada y la harina.

Coloque 2 cucharaditas de la mezcla de almendras en el centro de cada cuadrado. Divida la mezcla de cerezas en partes iguales sobre los cuadrados de pasta, colocándola sobre la mezcla de almendras. Barnice ligeramente dos lados contiguos de cada cuadrado con clara de huevo batida y doble el cuadrado a la mitad formando un triángulo. Con un tenedor selle la orilla de la pasta haciendo presión. Coloque las empanadas en la charola preparada dejando una separación de 4 cm (1 ½ in) entre ellas. Refrigere durante 30 minutos. (En este punto las empanadas se pueden envolver bien y congelar hasta por 3 meses para después barnizarse y hornearse directamente salidas del congelador, aumentando el tiempo de cocción en el horno caliente a 30 minutos).

Precaliente el horno a 220°C (425°F). Vuelva a sellar los lados de las empanadas haciendo presión con un tenedor. Barnice ligeramente la parte superior de las empanadas con clara de huevo. Espolvoree uniformemente con las almendras fileteadas y con 2 cucharadas de azúcar granulada. Usando un cuchillo filoso haga dos pequeñas perforaciones sobre cada triángulo.

Hornee durante 20 minutos. Reduzca el fuego a 180°C (350°F) y continúe horneando de 10 a 15 minutos más, hasta que se esponjen y doren. Deje enfriar en la charola colocándola sobre una rejilla. Sirva tibias.

El pay de mora azul con helado de vainilla es una combinación hecha en el cielo, combinación que nuestra familia espera con ansia cada verano. Cuando llega la hora de preparar el pay yo me encargo de tener lista la pasta mientras que las niñas eligen las moras, desechando las que están marchitas y espolvoreando con azúcar. Yo extiendo la pasta y las niñas cortan las tiras y las colocan sobre el pay. Creamos algunos diseños bastante alocados, pero todos se ven hermosos cuando los pays salen del horno.

pay de mora azul

En una superficie de trabajo ligeramente enharinada extienda la mitad de la pasta con ayuda de un rodillo y forme un círculo de 30 cm (12 in) de diámetro y de aproximadamente 3 mm (⅛ in) de grueso. Enrolle la pasta holgadamente alrededor del rodillo, céntrela sobre un molde para pay de 23 cm (9 in) y desenróllela y acomode en el molde, presionándola sobre la base y los lados del mismo. Corte el sobrante de pasta dejando aproximadamente de 2.5 cm (1 in) de largo.

En un tazón mezcle las moras azules con el jugo de limón y la vainilla. Agregue ½ taza de azúcar, harina y sal y revuelva una vez más para cubrir uniformemente todas las moras. Coloque las moras sobre la costra para pay y distribuya los trozos de mantequilla sobre el relleno.

Para darle una apariencia de rejilla extienda la mitad restante de pasta formando un círculo del mismo tamaño de la corteza inferior y corte tiras de 12 mm (½ in) de ancho. Coloque la tira más larga en el centro del pay y la mitad de las tiras más cortas a los lados, espaciándolas uniformemente a 6 mm (¼ in) una de otra. Gire el pay 90 grados. Coloque las tiras restantes de manera perpendicular sobre la primera capa de tiras de pasta, espaciándolas a la misma distancia una de otra. Corte las tiras largas dejándolas del tamaño de la corteza inferior, doble la corteza inferior sobre las orillas de las tiras y haga un doblez con sus dedos o con los dientes de un tenedor. Refrigere durante 30 minutos.

Precaliente el horno a 200°C (400°F). Barnice la corteza superior con la leche y espolvoree con una cucharada de azúcar. Hornee de 50 a 60 minutos, hasta que la fruta burbujee y la corteza esté dorada. Deje enfriar sobre una rejilla. Sirva acompañando con una bola grande de helado.

receta doble de Masa para Pasta Quebrada Hecha en Casa (página 278), o dos cortezas redondas para pay de 23 cm (9 in) compradas

4 tazas (500 g/1 lb) de moras azules frescas o congeladas

1 cucharada de jugo de limón amarillo

½ cucharadita de extracto de vainilla

½ taza (125 g/4 oz) de azúcar más una cucharada

3 cucharadas de harina de trigo (simple)

una pizca de sal kosher

4 cucharadas (60 g/2 oz) de mantequilla sin sal fría, cortada en trozos pequeños

2 cucharadas de leche entera

El Mejor Helado de Vainilla (página 71), para acompañar

rinde un pay de 23 cm (9 in)

En lugar de tirar a la basura los plátanos que están demasiado maduros, yo les retiro la cáscara y los congelo para preparar estas mantecadas para el refrigerio del colegio. La receta rinde para 12 mantecadas del tamaño normal o 24 mantecadas miniatura, siendo éstas un buen tamaño para los niños pequeños aunque he visto a varias maestras rondando por los salones de mis hijas los días que llevan estas mantecadas a la escuela.

mantecadas de plátano y azúcar morena

1 taza (125 g/4 oz) de harina integral para pasta

1 taza (155 g/5 oz) de harina de trigo (simple)

1 cucharadita de bicarbonato de sodio

¼ cucharadita de sal kosher

2 tazas (375 g/12 oz) de plátanos machacados (aproximadamente 4 plátanos medianos)

¼ taza (60 ml/2 fl oz) de leche entera

¾ taza (185 g/6 oz) compacta de azúcar mascabado

½ taza (125 g/4 oz) de mantequilla sin sal, a temperatura ambiente

2 huevos grandes

1 cucharadita de extracto puro de vainilla

rinde 12 mantecadas tamaño estándar o 24 mantecadas miniatura

Precaliente el horno a 200°C (400°F). Engrase con mantequilla 12 moldes para mantecadas de tamaño estándar o 24 moldes para mantecadas miniatura, enharínelos y sacuda para retirar el exceso de harina.

En un tazón pequeño mezcle las harinas, bicarbonato de sodio y sal. En otro tazón bata los plátanos con la leche.

En el tazón de una batidora de mesa adaptada con el aditamento de paleta, bata el azúcar mascabado con la mantequilla a velocidad media-alta hasta obtener una mezcla ligera y esponjada. Detenga la batidora y baje la mezcla adherida a los lados del tazón. Agregue los huevos, uno por uno, batiendo bien después de cada adición. Integre la vainilla y la mezcla de plátano batiendo a velocidad baja y después agregue la mezcla de harina y siga batiendo hasta incorporar por completo. Usando una cuchara pase la mezcla a los moldes para mantecadas preparados llenándolos hasta dos terceras partes de su capacidad.

Hornee de 17 a 20 minutos las mantecadas de tamaño estándar y de 12 a 15 minutos las mantecadas miniatura, hasta que se doren y que al presionarlas ligeramente con el dedo se vuelvan a esponjar. Deje enfriar durante 5 minutos en el molde, desmolde y coloque sobre una rejilla. Sirva tibias o a temperatura ambiente.

sea creativo

Puede cubrir estas deliciosas mantecadas con la misma cubierta utilizada en el Crumble de Chabacano (página 120) o darle más sabor a la receta agregando ½ cucharadita de canela en polvo a la mezcla de harina. También saben muy bien si agrega a la mezcla un puño de nueces o avellanas tostadas y picadas o de grosellas secas justo antes de pasarla a los moldes

Las ciruelas son particularmente sabrosas en esta receta ya que los taninos de sus cáscaras, los cuales son parecidos a los de las uvas, brindan una rica acidez a los jugos horneados. Los pigmentos de sus cáscaras también le dan a los jugos un color morado sensacional. Si las mitades de ciruelas son demasiado grandes, agregue un poco más de azúcar morena.

ciruelas asadas con crema

Precaliente el horno a 200°C (400°F). Engrase con mantequilla un molde de 23 x 18 cm (9 x 7 in) o un refractario de tamaño similar. Coloque las ciruelas, con el lado cortado hacia arriba, en el molde preparado y espolvoree con el azúcar mascabado y luego la sal. Coloque los trozos de mantequilla en los huecos de las ciruelas.

Hornee durante 20 minutos. Voltee las ciruelas y continúe horneando de 15 a 20 minutos más, hasta que se suavicen y sus jugos comiencen a burbujear. Si se secan los jugos y comienzan a quemarse antes de que las ciruelas estén listas, agregue un poco de agua caliente, 2 cucharadas a la vez, sólo lo necesario para cubrir la base del molde y diluir el jugo espeso.

Mientras tanto, mezcle en un tazón la crème fraîche, azúcar y vainilla. Bata con un batidor globo hasta que se formen picos ligeros y esponjados. Divida las ciruelas en platos individuales, colocándolas con el lado cortado hacia arriba, y sírvalas tibias acompañando con la crème fraîche a un lado.

sea creativo

Las ciruelas pasas, como las italianas, francesas o las Damson, también saben muy bien preparadas de la misma manera. Duplique el número de ciruelas si están demasiado pequeñas y utilice las mismas medidas para los demás ingredientes. También se pueden hornear otras frutas con hueso como los duraznos y las nectarinas; ajuste el tiempo de cocción dependiendo de su tamaño.

6 ciruelas Santa Rosa o cualquier otra variedad de ciruela mediana, cortadas a la mitad y deshuesadas

½ taza (105 g/3 ½ oz) compacta de azúcar mascabado

¼ cucharadita de sal kosher

4 cucharadas (60 g/2 oz) de mantequilla sin azúcar, cortada en trozos pequeños

1 taza (250 g/8 oz) de crème fraîche sencilla hecha en casa (página 279) o comprada

1 cucharada de azúcar granulada

¼ cucharadita de extracto puro de vainilla

Rinde de 4 a 6 porciones

Los crumbles son los pays preferidos de los cocineros ocupados. No es necesario hacer ninguna corteza; simplemente coloque la fruta en un refractario y espolvoree con una cubierta de migas. Los niños se pueden encargar de deshuesar los chabacanos, hacer las migas y preparar el crumble con muy poca ayuda de un adulto. Sírvalo solo, con una cucharada de crema batida (página 278) o con una bola de helado de vainilla (página 71).

crumble de chabacano

para la cubierta de migas

¾ taza (125 g/4 oz) de harina de trigo (simple)

¾ taza (185 g/6 oz) compacta de azúcar mascabado

½ cucharadita de sal kosher

¼ cucharadita de canela

½ taza (125 g/4 oz) de mantequilla sin sal, a temperatura ambiente, partida en trozos

5 tazas (1 kg/2 lb) de chabacanos deshuesados, cortados en trozos

2 cucharaditas de jugo fresco de limón amarillo

½ cucharadita de extracto puro de vainilla

2 cucharadas de harina de trigo (simple)

⅓ taza (90 g/3 oz) de azúcar

rinde de 6 a 8 porciones

Precaliente el horno a 200°C (400°F). Engrase con mantequilla un molde para pay de 23 cm (9 in) o un refractario de 23 x 18 cm (9 x 7 in).

Para hacer la cubierta de migas, mezcle en un tazón la harina, azúcar mascabado, sal y canela. Esparza los trozos de mantequilla sobre la mezcla de harina y usando un mezclador de varillas o dos cuchillos de mesa, mezcle hasta que la mantequilla se haya distribuido uniformemente y la mezcla comience a formar migas.

En un tazón grande mezcle los chabacanos con el jugo de limón y la vainilla. Agregue la harina y azúcar granulada y revuelva una vez más para cubrir la fruta uniformemente. Pase la fruta al molde preparado y esparza la cubierta de migas uniformemente sobre la superficie. Hornee aproximadamente 40 minutos, hasta que la fruta burbujee y la cubierta esté dorada. Sirva tibio.

sea creativo

Los chabacanos se pueden mezclar con 1 taza (125 g/4 oz) de frambuesas para darle color y un poco de brío. También se pueden preparar crumbles siguiendo las estaciones del año. Mi primer crumble del año es de fresa y ruibarbo, seaguido de los de chabacano o cereza en primavera y de moras, durazno, nectarina o ciruela en verano y para finales del verano y el otoño crumbles de manzana, pera o membrillo.

Los cobblers individuales son un placer para preparar y para comer. A los niños les gustan especialmente los postres hechos a su medida. Deje que ellos se encarguen de hacer la masa y que elijan sus figuras para la cubierta, ya sea cuadrados, círculos, estrellas o lunas crecientes, no hay límite. Sirva los cobblers tibios acompañando con una bola grande de helado (página 71) y ¡disfrute de un delicioso postre hecho en casa!

cobblers individuales de durazno

Coloque una rejilla en el tercio inferior del horno y precaliente el horno a 220°C (425°F). Engrase con mantequilla 6 u 8 moldes para hornear individuales.

En un tazón grande mezcle los duraznos con el jugo de limón y vainilla. Agregue el azúcar y sal y mezcle una vez más para cubrir la fruta uniformemente. Distribuya la fruta en partes iguales sobre los moldes preparados.

Para hacer las galletas, mezcle en un tazón la harina, azúcar mascabado, polvo para hornear, bicarbonato de sodio y sal. Distribuya la mantequilla sobre la mezcla de harina e integre usando un cortador de varillas hasta que la masa tenga una apariencia como de migas gruesas con trozos de mantequilla del tamaño de un chícharo. Agregue el buttermilk y mezcle bien con un tenedor hasta incorporar por completo. Coloque la masa sobre una superficie de trabajo ligeramente enharinada y amase ligeramente hasta que quede uniforme. Estará pegajosa.

Extienda la masa para formar un cuadrado de 20 cm (8 in) utilizando tanta harina como sea necesaria. Corte la masa de las galletas en 6 u 8 figuras del mismo tamaño y coloque sobre los duraznos. Barnice con crema.

Hornee durante 10 minutos. Reduzca la temperatura del horno a 190°C (375°F) y continúe horneando de 25 a 30 minutos, hasta que los duraznos burbujeen y la corteza esté dorada y bien cocida. Revise si están listos encajando la punta de un cuchillo en el centro de las galletas. Debe salir fácilmente. Sírvalos tibios o a temperatura ambiente.

5 tazas (1 kg/2 lb) de duraznos maduros, partidos en rebanadas

2 cucharaditas de jugo de limón amarillo

½ cucharadita de extracto puro de vainilla

½ taza (125 g/4 oz) de azúcar

una pizca de sal kosher

para las galletas

1 taza (155 g/5 oz) de harina de trigo (simple)

1 cucharada de azúcar mascabado

2 cucharaditas de polvo para hornear

½ cucharadita de bicarbonato de sodio

¼ cucharadita de sal kosher

4 cucharadas (60 g/2 oz) de mantequilla sin sal fría, cortada en trozos

¾ taza (180 ml/6 fl oz) de buttermilk o yogurt

2 cucharadas de crema dulce para batir

rinde de 6 a 8 porciones

Las verduras vienen en diferentes formas, tamaños y colores. Es curioso ver con cuáles verduras los niños tendrán una afinidad natural y cuáles comerán sólo bajo protesta.

verduras y hierbas

Un elote dulce, una papa recién cosechada o un pepino recortado de una planta retorcida…estas verduras lo harán sonreír. También lo harán entrar en la cocina para hacer frituras crujientes de maíz, batir cremoso puré de papa y almacenar pepinillos en tarros. Las verduras agregan una gran textura y sabor a su mesa y transportan muchas vitaminas, minerales y fibra. Como es lógico, cualquier verdura sabe mejor en su mejor temporada. Coma lo más que pueda de esa verdura mientras abunde y después despídase de ella por un año más y cambie a la cosecha de la siguiente temporada. Los comensales con más suerte tienen en su jardín un plantío con sus favoritas, pero si usted no lo tiene, vaya al mercado de granjeros de su zona para adquirir los mejores productos que puede ofrecerle su localidad.

Por alguna razón las verduras tienen mala fama. Pero si alguna vez usted ha mordido un jitomate maduro recién cortado de la planta, comido un chícharo recién desvainado o mordisqueado una suave lechuga recién cosechada, entonces sabrá que éstas no se merecen esa reputación.

estaciones de abundancia

HIERBAS

Agregar hierbas es una forma sencilla de resaltar el sabor de cualquier platillo. La forma y el momento para usar una hierba dependen de si ésta es de tallo suave o duro. Las hierbas de tallo suave como la albahaca, menta, estragón, cilantro, cebollín y perejil se marchitan con facilidad. A menudo se usan crudas, esparcidas sobre un platillo justo antes de servirlo o mezcladas con ensaladas. Al cocinarlas se decoloran y se destruyen sus delicados sabores. El orégano, la mejorana y la salvia se encuentran a la mitad entre las hierbas suaves y las duras. Tienen intensos sabores y se pueden usar crudas o cocidas en platillos de carne, pescados o verduras. El tomillo y el romero tienen tallos duros. Sus hojas no se marchitan si se dejan a temperatura ambiente aunque algunas veces se decoloran. Éstas se usan para preparar marinadas y son maravillosas para sazonar trozos de carne, pescados, pollo, verduras asadas, sopas y guisados.

La naturaleza ha adaptado eficientemente cada verdura y hierba a su propia estación, de la misma manera en que nosotros nos adaptamos al verano con camisas de algodón y al frío del invierno con abrigos de lana. Durante el verano las verduras tienen piel delgada, son suaves y perecederas. Requieren muy poca o ninguna cocción. Los tubérculos de piel gruesa, las hortalizas duras y las hierbas con tallos duros reinan durante la temporada de invierno. Éstas se pueden almacenar durante más tiempo y resisten fácilmente cuando se les hierve o asa.

En el verano, cuando el maíz llega al mercado, todos los miembros de mi familia nos atiborramos de elotes, hasta que ya no podemos comer ninguno más. De hecho, cada vez que aparece un nuevo vegetal hacemos lo mismo: lo comemos como si no nos pudiéramos saciar. También nos alegramos al ver la cantidad de hierbas frescas en el jardín y las usamos sin límite. A medida que pasan las semanas, nos emocionamos menos y abiertamente deseamos que aparezcan nuevas verduras. Nos acostumbramos también a las hierbas y ya no las usamos con tanta emoción.

Entonces se repite el ciclo con la siguiente cosecha. Cada verdura y hierba tiene su tiempo y lugar en nuestra mesa. Una vez que ya no están en el jardín ni en el mercado de granjeros, desaparecen de nuestros alimentos. De esa manera nos aseguramos de esperar ansiosamente a que aparezcan cuando vuelve su temporada.

cuento de un chícharo de primavera

Cada primavera, a medida que el clima se torna más cálido, mi hija menor empieza a pedirme chícharos. No cualquier tipo de chícharo, sino los diminutos y dulces petit pois que crecen en la granja de nuestra amiga Nancy en Healdsburg, California. Ella vende estos gloriosos chícharos en el mercado de granjeros de nuestra localidad y son toda una leyenda entre todas las familias que compran sus frutas y verduras cultivadas orgánicamente. Por alguna razón sus mercancías parecen tener un sabor más dulce e intenso que las de los demás granjeros. Un día pregunté a mis hijas si ellas sabían a qué se debía esto y me contestaron: "Porque Nancy cultiva todo con amor."

VERDURAS DE PRIMAVERA

poros

ajo

chalotes

cebollas

papas cambray

habas

chícharos

hinojo

espárragos

alcachofas

champiñones

ejotes

arúgula (rocket)

VERDURAS DE OTOÑO

frijoles recién desvainados

calabazas duras

papas

acelga y hortalizas

poros

brócoli

coliflor

zanahorias

nabos

betabeles

apio

cilantro

alcachofas

espinaca savoy

champiñones

VERDURAS DE VERANO

lechugas delicadas

jitomates

ejotes

calabazas de verano

jitomates

berenjenas (aubergines)

elotes

pimientos (capsicum) y chiles

zanahorias

tubérculos pequeños

betabeles

brócoli

VERDURAS DE INVIERNO

col

acelga

col rizada

achicorias

hortalizas amargas

brócoli rabe

bok choy

berro

calabazas duras

tubérculos

papas

colecitas de Bruselas

Las verduras vienen en una gran variedad de formas, tamaños y colores irresistibles: dulces elotes amarillos, jugosos jitomates rojos, brillantes calabazas anaranjadas, berenjenas de color morado oscuro, suaves calabacitas verdes.

VERDURAS CON ALTO CONTENIDO DE PESTICIDAS

Esta lista contiene las doce verduras con mayor cantidad de residuos de pesticidas, ordenados de mayor a menor en cuanto a la carga de pesticidas:

pimientos (capsicums)

apio

lechuga

espinaca

papas

zanahorias

ejotes

chiles

pepinos

coliflor

champiñones

calabazas duras

(Fuente: Environmental Working Group)

comprando en la localidad

Para obtener el mejor sabor y textura, compre verduras de temporada cultivadas localmente siempre que le sea posible. Un mercado de granjeros es el lugar ideal para hacerlo. Incluso en el invierno usted puede encontrar tubérculos y calabazas duras cultivadas en países cercanos. Cuando compre en el supermercado elija aquellos productos que se vean brillantes y parezcan ser de temporada. En otras palabras, si no le encuentra sentido a una calabaza de invierno en junio o elotes en enero, no los compre. Significa que son del otro hemisferio. Los jitomates de otras zonas de cultivo nunca serán tan sabrosos como los cultivados en su localidad y usted pagará lo doble por obtener un sabor inferior. Algunas tiendas muestran letreros indicando el origen de sus productos. Si usted no está seguro, pregunte al empleado.

comprando productos orgánicos

La forma en que se cultivan las verduras también debe ser una parte importante para decidir lo que se quiere comprar. Las verduras orgánicas, que han crecido sin el uso de pesticidas sintéticos, herbicidas, fungicidas o fertilizantes, son la mejor elección. Las verduras cultivadas sin el uso de pesticidas, herbicidas y fungicidas sintéticos pero con el uso continuo de fertilizantes sintéticos son la siguiente mejor elección. Éstas a menudo se anuncia con un letrero que dice "Sin Atomizar" o "Libre de Pesticidas". Y, si usted no puede comprar ninguno de estos dos tipos, trate de evitar aquellas verduras que tengan un alto contenido de residuos de pesticidas (vea la lista a la izquierda).

comprando lo mejor

Las verduras se dividen en tres tipos principales: frutos, hojas y tubérculos. Las verduras de fruto detienen su maduración cuando se cosechan. Entre ellas se encuentra cualquier verdura cortada de una planta verde con hojas como las calabazas, ejotes, pimientos (capsicums), berenjenas (aubergines) y chícharos. En el momento en que se cortan, las verduras de fruto tienen un sabor dulce proveniente de azúcares naturales y contienen el mayor contenido de vitaminas posible pero se deterioran con rapidez. Sus pieles deben ser suaves, brillantes y uniformemente firmes y todos sus tallos visibles deben verse frescos, no marchitos ni ennegrecidos.

Las verduras con hoja, al igual que las verduras de fruto, también pierden su vitalidad poco tiempo después de haberlas cortado por lo que se deben lavar, secar y refrigerar en una bolsa con cierre hermético lo más pronto posible después de haberlas comprado. Trate de consumir las hortalizas más delicadas como la lechuga uno o dos días después de haberlas adquirido. Las variedades más duras, como la acelga y la col rizada, durarán hasta una semana. Antes de comprarlas, revise si no tienen hojas descoloridas o marchitas, si no tienen demasiados insectos hambrientos o un olor desagradable. Las hortalizas empacadas están llenas de dióxido de carbono para durar en el anaquel hasta por una semana. Para revivir las hortalizas marchitas, sumérjalas en agua tibia, agítelas para retirar el exceso de agua y refrigere en una bolsa de plástico con cierre hermético durante algunas horas.

Los tubérculos, los cuales incluyen las verduras con bulbo como las cebollas, aún están vivas cuando llegan al mercado. ¿Alguna vez ha visto papas, cebollas o ajos con brotes? Si usted las plantó, seguirán creciendo. Entre más frescos estén los tubérculos, como las zanahorias, betabeles, nabos o nabos suecos, sus hojas estarán más frescas e intactas. Una vez que las hojas se empiezan a marchitar, los granjeros o tenderos por lo general las cortan por lo que usted no podrá saber hace cuanto tiempo fueron cosechadas. Sin embargo, al cortarlas se incrementa mucho la vida de la verdura en anaquel debido a que el tubérculo dejará de enviar energía a las hojas para mantenerlas frescas. Esa es la razón por la que la mayoría de los tubérculos se venden sin hojas. Si encuentra betabeles o nabos con preciosas hojas usted puede saltearlas en ajo y aceite de oliva para obtener otra variedad de hortaliza para servir junto a su platillo de tubérculos. Elija tubérculos que se sientan firmes y estén pesados para su tamaño. Busque cebollas firmes con brillantes pieles apapeladas, ajos firmes y regordetes y que ninguno de estos tubérculos tenga brotes.

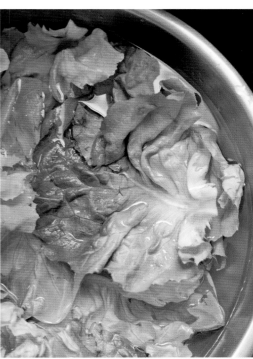

su propia hortaliza de verduras y hierbas

Cuando usted tiene hierbas, hortalizas y verduras frescas a la mano, cambia su forma de pensar en relación con sus alimentos. En vez de ir al mercado, usted puede simplemente agarrar sus tijeras, cortar algunas ramas de hierbas y añadir en sólo un instante el aroma del romero y tomillo a las carnes o verduras asadas. Usted puede agregar rebanadas gruesas de jitomates recién cosechados a sus hamburguesas y la lechuga en su ensalada detonará frescura en cada mordida.

Un jardín que le proporciona su comida no sólo conserva su mesa llena de sabores agradables sino que también sustenta su alma y lo mantiene en contacto con el ritmo natural de las estaciones.

nuestra hortaliza favorita de verduras y hierbas

verduras

Estas plantas duras son fáciles de cultivar y pueden crecer fácilmente en macetas o en una parcela del jardín:

- betabeles rojos, dorados y chiogga (rayados)
- zanahorias rectas y redondas
- rábanos estilo francés para el desayuno
- berenjena (aubergines) japonesa
- jitomates dulces 100, sungold, early girl y beefsteak
- pepinillos de arbusto
- pimientos dulces (capsicums)
- chiles poblanos y Anaheim

hortalizas

Siembre una fila de macetas o una maceta grande con una mezcla de lechugas y hortalizas.

- lechugas little gem
- espinaca bloomsdale
- escarola, radicha y demás achicorias
- acelga rainbow

hierbas

Las hierbas se pueden sembrar solas o en racimos. Para obtener una agradable mezcla de colores y texturas, siembre 2 ó 3 variedades de la misma hierba o 2 ó 3 hierbas diferentes en una maceta o en la esquina de su jardín.

- mejorana y orégano
- albahaca tai, plateada e inglesa
- estragón, pastinaca y cebollín
- romero haifa, trailing y azul

lo que usted necesitará para su hortaliza

- una variedad de almácigos de hierbas y verduras
- una pequeña parcela de jardín con tierra preparada o macetas de diferentes tamaños
- piedras o trozos de macetas para drenaje
- tierra para maceta
- regadera o manguera
- trasplantador
- letreros de plantas

1 planee con anticipación

Investigue qué es lo que crece mejor en su región y decida cuáles son las hierbas, verduras y hortalizas que le gusta comer a toda la familia y lo que usted quiere plantar.

2 ¿una maceta o una hortaliza?

Decida si usted quiere usar macetas o una parcela del jardín. La mayoría de las hierbas y lechugas así como algunas verduras pueden cultivarse en macetas. Si usted usa macetas, puede meter las hierbas y lechugas a su casa durante el invierno para tener un cultivo durante todo el año. Si usted usa una parcela del jardín, asegúrese de que tenga un buen drenaje.

3 encuentre el lugar

Ya sea que usted decida usar una maceta o una parcela del jardín, asegúrese de elegir un lugar adecuado y soleado. Las plantas de fruto necesitan un lugar con por lo menos 6 horas de luz solar al día. Las hortalizas pueden aguantar una sombra parcial.

4 prepare sus macetas

Si usted usa macetas, coloque las piedras o trozos de maceta alrededor del orificio inferior para promover un buen drenaje. Llene casi toda la maceta con tierra buena y rica para cultivo.

5 ensúciese

Riegue la tierra con bastante agua antes de empezar a sembrar. Alinee los almácigos en sus pequeñas macetas en el lugar en que las quiere sembrar. Presione la maceta en la tierra para marcar el lugar. Usando un trasplantador, haga un orificio en la tierra lo suficientemente grande para la planta.

6 plántela

Riegue sus almácigos con un poco de agua antes de empezar a trasplantarlos y retírelos suavemente del recipiente. Extienda cuidadosamente las raíces apretadas, coloque en la tierra o maceta y presione ligeramente la tierra alrededor de la base de la planta. Riegue con un poco más de agua.

7 ¡véala crecer!

Etiquete sus plantas con letreros para plantas de manera que usted no olvide lo que plantó en cada lugar y riéguelas y deséeles suerte. Después de eso, riegue y deshierbe conforme sea necesario.

Esta ensalada presenta el deslumbrante sabor de las hortalizas frescas y hierbas aromáticas. Mezcle diferentes tipos de hortalizas, como la amarga endivia rizada (achicoria) y radicha, berro picante y arúgula (rocket) con suave lechuga mantequilla (Boston) y espinaca miniatura. Si usa lechugas de su jardín, muestre a los niños la forma de cosecharlas, después enséñeles a lavar y secar las hortalizas y las hierbas e incorpore con la ensalada.

ensalada de hortaliza con queso de cabra

6 tazas (185 g/6 oz) de mezcla de hortalizas para ensalada

1 taza (30 g/1 oz) de mezcla de hojas de hierbas frescas como el estragón, perejil de hoja lisa, eneldo, perifollo y cebollín en cualquier combinación

aceite de oliva extra virgen

sal kosher y pimienta recién molida

¼ cucharadita de azúcar

vinagre de vino blanco

250 g (½ lb) de queso de cabra fresco, desmoronado

rinde de 6 a 8 porciones

En un tazón grande mezcle las hortalizas con las hierbas. Rocíe únicamente con el aceite suficiente para cubrir ligeramente y mezcle. Sazone con sal y pimienta y con el azúcar y mezcle una vez más con las hortalizas y pruebe.

Rocíe con 1 ó 2 cucharaditas de vinagre y mezcle. Pruebe la acidez y los sazonadores y rectifique con sal, pimienta y vinagre conforme sea necesario.

Espolvoree el queso de cabra sobre la superficie y sirva de inmediato.

sea creativo

Haga una ensalada de temporada:

En primavera, agregue espárragos rebanados, corazones de alcachofa partidos en dados o habas con queso pecorino cortado en cubos.

En verano mezcle granos de elote fresco, jitomates cereza maduros o jitomates heirloom cortados en dados y rebanadas de pepino.

En otoño agregue manzana, pera o rebanadas de pérsimo Fuyu o semillas de granada roja.

En invierno puede agregar gajos de mandarina, toronja o naranja sangría. Las almendras, piñones o nueces picadas o enteras agregan textura; mientras que el queso azul, como el gorgonzola, o las tiras de un queso salado y anuezado, como el pecorino o el parmigiano reggiano pueden sustituir el suave queso de cabra.

Estos pepinillos agridulces son sumamente adictivos, ya sea servidos para acompañar hamburguesas en una parrillada de verano o picados y mezclados a una salsa tártara hecha en casa. Los niños más grandes pueden ayudar a cortar los pepinos y las cebollas con supervisión de algún adulto. Los niños más pequeños pueden ayudar a almacenar los pepinillos en el frasco cuando se enfríen.

pepinillos sencillos

Tenga a la mano un frasco para encurtido con capacidad de 1 litro (1 qt) con tapa. Parta el pepino en rebanadas de aproximadamente 3 m (⅛ in) de grueso; deberá tener aproximadamente 4 tazas. En un tazón de acero inoxidable u otro material no reactivo mezcle el pepino con la cebolla.

En una olla pequeña de material no reactivo mezcle el vinagre con el azúcar, sal, semillas de apio y de mostaza y hojas de laurel; lleve a ebullición sobre fuego alto, moviendo para disolver el azúcar y la sal. Vierta inmediatamente la mezcla de vinagre sobre las rebanadas de pepino y cebolla. Deje enfriar a temperatura ambiente y coloque las verduras y el líquido en el frasco, desechando el exceso de líquido. Tape herméticamente y refrigere. Los pepinillos se mantendrán frescos hasta por un mes.

sea creativo

Para hacer pepinillos que se puedan almacenar a temperatura ambiente, almacene los pepinillos y las cebollas en un frasco limpio, seco y esterilizado para encurtidos con capacidad de 1 litro (1 qt) y agregue el líquido de encurtido caliente hasta llegar a 12 mm (½ in) de la orilla. Cubra con una tapa esterilizada y selle herméticamente con una banda de rosca. Caliente a baño María durante 10 minutos. Voltee los frascos de cabeza y deje enfriar por completo. Voltee los frascos hacia arriba y presione el centro de cada tapa. Si se queda hundida, almacene los frascos en un lugar oscuro y fresco hasta por un año. Si no es así, mantenga en el refrigerador y coma durante ese mes.

1 pepino inglés (de invernadero) o 6 pepinos para encurtidos (aproximadamente 500 g/1 lb)

1 cebolla blanca, finamente rebanada

2 tazas (500 ml/16 fl oz) de vinagre de vino blanco

¾ taza (185 g/6 oz) de azúcar

¼ taza (45 g/1 ½ oz) de sal kosher

1 cucharadita de semillas de apio

1 cucharadita de semillas de mostaza

2 hojas de laurel

rinde 1 litro (1 qt)

Yo he comido minestrone desde que tengo uso de razón. Mi bisabuela Nana DiGregorio de Italia hacia el mejor. Lo llenaba de verduras de su jardín en el verano y agregaba al caldo sus sabrosos jitomates enlatados en casa durante el invierno. Era lo máximo sentarte a la mesa para comer un tazón de sopa tan grande como mi cabeza y remojar pan en el caldo hasta que se terminaba. Sólo de esta forma yo comía cucharadas llenas de verduras que quedaban en el fondo del tazón. Si tenía suerte, encontraba un cuadro de cáscara chiclosa de queso parmesano parcialmente derretido debajo de las verduras. Era como encontrar el boleto premiado.

La primera vez que hice minestrone para mis hijas al principio le pusieron mala cara. Yo estaba sorprendida. Pensaba que les encantaría como a mí me encantaba cuando era una niña. Entonces les conté la historia acerca de la sopa que mi Nana hacía y como yo la visitaba para poder comerla. Ellas recapacitaron acerca de lo que les había contado y probaron la sopa que yo había hecho con tanto amor y recuerdos felices. Tomaron otra cucharada. Pronto estaban escarbando con gusto y pidiendo más pan. Mi hija mayor se llevó los sobrantes al colegio al día siguiente y contó a sus amigas la historia del minestrone. Mi sopa se ha convertido en una leyenda en el colegio y hemos agregado otro platillo favorito al repertorio de la familia.

Muchas de mis amigas usan esta receta para minestrone sencillo como una forma de deshacerse de las verduras frescas que rápidamente se acumulan en los cajones para frutas y verduras de sus refrigeradores y canastas de sus cocinas. Usted puede agregar chícharos frescos, papas, calabaza de verano, elotes, ejotes o cualquiera de sus verduras favoritas para hacer su propia versión familiar de minestrone.

A mí me encanta este minestrone vegetariano al igual que a todos los miembros de mi familia. A menudo lo sirvo cuando tengo invitados para una cena casual, completando el menú con una hogaza de pan crujiente y una ensalada de hortalizas. Guarde las cortezas de queso parmesano, congélelas y agregue un cuadro de corteza a la olla de sopa. Le agregará sabor y complejidad al caldo. Si desea más sabor, usted puede usar un caldo ligero de verduras en lugar del agua.

minestrone de verduras

aceite de oliva extra virgen

2 dientes de ajo grandes

2 zanahorias, partidas en dados

I cebolla pequeña, partida en dados

I tallo de apio, finamente rebanado

sal kosher y pimienta recién molida

I taza (185 g/6 oz) de jitomates frescos o de lata, con su jugo

I hoja de laurel

2 hojas grandes de salvia fresca

2 tazas (425 g/15 oz) de frijoles cannellini de lata, drenados, o cocidos en casa (página 281)

2 tazas (185 g/6 oz) compactas de col rizada o acelga, picada

I taza (125 g/4 oz) de tubettini u otra pasta seca pequeña

queso parmesano rallado, para adornar

rinde de 8 a 10 porciones

Caliente una olla grande para sopa sobre fuego medio-alto. Agregue una cucharada de aceite y el ajo y saltee alrededor de un minuto, hasta que el ajo se tueste y el aceite aromatice. Añada la zanahoria, cebolla y apio y cocine durante 3 ó 4 minutos, moviendo a menudo, hasta que las verduras se empiecen a suavizar y dorar. Sazone con sal y pimienta.

Agregue los jitomates, laurel, salvia, un trozo de corteza de queso parmesano de 5 cm (2 in) (si lo desea, vea nota superior) y suficiente agua para cubrir las verduras por 5 cm (2 in) y hierva a fuego lento, sin tapar, durante 30 minutos. Añada los frijoles y la col rizada y continúe hirviendo a fuego lento durante 20 ó 30 minutos más. Sazone al gusto con sal y pimienta.

Justo antes de que la sopa esté lista, coloque una olla con tres cuartas partes de agua con sal sobre el fuego y lleve a ebullición. Agregue la pasta, mezcle y cocine de acuerdo a las instrucciones del paquete, hasta que esté al dente. Escurra perfectamente y divida entre tazones precalentados para sopa. Usando un cucharón sirva la sopa sobre la pasta, rocíe con aceite, espolvoree generosamente con el queso rallado y sirva.

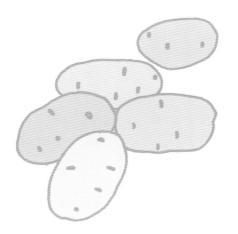

La última vez que hice estas papas las niñas trataron de comerlas sumergiendo sus dedos en el tazón y sacando montones enormes. Tuve que darles un ligero manazo para evitar que se terminaran las papas de la cena. Asegúrese de usar papas que estén entre enceradas y almidonadas y que tengan un sabor amantequillado.

el puré de papa más cremoso

sal kosher

4 papas Yukon doradas o papas Finn amarillas, aproximadamente 1 kg (2 lb) en total, sin piel y partidas en cuartos

3 dientes de ajo grandes (opcional)

½ taza (125 ml/4 fl oz) de leche entera

½ taza (125 ml/4 fl oz) de crema espesa

2 cucharadas de mantequilla sin sal

una pizca de nuez moscada recién rallada (opcional)

rinde de 6 a 8 porciones

Llene una olla con aproximadamente tres cuartas de agua, agregue 2 cucharadas de sal y las papas y el ajo, si lo usa. Lleve a ebullición y cuando suelte el hervor reduzca el fuego a lento y cocine, sin tapar, alrededor de 30 minutos, hasta que las papas se resbalen fácilmente de un cuchillo cuando las pique con él. Escurra en un colador dentro del fregadero.

Pase las papas calientes a través de un pasapurés colocado sobre un tazón grande. Las papas también se pueden colocar en un tazón grande y presionar con un prensador de papas o un tenedor grande pero quedarán con una textura ligeramente más gruesa. Tape el tazón con una toalla de cocina para mantenerlas calientes.

En una olla pequeña mezcle la leche, crema y mantequilla y caliente sobre fuego medio, hasta que casi suelte el hervor. Retire inmediatamente del fuego. Agregue gradualmente la mezcla de leche a las papas mientras mezcla con un tenedor. El puré de papa deberá estar terso y espeso. Bata las papas algunas veces con una cuchara grande para suavizarlas. Agregue la nuez moscada, si la usa, sazone al gusto con sal y sirva de inmediato.

sea creativo

Use crema ácida o crème fraîche en vez de la crema si desea un platillo más ácido. Integre una cucharada de cebollín o eneldo fresco picado justo antes de servir. También puede cocinar y machacar apio nabo (celeriac), pastinaca u otro tubérculo por separado y después mezclarlo con las papas para agregar textura y sabor.

Las verduras caramelizadas en un horno caliente resaltan su dulzura natural. A los espárragos, colecitas de Bruselas y brócoli se les proporciona una nueva vida deliciosa usando este método sencillo. Recorte los espárragos, corte los tallos a la mitad y ajuste el tiempo de cocción conforme sea necesario.

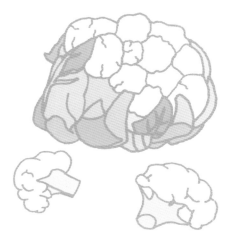

coliflor asada

Precaliente el horno a 220°C (425°F). Corte y deseche las hojas verdes del exterior y parta la coliflor a la mitad. Descorazone. Corte la coliflor transversalmente en rebanadas de 12 mm (½ in) de grueso.

Rocíe una charola para hornear con borde con el aceite y espolvoree uniformemente con la sal. Acomode la coliflor en una sola capa sobre la superficie y voltee la coliflor para cubrir por los otros lados con el aceite y sal.

Ase alrededor de 15 minutos, hasta dorar por el primer lado. Voltee las rebanadas y continúe asando de 10 a 15 minutos más, hasta dorar por el segundo lado, hasta que esté suave. Pase a un platón, espolvoree con las hojuelas de chile y sirva de inmediato.

1 coliflor de aproximadamente 750 g (1 ½ oz)

3 cucharadas de aceite de oliva extra virgen

1 cucharadita de sal de mar

¼ cucharadita de hojuelas de chile rojo (opcional)

rinde de 4 a 6 porciones

Aderezar verduras asadas sólo con aceite de oliva extra virgen de muy buena calidad y alguna sal de mar agradable permite que resalte el sabor suave e individual de cada verdura. Si usted tiene una verdura preferida, agréguela a la mezcla. A mi me gusta asar espárragos, papas rebanadas y poros pequeños en la primavera cuando están en su mejor época.

antipasto de verduras asadas

Limpie las berenjenas, calabacitas y calabaza amarilla. Rebane longitudinalmente en trozos de 6 mm (¼ in) de grueso y coloque en un tazón grande. Retire las semillas y tallos de los pimientos, retire y deseche las venas y corte longitudinalmente en tiras de aproximadamente 2.5 cm (1 in) de grueso. Agregue al tazón. Retire y deseche los tallos de los hongos y, usando una cuchara pequeña, raspe y deseche las laminillas negras. Parta los botones en cuartos y coloque en el tazón. Retire la piel de las cebollas moradas, parta en rebanadas gruesas y coloque en el tazón.

Rocíe las verduras con ¼ taza (60 ml/2 fl oz) de aceite, agregue el tomillo y sazone con sal y pimienta. Mezcle para cubrir las verduras uniformemente. Deje reposar durante 15 ó 20 minutos para permitir que las verduras suelten un poco de sus jugos. Mezcle una vez más justo antes de asar.

Mientras tanto, prepare fuego medio-alto en un asador de gas o carbón. Asegúrese de que la rejilla del asador esté limpia, engrásela con aceite y deje que el aceite se queme y consuma aproximadamente durante 5 minutos.

Trabajando en tandas, coloque las verduras sobre la parrilla y ase de 2 a 3 minutos de cada lado, volteando una sola vez, hasta que estén suaves y doradas. (Si usted está preparando la vinagreta de cebolla morada opcional, ase las rebanadas de cebolla junto con las verduras.) Pase a un platón. Cuando todas las verduras estén cocidas, rocíe con aceite o con la vinagreta de cebolla morada y sirva.

2 berenjenas (aubergines) japonesas pequeñas

1 calabacita (courgette) pequeña

1 calabaza amarilla pequeña

1 pimiento (capsicum) rojo pequeño

1 pimiento (capsicum) amarillo pequeño

2 hongos portobello grandes

2 cebollas moradas

aceite de oliva extra virgen

2 cucharaditas de tomillo fresco, picado

sal de mar y pimienta recién molida

aceite vegetal para la parrilla

Vinagreta de Cebolla Morada Asada (página 280)

rinde de 4 a 6 porciones

La maravillosa variedad de jitomates que se pueden encontrar en el verano, desde los jitomates cereza hasta los heirloom, beefsteak y otros más, hace que esta ensalada sea un caleidoscopio de colores. Ponga a sus hijos a trabajar retirando las hojas de albahaca de sus tallos. También estarán felices de acomodar las coloridas rebanadas y trozos de jitomates sobre un platón, su propia obra de arte culinaria.

ensalada de jitomate y queso mozzarella con pesto

para el pesto

sal kosher y pimienta recién molida

1 taza (45 g/1 ½ oz) compacta de hojas de albahaca fresca

2 cucharadas de piñones, ligeramente picados

1 diente de ajo

¼ taza (60 ml/2 fl oz) de aceite de oliva extra virgen

500 g (1 lb) de mezcla de jitomates heirloom, en diferentes colores y tamaños

1 taza (185 g/6 oz) de jitomates cereza variados

aceite de oliva extra virgen

sal de mar y pimienta negra recién molida

250 g (½ lb) de queso mozzarella fresco, en bolas grandes y/o pequeñas

rinde de 4 a 6 porciones

Para hacer el pesto, hierva 4 tazas (1 litro/32 fl oz) de agua en una olla y agregue 2 cucharadas de sal. Añada las hojas de albahaca y hierva durante 30 segundos. Escurra en un colador y coloque debajo del chorro de agua fría para enfriar. Exprima las hojas para retirar el exceso de agua y coloque en un procesador de alimentos. (Blanquear las hojas les ayuda a mantener su color verde brillante.) Agregue los piñones y el ajo; procese hasta picar finamente. Sazone con ¼ cucharadita de sal y un poco de pimienta. Con la máquina encendida, integre el aceite y procese hasta obtener una pasta fina. Pase a un tazón y sazone con sal y pimienta. Si no lo va a usar hasta después de 2 horas, presione un trozo de plástico adherente sobre la superficie del pesto.

Descorazone y parta los jitomates heirloom en rebanadas de 6 mm (¼ in) de grueso. Corte los jitomates más pequeños en cuñas. En un tazón mezcle todos los jitomates con 2 cucharadas de aceite y sazone con sal y pimienta. Acomode sobre un plato.

Parta las bolas grandes de queso mozzarella en rebanadas de 6 mm (¼ in) de grueso y resbale entre las rebanadas de jitomate. O, si lo desea, corte las bolas pequeñas a la mitad y distribuya sobre los jitomates. Usando una cuchara pequeña, coloque un poco de pesto sobre los jitomates. (Si el pesto está muy duro, integre un poco de aceite batiendo para diluirlo ligeramente.) Ralle pimienta sobre la superficie y sirva. Acompañe con el pesto sobrante a la mesa.

Mis hijas y sus amigas se vuelven locas con estas frituras esponjadas y constantemente me piden que las haga con ellas. Los niños pueden agregar los ingredientes y revolverlos, pero asegúrese de que un adulto se encargue de freírlas. Prepárelas en el verano cuando el maíz está en su mejor temporada. El jugo de limón resalta el sabor dulce de los granos de elote por lo que le recomiendo tener bastantes rebanadas de limón a la mano para acompañar las frituras.

frituras de maíz con limón

En un tazón pequeño mezcle los granos de elote con el jugo de limón. En un tazón mediano bata el huevo con la leche y la mantequilla hasta integrar por completo. En un tazón grande mezcle la harina con el cornmeal, polvo para hornear, sal y pimienta de cayena. Integre rápidamente la mezcla de huevo con la mezcla de harina revolviendo hasta obtener una mezcla tersa. Integre los granos de elote.

Vierta el aceite en una olla profunda hasta obtener una profundidad de 2.5 cm (1 in) y caliente hasta que registre 180°C (375°F) en un termómetro de fritura profunda. Coloque 1 ó 2 rejillas de alambre sobre una charola para hornear con borde y coloque cerca de la estufa.

Agregue cucharadas de la masa en el aceite caliente, teniendo cuidado de que no queden demasiado apretadas en la olla. Fría alrededor de 2 minutos, hasta dorar por un lado. Voltee las frituras y fría durante 2 ó 3 minutos más hasta que se doren, esponjen y cocinen totalmente. Mantenga a los niños lejos de la olla para protegerlos contra las quemaduras causadas por los granos de elote explotando. Usando una cuchara ranurada, pase a la rejilla para escurrir. Repita la operación hasta usar toda la masa. Pase las frituras calientes a una canasta cubierta con servilletas y sirva de inmediato acompañando con las rebanadas de limón.

sea creativo

Para una versión más sabrosa, aderece la masa con una cucharadita de cebollita de cambray picada, una cucharadita de cilantro fresco picado y 1/4 taza (30 g/1 oz) de queso cheddar rallado, integrándolo con los granos de elote usando movimiento envolvente. Para preparar una versión aún más dulce, espolvoree las frituras con azúcar glass y acompañe con las rebanadas de limón.

1 ½ taza (280 g/9 oz) de granos de elote fresco (de aproximadamente 3 elotes), picados

2 cucharaditas de jugo de limón fresco

1 huevo grande

½ taza (125 ml/4 fl oz) de leche entera

2 cucharadas de mantequilla sin sal, derretida y fría

¾ taza (125 g/4 oz) de harina de trigo (simple)

¼ taza (45 g/1 ½ oz) de cornmeal o polenta molido fino

1 cucharadita de polvo para hornear

¾ cucharadita de sal kosher

⅛ cucharadita de pimienta de cayena

aceite de canola prensado a presión para fritura profunda

rebanadas de limón, para acompañar

rinde aproximadamente 24 frituras

Cuando el perejil de nuestro jardín empieza a verse como un arbusto a principios de julio, yo sé que es el momento de hacer esta clásica ensalada libanesa. Lleno de nutrientes y fibra, tiene un refrescante sabor que es la cubierta perfecta para las carnes y salsas con muchas especias de la cocina del este del Mediterráneo.

tabule

1 taza (185 g/6 oz) de trigo bulgur

sal kosher y pimienta recién molida

1 taza (250 ml/8 fl oz) de agua hirviendo

1 pepino inglés (de invernadero)

1 jitomate grande maduro

1 taza (45 g/1 ½ oz) de perejil liso (italiano) fresco, picado

¼ taza (10 g/⅓ oz) de menta fresca, picada

¼ taza (10 g/⅓ oz) de cebollita de cambray, finamente rebanada, incluyendo las partes superiores suaves de color verde

¼ taza (60 ml/2 fl oz) de jugo de limón amarillo fresco

3 cucharadas de aceite de oliva

¼ cucharadita de pimienta de jamaica molida

rinde de 4 a 6 porciones

Coloque el bulgur en un tazón refractario. Disuelva una cucharadita de sal en el agua hirviendo y vierta sobre el bulgur. Tape herméticamente con plástico adherente y deje reposar a temperatura ambiente durante 30 minutos. El bulgur absorberá el agua, sudará, se separará y esponjará.

Retire la piel y las semillas del pepino y parta en dados. Retire las semillas del jitomate y parta en dados. Agregue el pepino, jitomate, perejil, menta, cebollita de cambray, jugo de limón, aceite y pimienta de jamaica al bulgur y mezcle hasta integrar por completo. Sazone al gusto con sal y pimienta, limitando la sal ligeramente. Tape y reserve a temperatura ambiente por lo menos durante una hora o refrigere hasta por un día para permitir que los sabores se unan. Pruebe y rectifique la sazón con sal y pimienta y sirva.

Yo solía freír la berenjena empanizada sobre la estufa pero descubrí que la berenjena absorbía demasiado aceite, el cual destruía su delicada textura. Ahora frío la berenjena al horno, lo cual es más fácil de hacer, mantiene su textura intacta y produce un terminado estilo natilla. Busque una berenjena que se sienta pesada para su tamaño y tenga una piel brillante y tersa.

berenjena a la parmesana

Precaliente el horno a 200°C (400°F). Vierta el aceite en una charola para hornear grande con borde y ladee para cubrir la base. Limpie la berenjena, retire el tallo y corte transversalmente en 18 rebanadas, cada una de aproximadamente 6 mm (¼ in) de grueso. Coloque la harina, huevos y migas de pan por separado en 3 tazones poco profundos o moldes para pay y alíneelos en ese orden. Sazone cada tazón con una cucharadita de sal y un poco de pimienta. Integre ¼ taza (30 g/1 oz) del queso parmesano con las migas de pan.

Sumerja las rebanadas de berenjena, una a la vez, en la harina y sacuda para retirar el exceso y después sumerja en los huevos y permita que escurra el exceso. Por último, sumerja en las migas de pan, cubriendo ambos lados y coloque sobre la charola preparada.

Hornee durante 15 minutos. Voltee las rebanadas y continúe horneando alrededor de 15 minutos más, hasta que estén suaves y se doren por ambos lados. Retire del horno y deje enfriar durante 5 ó 10 minutos. Deje el horno encendido.

Engrase ligeramente con aceite un refractario de 23 x 33 cm (9 x 13 in). Sobreponga las rebanadas de berenjena en el refractario preparado, colocando un trozo de queso mozzarella entre las rebanadas. Usando una cuchara reparta la salsa uniformemente sobre la superficie y espolvoree con el queso parmesano restante. Hornee alrededor de 30 minutos, hasta que el queso se derrita y la salsa burbujee. Deje reposar durante 10 minutos antes de servir.

¼ taza (60 ml/2 fl oz) de aceite de oliva extra virgen

1 berenjena globo grande, aproximadamente 750 g (1 ½ lb)

1 taza (155 g/5 oz) de harina de trigo (simple)

3 huevos grandes, ligeramente batidos

1 ¾ taza (220 g/7 oz) de migas secas de pan simple

sal kosher y pimienta recién molida

½ taza (60 g/2 oz) de queso parmesano rallado

250 g (½ lb) de queso mozzarella fresco, cortado en 18 piezas

Salsa de Jitomate y Albahaca (página 235)

rinde de 4 a 6 porciones

Agua dulce y agua salada. Grande y pequeño.
Fino y carnoso. Y virtualmente de todos los
colores que existen en el universo. Ya sea
pescado o crustáceo hay una infinidad de
variedades para pescar del mar.

pescados y mariscos

Los pescados y mariscos conforman un sorprendente conjunto de
alimentos altos en proteínas, bajos en grasas y ricos en ácidos
grasos omega-3 buenos para su salud. Debido a la sobre pesca y a
las aguas contaminadas hay ciertos reglamentaciones en cuanto a
la cantidad y a los tipos de pescados y mariscos que podemos
comer. Pero esa no es una razón para evitar los alimentos del mar,
lago o río. Todavía hay muchas variedades de donde elegir, ya sean
cultivadas o silvestres y disponibles para todos los gustos y edades.
En nuestra casa nosotros nos sentamos para comer pescado o
mariscos, ya sea rompiendo las cáscaras de cangrejo, tacos de
pescado, dedos de pescado hechos en casa, lajas de pescado
carnoso asadas entre otros por lo menos una vez a la semana y
todos nosotros esperamos con ansia esta comida.

Existe todo un mundo oculto de pescados y mariscos en nuestro planeta. Debajo de la superficie de ríos, lagos y océanos usted puede encontrar más variedades de vida acuática de lo que usted es capaz de imaginar. La clave para obtener los mejores platillos es la frescura y algunas recetas maravillosas.

"un pescado, dos pescados…"

El Dr. Seuss tenía razón. Existen pescados de todas las formas, tamaños, texturas, sabores y colores, incluyendo el rojo y el azul. Hay pescados silvestres y pescados cultivados, pescados que viven en agua salada y pescados que viven en agua dulce. Algunos tienen piel delicada y frágil y otros tienen mucha carne y un sabor más fuerte. Su sabor depende de lo que ellos comen y de la cantidad de grasa que tienen. Debido a que los pescados y mariscos silvestres se alimentan de una mezcla ecléctica de alimentos, éstos tienen un sabor diferente cada vez. Sus parientes cultivados se inventaron por dos razones: para disminuir la presión del abastecimiento silvestre y para abastecer al mercado con pescados y mariscos que tengan un sabor, tamaño y textura consistente. En otras palabras, ningún otro alimento rico en proteínas es tan variado como los pescados y mariscos. Y toda esa variedad significa que la puerta hacia la creatividad permanece abierta para que usted los introduzca en el menú.

los cortes más amables

Los pescados vienen en todos los tamaños pero sólo en dos formas: los

peces planos y los redondos. La mayoría de los pescados planos pequeños como el lenguado y el rodaballo, tienen la carne delicada y hojaldrada y se sirven en filetes o enteros. El halibut, el miembro más grande de la familia de los pescados planos, vine en todos los tamaños, desde uno de 12.5 kg (25 lb) promedio hasta uno de 300 kg (600 lb). Es bajo en grasa, carnoso y por lo general se vende en filetes, aunque algunos especímenes más pequeños se cortan en suculentas lajas.

Los mercados de pescado venden la mayoría de los pescados redondos pequeños como el bacalao, la macarela y el arenque así como el bagre y la tilapia cultivados cortados en filetes; y el robalo rayado y la trucha cultivados algunas veces enteros. Venden pescados redondos medianos como el salmón en filetes o lajas y otros pescados redondos medianos, como el jurel, mahi mahi y esturión en filetes. El pez espada, atún y demás pescados redondos grandes tienen enormes y gruesos trozos de carne que a menudo se cortan transversalmente en filetes carnosos sin espinas.

Los filetes firmes y los pescados enteros pequeños son muy buenos para hornear, dorar, cocer, saltear y asar a la parrilla. Los filetes delicados y hojaldrados son adecuados para saltear y dorar. Los filetes carnosos se pueden dorar, saltear o asar a la parrilla. Su firmeza hace que sean fáciles de manejar y es menos probable que se desbaraten.

crustáceos

Muchas personas que no están seguras en cuanto al pescado eligen los mariscos y ¿por qué no? La dulce carne de los camarones, langosta y cangrejo es un bocadillo delicioso.

camarones

Los camarones y los langostinos son técnicamente diferentes, las estructuras de sus cuerpos son diferentes y no pertenecen a la misma especie, pero hoy en día se les da ese nombre principalmente para diferenciar su tamaño y considerándolos como langostinos cuando son menos de 15 piezas las que entran en 500 g (1 lb). Aquellos más pequeños, o sea cuando hay 16 piezas o más en 500 g (1 lb), se consideran camarones. Los camarones se venden por tamaño o por conteo, siendo los camarones más grandes de 16 a 20 por 500 g (1 lb), los medianos de 21/25 por 500 g (1 lb) y 26/30 los pequeños, etc. Los camarones de la bahía son una especie diminuta que vive en las aguas cálidas a lo largo de la Costa Oeste de los Estados Unidos.

Cuando compre camarones, busque los silvestres americanos y los camarones cultivados en Estados Unidos. Los camarones y los langostinos se venden congelados o descongelados, con piel o sin ella. Aunque es complicado retirarles la piel para comerlos, los camarones cocidos en su piel retienen más humedad y sabor.

cangrejo

Hay cangrejos de la Costa Este y de la Costa Oeste de los Estados Unidos y ambos son de temporada. Los cangrejos azules se encuentran a lo largo de la costa del Océano Atlántico, desde Nueva Escocia al Golfo de México y hasta Argentina. Los cangrejos

CÓMO HERVIR UN CRUSTÁCEO

Elija una olla de acero inoxidable u otro material no reactivo lo suficientemente grande para dar cabida a los crustáceos que vaya a cocinar, llene con agua y lleve a ebullición sobre fuego alto. Agregue una cebolla amarilla rebanada, el jugo de un limón, 2 hojas de laurel y 3 cucharadas de sal kosher por cada 6 litros (6 qt) de agua. Hierva alrededor de 15 minutos, hasta que la cebolla esté suave, añada los mariscos y cocine como se indica: camarones y langostinos durante 4 minutos o hasta que estén rizados y de color rosado; cangrejos o langostas durante 7 minutos para los primeros 500 g (1 lb) y 3 minutos más por cada 500 g (1 lb) extras. Escurra inmediatamente a la perfección y sírvalos calientes o fríos.

Dungeness viven a lo largo de la costa del Océano Pacífico, desde las Islas Aleutianas hasta California. Los cangrejos de piedra de Florida son otra variedad sabrosa. Son sacados del mar, se les retira su gran garra y son echados al mar una vez más. La garra crece otra vez y se pueden cultivar una vez más, convirtiendo al cangrejo de piedra la variedad más preciada para sostener la pesca de mariscos.

El cangrejo se puede comprar vivo, cocido o su carne en trozos. Es muy divertido comprar cangrejos vivos y cocinarlos uno mismo. Si usted no tiene suficiente tiempo es buena opción comprar carne de cangrejo cocida y limpia. Asegúrese de olerlos antes de comprarlos para cerciorarse de que estén impecablemente frescos.

langosta

A cualquier persona que le guste la langosta de Maine sabe que la mejor época para comer estos sustanciosos crustáceos es en los meses fríos del invierno, cuando su carne es más dulce y llena sus caparazones. La mayor parte de la carne se encuentra en la cola y en las pinzas, pero si usted es muy hábil, puede comer también algunas sabrosas mordidas de las patas más pequeñas. Las langostas azules, que habitan en aguas más cálidas, no tienen pinzas por lo que sólo tienen carne en sus colas. Compre siempre las langostas vivas para asegurarse de que estén frescas. Una vez que mueren, su carne se deteriora con rapidez.

sostenibilidad

Muchos grupos de observación publican listas sobre temas relativos a la sostenibilidad y contaminación de ciertas especies de pescados. De acuerdo al Monterey Bay Aquarium Seafood Watch, los mejores y más sanos pescados silvestres para el consumo incluyen el bacalao y el halibut del Pacífico, el salmón

y abadejo de Alaska, el arenque y las sardinas del Atlántico, así como la albardilla y el atún barrilete. Los mejores pescados cultivados en los Estados Unidos incluyen el salvelino, el barramundi, el bagre, la lubina estriada, el esturión, la trucha y la tilapia.

Otros pescados son considerados buenas segundas elecciones pero se aconseja un consumo limitado debido a la posible contaminación o debido a la manera en que se cultivan. Estos incluyen los cangrejos azules, king y snow; el lenguado y el rodaballo del Pacífico; el mahi mahi, atún ojo grande y aleta amarilla y el pez espada. Tenga presente que ambas listas reflejan las condiciones actuales y éstas están en continuo cambio, por lo tanto es recomendable revisar las fuentes confiables con regularidad.

de temporada

Debido a que el cultivo ha hecho que abunden los pescados y los crustáceos en los mercados durante todo el año, la mayoría de los compradores no piensan demasiado en los productos de temporada cuando están en la tienda. Pero los aficionados esperan ansiosamente para que aparezca un pescado cada año: el salmón silvestre de Alaska y de la costa oeste de los Estados Unidos. Llegan los heraldos de la primavera y es maravilloso alimentarse de su suculenta carne de color brillante hasta que debemos despedirnos de ellos en el otoño. La presencia consistente del salmón cultivado ha confundido a muchos de nosotros acerca de la temporada de este pescado. Pero si compra un trozo de cada uno de ellos puede hacerles la prueba del sabor. El pescado cultivado no puede igualar la deliciosa textura ni el sabor de su pariente silvestre. Cuando no es temporada de salmón silvestre, cómprelo congelado.

A través de los años el halibut ha sido amenazado por la sobrepesca, lo cual había reducido su disponibilidad a una serie de temporadas cortas. Pero la administración cuidadosa de su pesca y el pescar por medio de regulaciones ha permitido que el halibut se recupere y ahora pueda encontrarse casi durante todo el año.

eligiendo los más frescos

El pescado más fresco que usted puede comer es el pescado que usted mismo pesca. Al igual que la mayoría de los demás alimentos, el pescado y los crustáceos que saben mejor son los pescados en su localidad. Entre más tengan que viajar, estarán menos frescos cuando usted los compre. Si usted vive en una zona sin acceso al mar, la distancia más corta hasta el puerto o zona pesquera más cercana será su pesca local. Además, la palabra *fresco* significa únicamente que el pescado nunca ha sido congelado. No garantiza calidad. Yo prefiero comer pescado que ha sido procesado y congelado en un barco que el pescado que nunca ha sido congelado pero es de calidad inferior.

El pescado fresco nunca debe oler a pescado. No dude en pedir que le dejen oler un pescado o crustáceo. Es la mejor forma de saber si está fresco. Busque filetes y lajas que estén húmedas y no estén secas ni tengan manchas alrededor de las orillas. Los pescados enteros deben tener ojos brillantes, branquias rosas o rojas y escamas adheridas a su piel. Los camarones deben estar firmes y tener un olor fresco. Asegúrese de que las langostas y cangrejos vivos muestren cierto movimiento y que las langostas enrosquen sus colas apretadamente cuando se les toque.

Compre sus pescados y mariscos al final de su viaje de compras de manera que los lleve a casa de inmediato. Si está a cierta distancia de su destino y es un día caluroso, pida al pescadero que empaque su compra con hielo para el traslado. Almacene inmediatamente los paquetes en la parte más fría del refrigerador, en su envoltura original, y cómalos en los dos días siguientes.

PESCADOS FRESCOS

Busque esos pescados frescos en su pescadería o supermercados locales. Cuando se publicó este libro se recomendaban los siguientes pescados frescos. Son pescados silvestres o cultivados. Los enlistados como E.U. fueron pescados en aguas de los Estados Unidos bajo las regulaciones de EPA:

SILVESTRES	CULTIVADOS
Rodaballo del Pacífico	Salvelino
Lenguado del Pacífico	Esturión
Halibut	Lobina rayada
Salmón (de mayo a octubre)	Tilapia
Atún (blanco y barrilete)	Bagre
Bacalao del Pacífico	Trucha
Mahi mahi de E.U.	Jurel
Pez espada de E.U.	
Arenque	
Sardinas	

salmón ahumado

Una vez que usted haya ahumado un filete de salmón, nunca más pagará su bien ganado dinero en los costosos filetes comprados. El contenido tan alto en grasa de los salmones lo hacen un candidato ideal para ahumar, pero los pescados magros como el halibut, esturión y la delicada trucha también se pueden ahumar en calor. Además el pescado puede estar fresco o congelado. El congelamiento saca la humedad lo que proporciona una textura más firme al pescado ahumado.

Mi madera favorita para ahumar salmón es el aliso, el cual tiene un delicado sabor dulce. El almendro y el cerezo también son buenas opciones. Utilice madera en astillas finas, no aserrín, y asegúrese de usar maderas naturales, o sea madera no tratada con aditivos.

Este salmón es una maravillosa cubierta para los bagels y es una deliciosa botana cuando se sirve con crème fraîche y pan de centeno tostado. Para tener un poco de condimento, presione un poco de pimienta molida en la carne del salmón cuando esté recién salido de la salmuera, antes de meterlo al refrigerador.

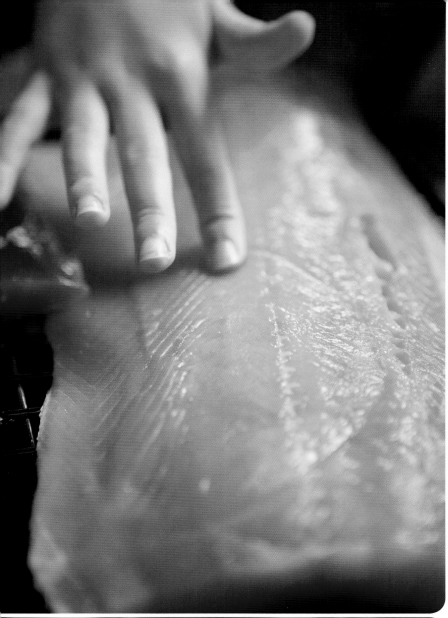

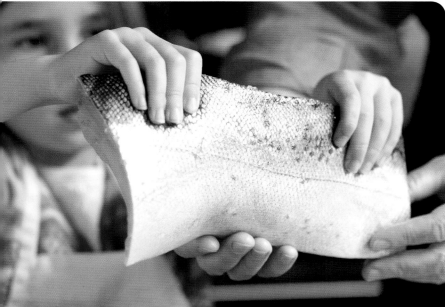

haga un ahumador casero en la estufa

Usted puede hacer fácil y rápidamente un ahumador en su propia estufa casera siguiendo los siguientes pasos:

usted necesitará

- una sartén grande y gruesa para freír
- otra sartén poco profunda de metal o un molde para pastel o pay que quepa adentro de la sartén para freír
- papel aluminio
- astillas finas de madera
- una rejilla redonda que quepa dentro de la segunda sartén

cómo hacerlo

Forre ambos utensilios con papel aluminio. Coloque un puño de astillas de madera en el centro de la sartén grande.

Coloque el molde pequeño directamente sobre la pila de astillas de madera para aplanarlas.

Siga del paso 1 al 3 (página 160). Cuando el pescado esté listo para ahumar, coloque el pescado sobre la rejilla engrasada con aceite y acomode dentro del molde pequeño; selle la sartén herméticamente con el papel aluminio.

Coloque el ahumador sobre el quemador de su estufa y siga el proceso como lo indica el paso 4 (página 161).

lo que necesitará para hacer salmón ahumado

- **5 tazas (1.5 l/40 fl oz) de agua fría**
- **un refractario de vidrio lo suficientemente grande para dar cabida al pescado y la salmuera**
- **1 taza (155 g/5 oz) de sal kosher**
- **¾ taza (185 g/6 oz) compacta de azúcar mascabado**
- **un batidor globo**
- **1 salmón silvestre de aproximadamente 750 g (1 ½ lb) y 2.5 cm (1 in) de grueso, con su piel intacta**
- **2 ó 3 platos pequeños para presionar el pescado hacia abajo**
- **aceite vegetal para la rejilla**
- **finas astillas naturales de aliso o astillas de la madera de su elección**

1 haga la salmuera

Vierta el agua en el refractario de vidrio. Añada la sal y el azúcar al agua y mezcle con el batidor hasta que se disuelva.

2 sale el pescado

Coloque el pescado con la piel hacia arriba en la salmuera. Coloque los platos sobre el pescado para darle peso y sumergirlo en la salmuera. Refrigere durante 2 horas.

3 seque el pescado

Enjuague el pescado con agua fría y seque suavemente con toallas de papel. Barnice ligeramente la rejilla del ahumador y coloque el pescado sobre ella. Coloque el pescado sin tapar en el refrigerador hasta que se seque y forme una capa delgada brillante, por lo menos durante 2 horas.

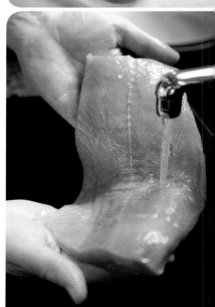

4 tenga listo el ahumador

Tenga listo un ahumador comprado siguiendo las instrucciones del fabricante o un ahumador casero (página 159). Coloque el pescado en el ahumador y cubra, después coloque el ahumador sobre la estufa.

5 ahúme el pescado

Encienda el escape del ventilador en la velocidad más alta. Prenda el quemador a fuego medio y cocine de 20 a 25 minutos. El pescado empezará a supurar un líquido blanco cuando esté listo. Presione ligeramente la orilla del filete con la yema de su dedo; si se descama fácilmente está listo. Tenga cuidado de no sobrecocinar.

6 ¡coma!

Destape el pescado, retire la rejilla con 2 pares de tenazas y deje que el pescado se enfríe ligeramente. Coloque la rejilla con el pescado, sin destapar, en el refrigerador hasta que se enfríe. (Esto es más fácil de hacer que tratar de retirar el pescado caliente de la rejilla caliente.) Retire el pescado frío de la rejilla y envuelva herméticamente con plástico adherente. Utilice en menos de 3 días o congele hasta por 3 meses.

Estos sándwiches, ya sea de tamaño miniatura o grandes, están llenos de capas de sabor, son divertidos de preparar y perfectos para un almuerzo festivo de bagels. Sólo alinee los ingredientes: el queso crema a las hierbas, una selección de diferentes tipos de bagels tostados, las verduras rebanadas y el salmón. Dé a cada niño una espátula y déjelos que tiren la casa por la ventana. Los adultos se entusiasmarán tanto con estos deliciosos bocadillos mañaneros que se sentirán como si fueran niños una vez más.

sándwiches de bagel

250 g (½ lb) de queso crema batido

1 cucharada de eneldo fresco, picado

2 cucharadas de cebollín fresco, picado

2 cucharadas de alcaparras escurridas, picadas

1 cucharada de jugo de limón amarillo fresco

sal kosher y pimienta recién molida

de 4 a 6 bagels de cebolla, semillas de amapola o trigo entero

½ pepino inglés (de invernadero), muy finamente rebanado

de 250 a 375 g (½ a ¾ lb) de salmón ahumado en calor, desmoronado

Cebolla morada, finamente rebanada (opcional)

rinde de 4 a 6 sándwiches

En un tazón mezcle el queso crema, eneldo, cebollín, alcaparras y jugo de limón. Mezcle hasta integrar por completo. Sazone al gusto con sal y pimienta. Esta preparación tal vez no necesite sal ya que los ingredientes son salados.

Parta los bagels a la mitad y tueste. Unte las partes cortadas de los bagels con la mezcla del queso crema, utilizando aproximadamente 1 ½ cucharada sobre cada una.

Acomode las rebanadas de pepino en forma de flor sobre el queso crema en la base de cada bagel, colocando una rebanada de pepino sobre el orificio.

Divida el salmón uniformemente sobre las rebanadas de pepino en las mitades de bagel y cubra con las cebollas, si las usa. Cierre los bagels con sus tapas y presione ligeramente para detener el relleno. Sirva de inmediato.

A mi marido y a mí nos gustan los camarones picantes pero a nuestras hijas no, por lo que divido las migas de pan entre 2 sartenes y añado a nuestra mitad un poco de pimienta de cayena. Las niñas comen sus camarones sazonados sólo con sal. De esta manera todo mundo queda contento. Estos camarones crujientes se preparan en un instante. Duplique o triplique la receta para servir como botana a todo un ejército.

camarones crujientes con mayonesa casera de limón

Para preparar la mayonesa; bata la yema con el jugo de limón en un tazón refractario. Coloque el tazón sobre una olla con agua caliente (sin que la toque) y bata, cerca de 20 segundos, hasta que las yemas estén esponjosas y calientes. No permita que se cuajen. Retire del calor y continúe batiendo hasta que se enfríe. Integre la mostaza, sal y azúcar, batiendo. En una taza para medir líquidos mezcle el aceite de canola con 2 cucharadas de aceite de oliva. Coloque el tazón con la mezcla de huevos sobre un trapo húmedo para que no se mueva. Rocíe lentamente los aceites sobre la mezcla de yemas batiendo vigorosamente. Continúe batiendo hasta que brillen y espesen. Pruebe y rectifique la sazón, cubra y refrigere hasta por 2 días. Usted deberá tener aproximadamente ½ taza (125 ml/4 fl oz).

Precaliente el horno a 220°C (425°F). Vierta ¼ taza de aceite en una charola para hornear con bordes. Coloque la harina, claras de huevo y migas de pan en 3 tazones poco profundos y acomode alineados en ese orden. Sazone cada uno con una cucharadita de sal.

Trabajando con un camarón a la vez, sumerja en la harina y golpee para retirar el exceso, después sumerja en las claras de huevo y deje que escurra el exceso. Por último, revuelque sobre las migas de pan y coloque sobre la charola preparada, dejando espacio entre ellos. (En este punto los camarones se pueden refrigerar sin tapar durante varias horas. La cubierta se secará ligeramente y quedarán más crujientes.) Hornee durante 5 minutos. Voltee los camarones y continúe horneando de 5 a 6 minutos más, hasta que se doren y curven. Pase a un platón y sirva de inmediato acompañando con la mayonesa para remojar.

para la mayonesa al limón

1 yema de huevo grande

1 cucharada de jugo de limón amarillo fresco

½ cucharadita de mostaza Dijon

¼ cucharadita de sal kosher

¼ cucharadita de azúcar

½ taza (125 ml/4 fl oz) de aceite de canola

2 cucharadas de aceite de oliva

¼ taza (60 ml/2 fl oz) de aceite de oliva

½ taza (75 g/2 ½ oz) de harina de trigo simple

3 claras de huevo grandes, ligeramente batidas

1 ½ taza (185 g/6 oz) de migas finas de pan simple

sal kosher

12 camarones grandes, sin piel, limpios y con sus colas completas

rinde 4 porciones

A mis hijas les encantan estas tortitas porque no tienen muchos ingredientes mezclados con la carne de cangrejo. Cuando mezcle los ingredientes hágalo con cuidado porque de lo contrario terminará teniendo carne deshebrada en vez de trozos de carne. Cocínelas también con cuidado para evitar el dorado excesivo. El centro sólo se necesita calentar ligeramente, no debe estar demasiado caliente.

tortitas cítricas de cangrejo

250 g (½ lb) de carne de cangrejo fresca, sin cartílagos ni fragmentos de caparazón

1 taza (60 g/2 oz) de migas de pan blanco fresco

¼ taza (60 ml/2 fl oz) de mayonesa comprada o Mayonesa Casera de Limón (página 165)

1 cucharada de cebollín fresco, picado

sal kosher y pimienta recién molida

1 cucharada de mantequilla sin sal

hojas de berros o de lechuga francesa, para acompañar

1 limón Meyer, cortado en rebanadas, para acompañar

vinagreta cítrica, hecha en casa (página 280) o comprada (opcional)

rinde de 4 a 6 porciones

En un tazón mezcle con cuidado la carne de cangrejo con las migas de pan, mayonesa y cebollín hasta que estén uniformemente distribuidos, teniendo cuidado de no romper los trozos de carne de cangrejo. Sazone al gusto con sal y pimienta. Forme 6 tortitas del mismo tamaño y coloque en un plato. Cubra y refrigere por lo menos durante 10 minutos o toda la noche para permitir que las migas de pan absorban un poco de los jugos.

Caliente una sartén sobre fuego medio-alto y agregue la mantequilla. Cuando la mantequilla esté caliente, agregue las tortitas de cangrejo y cocine de 3 a 4 minutos, hasta que las partes inferiores estén doradas. Voltee las tortitas y cocine durante 3 ó 4 minutos más, hasta dorar por el otro lado, reduciendo el fuego si fuera necesario para impedir que en el exterior se sobre cocine.

Pase a un platón, acompañe con los berros y las rebanadas de limón, rocíe la superficie con la vinagreta, si la usa, y sirva de inmediato.

Con la excepción de un poco de crema ácida, estos tacos casi no contienen grasa. Pero al ser tan ligeros y deliciosos es difícil de limitarse y comer sólo uno o dos. Yo coloco los ingredientes en buffet. Sólo alinee pequeños tazones con limones rebanados, crema ácida, hojas de cilantro fresco y salsa mexicana o salsa picante junto con la col rebanada. De esta forma cada uno decidirá qué le pondrá a sus tacos.

tacos de pescado con ensalada de col

Para preparar la ensalada de col: En un tazón grande mezcle las dos coles con el cilantro, cebollitas de cambray, jugo de limón, azúcar, ½ cucharadita de sal y la pimienta de cayena. Deje reposar a temperatura ambiente durante 20 minutos, pruebe y rectifique la sazón. Para lograr un mejor sabor, cubra y refrigere durante una hora antes de servir.

Prepare un asador de carbón o de gas a fuego medio-alto. Asegúrese de que la rejilla esté limpia, engrásela con aceite y deje arder durante 5 minutos.

Barnice los filetes ligeramente con aceite por ambos lados y sazone con sal y pimienta por ambos lados. Coloque sobre la parrilla del asador y cocine de 3 a 4 minutos por lado, volteando una sola vez, hasta dorar por ambos lados y dejar completamente opacos. Pase a un platón y divida en 12 trozos iguales, desechando todas las espinas que encuentre.

Envuelva las tortillas en papel aluminio y coloque sobre el asador para calentarlas mientras se está cocinando el pescado, voltee de vez en cuando.

Para rellenar cada taco, coloque una tortilla caliente en un plato, cubra con un trozo de pescado, exprima un limón, agregue un poco de col, un poco de crema, una rama de cilantro y unas gotas de salsa (vea nota arriba).

Para la ensalada de col

1 taza (90 g/3 oz) de col morada, finamente rebanada

4 tazas (375 g/12 oz) de col verde, finamente rebanada

3 cucharadas de cilantro fresco, picado

¼ taza (20 g/¾ oz) de cebollitas de cambray, picadas

2 cucharadas de jugo de limón amarillo

½ cucharadita de azúcar

sal kosher

⅛ cucharadita de pimienta de cayena

aceite de canola

500 g (1 lb) de filetes de pescado blanco firme como el bacalao, huachinango o mahi mahi

pimienta recién molida

12 tortillas de maíz hechas en casa (página 35) o compradas

Rinde de 4 a 6 porciones

El ajo tiene la audacia de hacerle frente a los filetes carnosos de pescado asado, pero yo me voy con tiento cuando cocino para los niños, porque algunas veces sus pequeñas papilas gustativas pueden incomodarse con su intensidad. Para agradar a los adultos, sirvo el pescado con una deliciosa salsa sazonada con ajo.

pescado asado al ajo

1 diente de ajo, machacado

2 cucharadas de aceite de oliva

1 cucharadita de tomillo fresco, picado

1 cucharadita de ralladura de limón

sal kosher y pimienta recién molida

750 g (1 ½ lb) de halibut u otro pescado carnoso de color blanco, en trozos de 2.5 cm (1 in) de grueso

para la salsa sazonada con ajo

3 cucharadas de aceite de oliva

2 cucharadas de jugo de limón amarillo

1 diente de ajo, machacado

3 cucharadas de perejil liso (italiano) fresco, finamente picado

½ cucharadita de sal kosher

hojuelas de chile rojo

aceite vegetal, para la rejilla del asador

rebanadas de limón, para acompañar

rinde de 4 a 6 porciones

En un tazón pequeño mezcle el ajo con el aceite, tomillo, ralladura de limón y un poco de pimienta. Coloque el pescado en un refractario poco profundo de vidrio o de cerámica y unte por ambos lados con la mezcla de ajo. Tape y refrigere por lo menos durante una hora o por toda la noche.

Mientras tanto, prepare la salsa de ajo. En un tazón pequeño bata el aceite, jugo de limón, ajo, perejil, sal y hojuelas de chile al gusto. Reserve hasta servir. Pruebe y rectifique la sazón.

Prepare un asador de carbón o de gas a fuego medio-alto. Asegúrese de que la rejilla esté limpia, engrásela con aceite y deje arder durante 5 minutos. Sazone el pescado con sal por ambos lados. Coloque en la rejilla del asador y cocine de 4 a 5 minutos por lado, volteando una sola vez, hasta dorar por ambos lados y dejar casi completamente cocido. Pase a un platón y deje reposar durante 5 minutos (el pescado se terminará de cocer fuera del asador.) Sirva acompañando con las rebanadas de limón y la salsa.

A mis niñas siempre les ha gustado todo lo que está sazonado con limón y sal, por lo que esta receta es una de sus favoritas ya que tiene dos tipos de cítricos como ingredientes: el limón y las alcaparras. A mi me gusta ya que puedo preparar con anticipación todos los ingredientes y en la cena lo cocino y sirvo en tan solo 10 minutos.

lenguado frito a la sartén con salsa de alcaparras al limón

En un tazón poco profundo o molde para pay ponga la harina. Sazone un filete de pescado por ambos lados con sal y pimienta y cubra ambos lados con la harina, sacudiendo para retirar el exceso. Reserve en un plato y repita la operación con los filetes restantes.

Caliente una sartén grande sobre fuego medio-alto y añada 2 cucharadas de la mantequilla. Cuando la mantequilla empiece a dorarse, agregue el pescado y cocine de 2 a 3 minutos de cada lado, volteando una sola vez, hasta dorar por ambos lados y que esté completamente opaco. Si la harina empieza a quemarse reduzca el fuego ligeramente. Pase a un platón y mantenga caliente.

Añada una cucharada de la mantequilla a la sartén sobre fuego medio-alto. Cuando la mantequilla empiece a dorarse, agregue el chalote y las alcaparras y saltee de 1 a 2 minutos, hasta que el chalote esté ligeramente dorado. Agregue el vino, la ralladura de limón y el jugo; lleve a ebullición y mezcle raspando los trocitos dorados del fondo de la sartén. Hierva cerca de 2 minutos, hasta que reduzca a la mitad. Retire del fuego e integre con las 5 cucharadas (75 g/ 2 ½ oz) restantes de mantequilla, batiendo. Sazone al gusto con sal y pimienta. Usando una cuchara vierta la salsa sobre el pescado y sirva de inmediato.

½ taza (75 g/2 ½ oz) de harina de trigo simple

6 filetes de lenguado o tilapia

sal kosher y pimienta recién molida

½ taza (125 g/4 oz) de mantequilla sin sal

1 cucharada de chalote, picado

1 cucharada colmada de alcaparras, escurridas

¼ taza (60 ml/2 fl oz) de vino blanco seco

½ cucharadita de ralladura de limón amarillo

2 cucharadas de jugo de limón amarillo fresco

rinde de 4 a 6 porciones

No importa si corta los filetes en porciones individuales o en tiras. Los niños piensan que las tiras de pescado es lo de hoy, y los adultos piensan que saben rico sin importar la forma. Yo añado un poco de pimienta de cayena al cornmeal porque a mis hijas no les importa si está muy condimentado y el cornmeal parece compensar el picante pero no el sabor.

pescado con cornmeal crujiente y salsa tártara

½ taza (125 ml/4 fl oz) de mayonesa comprada o Mayonesa Casera de Limón (página 165)

¼ taza (45 g/1 ½ oz) de pepinillos sencillos (página 137) o comprados

2 cucharadas de perejil liso (italiano), finamente picado

2 cucharaditas de alcaparras, escurridas y picadas

½ cucharadita de pimienta de cayena

sal kosher

750 g (1 ½ lb) de filetes gruesos de tilapia, bacalao o bagre

1 taza (155 g/5 oz) de harina de trigo (simple)

3 claras de huevo grandes, batidas

1 taza (155 g/5 oz) de cornmeal (polenta fina)

aceite de oliva extra virgen

rebanadas de limón, para acompañar

rinde de 4 a 6 porciones

Para preparar la salsa tártara: mezcle en un tazón pequeño la mayonesa, pepinillos, una cucharada de perejil, alcaparras y ¼ cucharadita de pimienta de cayena. Sazone al gusto con sal, pruebe y añada más pimienta de cayena si lo desea con más condimento.

Usted puede cortar el pescado entre 4 ó 6 piezas uniformes o lo puede cortar en tiras para hacer barritas de 2.5 cm (1 in) de ancho. El método de cocimiento es el mismo para ambos. Coloque ½ taza de la harina, las claras de huevo y el cornmeal por separado en tazones poco profundos y alinee en ese orden. Sazone cada tazón con una cucharadita de sal. Incorpore la pimienta de cayena y perejil restante en el tazón del cornmeal.

Trabajando con uno a la vez, cubra los trozos de pescado por ambos lados con la harina, sacudiendo el exceso, sumerja en las claras de huevo y permita que escurra el exceso. Por último, sumerja en la mezcla de cornmeal cubriendo por ambos lados y coloque en un plato.

Caliente una sartén grande sobre fuego medio-alto y añada 2 ó 3 cucharadas de aceite. Cuando el aceite esté caliente añada las piezas de pescado que puedan caber en la sartén sin sobrecargarla y cocine de 3 a 4 minutos de cada lado, volteando una sola vez, hasta dorar por ambos lados y que estén completamente opacos. Pase a un platón caliente y mantenga caliente mientras cocina el pescado restante. Sirva el pescado de inmediato acompañando con la salsa tártara y las rebanadas de limón.

Un aromático y dorado pollo asado con piel crujiente y carne jugosa en la mesa de la comida del domingo garantiza que tanto niños como adultos clamen por obtener sus piezas favoritas.

pollo

Los pollos ya estaban dando picotazos y rascando por todos lados en el aire fresco de la India y del Este de Asia desde el año 7,000 A.C. Y quienquiera que haya decidido atrapar la primera ave, arrancarle sus plumas y asarla inició una costumbre que nunca se ha detenido. Hoy en día, las aves se comen alrededor de todo el mundo y el pollo es el más atractivo. Pero eso no es para sorprenderse, los pollos saben delicioso y son bajos en grasa, son relativamente baratos y se pueden sazonar con docenas de diferentes hierbas y especias. Se pueden cocinar enteros o en piezas, con hueso o sin él, en el horno, sobre la estufa o en el asador. Se puede comer pollo caliente o frío y la carne sabe deliciosa cuando se usa para hacer sándwiches, se usa como relleno de un pay o se mezcla en una ensalada. Incluso los huesos son útiles para hacer una olla grande de caldo.

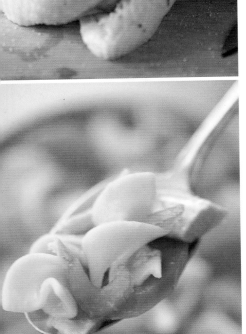

Aunque el pollo es un alimento sencillo y siempre agradable para las comidas del diario, esto no significa que debe ser aburrido. Rellene panes árabes y pays con pollo, o hiérvalo a fuego lento en curries y sopas. ¿No tiene suficiente tiempo? Áselo entero con un poco de sal y hierbas.

la carne principal

El pollo es la carne que más se consume en los Estados Unidos, ganándole al puerco, a la carne de res y de cordero por una gran ventaja. La mayor parte de los pollos vendidos son productos resultantes de programas de crianza diseñados para asegurar una alta proporción entre la carne y el hueso, la menor cantidad de plumas posible y un rápido crecimiento (vea la tabla de la derecha). Por lo general son una cruza entre los pollos White Rock, una raza de Nueva Inglaterra y los Cornish, una raza tradicional inglesa. Pero existe un interés creciente en dos áreas: las razas de herencia, las cuales fueron populares en el pasado pero dejaron de serlo cuando no se pudieron transferir fácilmente a una producción industrial de animales de granja, y las aves naturales, de crianza libre y orgánica.

¿qué significa su nombre?

Usted puede pensar que todos los pollos son iguales, pero está equivocado. Los pollos pueden variar mucho de sabor dependiendo de la forma como son criados. Por decirlo de manera sencilla, hay mucho mejores opciones que las aves insípidas y gordas que se venden en los supermercados que han sido alimentadas con una dieta de granos con antibióticos dentro del gallinero apretado de una fábrica de pollos.

Se usan tres términos para indicar un pollo de la mejor calidad: natural, de granja y orgánico. Natural significa que no se han agregado aditivos en el procesamiento. No significa que las aves fueron criadas sin antibióticos. Los pollos de granja son criados en gallineros con acceso a la intemperie, pero no se especifica que tan lejos pueden ir o van. Tienen menos grasa que los pollos criados en fábricas de pollos y tienen más sabor, por lo que, aunque son más caros, usted estará pagando por su carne y no por grasa adicional. También algunas veces están etiquetados como libres de antibióticos, aunque esto sólo lo certifica el granjero.

Al igual que los pollos de granja, las aves orgánicas deben tener acceso a la intemperie. Pero también deben criarse en una dieta de granos orgánicos libre de antibióticos y de todos los bichos que puedan desenterrar. Si usted está preocupado acerca de los pesticidas o de algún otro residuo en la comida, este es el pollo ideal para usted.

pavo

El pavo es el ave que se usa tanto para las fiestas como para los sándwiches. Se vende entero, rebanado en piezas sin hueso, partido a la mitad, en cuartos, en piezas y molido. El pavo blanco de doble pechuga, con una pechuga carnosa tan grande que hace que el resto del pavo se vea pequeño, es la raza más disponible para los consumidores. Las razas Narragansett y Red Bourbon son dos ejemplos de razas de herencia que tienen pechugas más pequeñas y carne más sabrosa. Las mismas etiquetas: natural, de granja y orgánico que se aplican a los pollos se usan para los pavos.

No existe discriminación de género cuando se trata de decidir qué pavo consumir. Ambos géneros, tanto los machos como las hembras, se venden por su carne. Las hembras por lo general pesan menos de 8 kg (16 lb) y los machos por lo general pesan 8 kg (16 lb) o más. Muchos cocineros prefieren los pavos más pequeños debido a que son más fáciles de manejar. Los machos tienen huesos más grandes y menos porción comestible. Sin embargo, la suavidad es determinada por su edad no por su género. Entre más viejos estén, estarán más duros.

otras aves

Parece que entre menos popular sea, menos gente querrá tener contacto con usted. Por el contrario, disfrutan de usted por lo que es, en vez de por lo que puede llegar a ser. Por esa razón, las aves como los patos, gansos, gallinitas de guinea y pichones no han sido sobre criados, lo que significa que siguen siendo más parecidos a sus parientes silvestres que lo que los pollos y pavos son a los suyos.

¿EN DÓNDE ESTÁN SUS PLUMAS?

Hace algunos años nuestra familia visitó a un granjero de Oregón que tenía un buen negocio vendiendo pollos criados en pastura orgánica a la comunidad local. Mientras caminábamos hacia una barda eléctrica movible, el granjero explicó que las aves eran sensibles al frío y que cuando se les movía tenían que estar viendo hacia la dirección que les proporcionaba la mayor cantidad de calor del sol. Pronto descubrí la causa. Los pollos eran pequeños, un poco rosados y casi no tenían plumas. ¿A qué se debía esto?: Entre menos plumas tenían eran más fáciles de procesar. Estaba impresionada. Pero después me di cuenta que mi imagen de un pollo para el consumo con muchas plumas y de color brillante era en realidad un pollo ponedor. Todos los pollos criados para comer su carne son de plumas blancas. Las plumas oscuras crecen de la piel oscura y nadie quiere comprar un pollo que no tenga una piel perfecta de color rosa o amarillo.

Por lo general, estas aves se encuentran más a menudo en las cocinas de los restaurantes que en las cocinas caseras, especialmente las gallinitas de guinea y los pichones. Algunas personas se dejan llevar por los comentarios acerca del alto contenido de grasa en los patos y gansos. Pero éstos tienen un delicioso sabor cuando se cocinan adecuadamente. Para lograr los mejores resultados, cocine las pechugas y las piernas por separado, ase las pechugas y cocine las piernas a fuego lento para poder disfrutarlas al máximo. Las gallinitas de guinea se pueden cocinar igual que un pollo. Su piel se dora preciosamente. Los pichones tienen una deliciosa carne roja llena de sabor. Áselos a término medio, no bien cocidos, para obtener la mejor textura.

manténgalo húmedo

Las aves, con excepción del pato y el ganso, tienden a ser magros con un poco de grasa adicional para evitar que la carne, especialmente la carne de la pechuga, se seque. Al usar algunas técnicas antes de cocinar y elegir el método adecuado de cocción hará que el pollo y pavo seco y chicloso sea una cosa del pasado.

Empanizar, marinar y remojar en salmuera las aves ayuda a mantenerlas húmedas y sabrosas. Si se empaniza usando simplemente huevo y harina se logra una crujiente cubierta que sella los jugos adentro. Esta técnica funciona muy bien para las pechugas de pollo sin hueso ni piel que se cocinan rápidamente y son bajas en grasa. Todas las partes del pollo se benefician al marinarse. Pruebe una marinada sencilla de aceite de oliva de buena calidad con infusión de hierbas y aromatizantes como el ajo y la cebolla. Marinar en buttermilk o yogurt suaviza las aves con su ácido láctico y también puede servir para maridar el sabor de las hierbas y especias con la carne. Las

Brochetas de Pollo (página 194) marinadas en yogurt son un maravilloso ejemplo de esta técnica. Al remojar el pollo en salmuera en una mezcla de agua y sal hace que las células del pollo se esponjen y asegura que no se resecarán. La salmuera también tiene el beneficio adicional de sazonar la carne perfectamente y si usted agrega especias, aromatizantes, hierbas o azúcar, esos sabores también se impartirán a la carne. Remoje las aves grandes durante toda la noche y las piezas de pollo hasta por 6 horas para obtener el mayor beneficio. Para hacer una salmuera básica, mezcle 4 litros (1 galón) de agua fría con 1/2 taza de sal kosher. Revuelva hasta que se disuelva la sal. Experimente remojando su siguiente pollo asado a las hierbas. Introduzca las hierbas debajo de la pechuga después de retirar el ave de la salmuera y séquelo suavemente, después áselo.

Golpear o rebanar la carne suave de la pechuga para obtener trozos delgados le permite permanecer suave y húmeda cuando se hierve a fuego lento en un caldo aromático, como el Curry de Pollo al Coco (página 191) o cuando se cocina sobre fuego alto en una sartén para saltear. La Saltimbocca de Pavo (página 193) no sería tan deliciosa si no fuera por usar este método rápido. Al cocinar cortes magros usando métodos húmedos, como el hornear o cocer a fuego lento en papel encerado, casi siempre proporcionará carne jugosa. Elija inteligentemente su corte, su modo de preparación y el método de cocción y su ave siempre quedará jugosa y sabrosa.

comprando y almacenando aves

Es agradable saber que todas las piezas vienen del mismo pollo. Para asegurarse de eso, compre aves enteras y pida al carnicero que las corte en piezas. Las pechugas de pollo sin hueso ni piel son prácticas pero son las piezas que tienen menos sabor. Si le es posible, elija aves orgánicas criadas localmente para obtener el mayor sabor. Compre aves que se vean frescas y húmedas y que no tengan olores desagradables. El empaque debe estar cerrado herméticamente y no debe mostrar ningún signo de estar dañado. Las aves a menudo se empacan en hielo para el traslado, por lo que la carne empacada algunas veces parece estar congelada. Es el agua dentro del pollo y no la carne lo que se congeló por lo que, técnicamente, aun es un producto fresco y esta refrigeración no debe afectar la calidad. Compre las aves al final de sus compras y colóquelas en la parte más fría de su refrigerador en el momento que llegue a casa. Manténgalas en el empaque de la tienda para evitar una contaminación bacterial al manejarlas repetidamente.

Cocine el pollo crudo en los dos siguientes días a la compra y refrigere el pollo cocido cuatro días como máximo. Lave sus manos y todas las superficies y utensilios de trabajo con agua jabonosa caliente después de preparar cualquier tipo de ave y permita que las tablas y cuchillos se sequen con el aire para evitar contaminar los trapos de cocina.

POLLOS POR TAMAÑO Y EDAD

- **Pollito (Poussin):** Pollo inmaduro de 4 a 5 semanas de edad y con un peso menor a 1 kg (2 lb)

- **Gallina de Cornish:** Ave inmadura de 5 a 6 semanas de edad y con un peso entre 500 g y 1 kg (1 y 2 lb). Por lo general, se asa entera (algunas veces rellena) o se corta en mariposa y se asa.

- **Pollo de engorda:** Ave suave de aproximadamente 7 semanas de edad y con un peso de 1 a 2.5 kg (3 a 5 lb). La mayoría de las piezas de pollo empacado son de este tamaño. Son buenos para cocinar usando cualquier método.

- **Capón:** Gallo castrado de 4 a 8 meses de edad y con un peso entre 2.5 y 3.5 kg (5 y 7 lb) con pechugas grandes, carnosas y carne suave. Por lo general, se asa entero.

- **Pollo para estofar:** gallina madura de más de 10 meses de edad y con un peso entre 2.5 y 3 kg (de 5 a 6 lb). Adecuado para usar en estofados o caldos.

- **Gallo:** Pollo macho viejo y duro que varía de peso. Bueno para hacer el auténtico *coq au vin* pero no muchas recetas más, excepto caldos.

caldo de pollo

El caldo de pollo es la base para tantas cosas buenas para comer que usted querrá hacer el mejor caldo posible. Y aunque hacer caldo es fácil, se ha convertido en un arte perdido. El caldo de caja, fácil de usar, lo ha dejado a un lado junto con sus recuerdos de la sopa de pollo hecha en casa. Haga que la preparación del caldo de pollo sea una actividad familiar enseñando a los niños a pelar las verduras y retirar la carne de los huesos mientras usted se ocupa de la olla para el caldo.

Este caldo en realidad es más que una cruza entre un caldo y un consomé. El caldo, por lo general, está hecho con huesos y un poco de carne; mientras que un consomé está hecho con más carne y menos huesos. El caldo tiene un gran contenido de la gelatina y sabor extraídos de los huesos, mientras que el consomé es más delicado y no se espesa cuando se reduce. Al usar un pollo entero se le aporta un delicado sabor a este caldo y proporciona una carne jugosa y perfectamente cocida para hacer sopa de pollo, pays o ensalada de pollo.

caldo de pollo asado

El caldo de pollo asado es rico y oscuro. Utilícelo como un caldo para todo uso, ya sea para hacer salsas o para cocer a fuego lento todo tipo de carnes.

Como el pollo se asa y se usan los huesos principalmente, el caldo tiene un color oscuro y un fuerte sabor, convirtiéndolo en un buen sustituto para el caldo de carne de res, ternera o pato. Para hacer caldo de cordero, agregue restos de carne de cordero asado al caldo para proporcionarle su distintivo sabor.

cómo hacerlo

Sustituya 2.5 kg (5 lb) de huesos de pollo, como las alas, rabadillas y cuellos por el pollo entero en la receta para Caldo de Pollo (página 182).

Precaliente el horno a 200°C (400°F).

Extienda los huesos de pollo en una charola grande para hornear y ase en el horno de 30 a 40 minutos hasta que se doren.

Pase los huesos de pollo asados a una olla grande para caldo.

Escurra la grasa de la charola para asar y coloque la charola sobre la estufa a fuego alto. Agregue 2 tazas (500 ml/16 fl oz) de vino tinto o blanco y lleve a ebullición. Use una espátula para raspar los trocitos dorados pegados a la base de la charola.

Vierta el vino sobre los huesos en la olla y agregue las verduras y el agua como se indica en el punto 1 (página 182).

Lleve a ebullición, desnate, reduzca el fuego y hierva a fuego lento durante 4 horas. Cuele y enfríe para obtener un caldo muy rico y gelatinoso.

lo que necesitará para hacer caldo de pollo

- 1 pollo orgánico de 2 a 2.5 kg (4 a 5 lb), partido en cuartos
- 3 zanahorias, sin piel y cortadas a la mitad
- 1 tallo de apio, limpio y cortado a la mitad
- 1 cebolla amarilla, partida en cuartos
- 1 manojo de ramas de perejil liso (italiano) fresco
- 1 hoja grande de laurel
- 1 cucharada de sal kosher
- olla para hacer caldo con capacidad de 8 litros (8 qt)
- cucharón o cuchara grande de metal
- 2 recipientes para almacenar (para poner la carne y el caldo)
- colador de malla fina

1 póngalo en la olla

Coloque el pollo, todas las verduras, perejil, hoja de laurel y sal kosher en la olla para caldo y agregue agua hasta cubrir por 5 cm (2 in).

2 hierva lentamente

Lleve a ebullición sobre fuego medio-alto y cuando suelte el hervor reduzca el fuego a bajo. Use el cucharón o la cuchara para retirar la espuma que se forme sobre la superficie. Hierva a fuego lento, sin tapar, durante 45 minutos y siga desnatando a medida que la grasa suba a la superficie.

3 separe la carne

Retire las pechugas del caldo y continúe hirviendo a fuego lento durante 30 minutos. Posteriormente retire las demás piezas de pollo. Retire la carne de los huesos y vuelva a colocar los huesos en la olla, agregando agua si fuera necesario para mantener todos los ingredientes sumergidos. Coloque la carne en un recipiente con cierre hermético y refrigere.

4 cuele el caldo

Continúe hirviendo el caldo lentamente durante 45 minutos más, desnatando conforme sea necesario. Coloque un colador sobre un recipiente grande y cuele el caldo a través del colador colocado sobre el recipiente. Deje enfriar a temperatura ambiente y colóquelo en el refrigerador, sin tapar, para que se enfríe.

5 almacene el caldo

Cuando el caldo ya esté frío, cierre el recipiente herméticamente con una tapa. El caldo estará rico y gelatinoso. Se mantendrá fresco hasta por una semana en el refrigerador o hasta 3 meses en el congelador. Retire y deseche la grasa solidificada sobre la superficie antes de usarlo.

Ante la más mínima muestra de gripa, una olla de esta sustanciosa y deliciosa sopa de pollo se va a la estufa. Estoy convencida de que nos ha salvado de muchas gripas en nuestra casa. Y una vez que usted ha hecho un buen caldo, el cual se puede hacer en tandas grandes y almacenar fácilmente en el congelador, esta sopa clásica se prepara en el instante.

sopa de pollo

1 cucharada de aceite de oliva extra virgen

3 zanahorias medianas, rebanadas

1 cebolla amarilla pequeña, finamente picada

1 tallo de apio, rebanado

6 tazas (1.5 litro/48 fl oz) de caldo de pollo (página 182)

2 tazas (375 g/12 oz) de pollo cocido, deshebrado o partido en cubos

2 tazas de pasta corta cocida o arroz (opcional)

sal kosher y pimienta recién molida

rinde de 4 a 6 porciones

Caliente una olla grande sobre fuego medio-alto y agregue el aceite. Cuando el aceite esté caliente, agregue las zanahorias, cebolla y apio; saltee las verduras alrededor de 2 ó 3 minutos, hasta que se hayan suavizado y desprendido un poco de su humedad.

Agregue el caldo y lleve a ebullición. Cuando suelte el hervor reduzca el fuego a bajo y hierva a fuego lento, sin tapar, alrededor de 20 minutos, hasta que las verduras estén suaves.

Añada el pollo y la pasta, si la usa, y hierva a fuego lento alrededor de 5 minutos, hasta calentar por completo. Sazone al gusto con sal y pimienta. Usando un cucharón pase a tazones precalentados y sirva de inmediato.

sea creativo

Para hacer Sopa de Pollo Estilo Italiano, siga esta receta agregando una corteza de 5 cm (2 in) de queso parmesano y una hoja de laurel con el caldo. Posteriormente agregue una cucharada de perejil liso (italiano), finamente picado y pasta acini di pepe (granos de pimienta) al final.

Para hacer Sopa de Pollo Estilo Medio Oriente, siga esta receta usando arroz en vez de la pasta y agregando al final 2 cucharadas de eneldo fresco picado y 3 cucharadas de jugo de limón amarillo.

Para hacer El Remedio, Estilo Italiano, la medicina de mi mamá para un dolor de estómago, hierva una corteza de 5 cm (2 in) de queso parmesano en caldo de pollo simple durante 30 minutos. Posteriormente agregue pasta stelline (estrellitas) al final. Acompañe con queso parmesano.

Existen cuatro claves para obtener un pollo dorado con piel crujiente, jugoso y sabroso: 1) Empiece con un pollo de muy buena calidad (página 176). 2) Sazone correctamente. 3) Cocine a temperatura alta durante el tiempo ideal para su peso. 4) Deje reposar antes de cortarlo. Almacene los sobrantes para hacer el pay de pollo en la página 188.

pollo asado a las hierbas

Precaliente el horno a 220°C (425°F). Corte la cola del pollo con tijeras para cocina. Retire las menudencias y reserve para otro uso o deseche; retire el exceso de piel y de grasa de la cavidad y del cuello.

En un tazón pequeño mezcle el romero, tomillo y salvia picada con ¼ taza (60 ml/2 fl oz) de aceite; sazone con pimienta. Con los hombros hacia usted, separe suavemente la piel de la carne con ayuda de sus dedos, teniendo cuidado de no romper la piel. Rote el pollo 180 grados y desprenda la piel sobre la cavidad de la misma manera, llegando lo más lejos posible para desprender la piel de la parte superior de las piernas y muslos. Resbale la mezcla de hierbas entre la piel y la carne y frótela uniformemente sobre la carne expuesta, cubriéndola lo más posible. Coloque la piel de nuevo en su lugar y meta las puntas de las alas por debajo de los hombros.

Sazone la cavidad con 2 cucharaditas de sal y rellene con las ramas de hierbas, cebolla y ajo, empujándolos lo más adentro posible. Ate las piernas unidas con hilo de cocina. (El pollo se puede preparar hasta este punto con un día de anticipación, envolver perfectamente y refrigerar.) Frote todo el pollo con aceite y sazone perfectamente con sal. Coloque en una charola para asar con la pechuga hacia arriba.

Ase el pollo alrededor de una hora y 10 minutos (de 12 a 15 minutos por cada 500 g/1 lb), hasta que los jugos salgan claros cuando se pique un muslo o que un termómetro insertado en la parte más gruesa del muslo, pero sin tocar el hueso, registre 75°C (165°F). Deje reposar durante 15 minutos antes de cortarlo.

1 pollo rostizado de 2 a 2.5 kg (4 a 5 lb)

2 cucharaditas de romero fresco, picado, más una rama de 10 cm (4 in) de largo

1 cucharada de tomillo fresco, picado, más 3 ramas tupidas

2 cucharaditas de salvia fresca, picada, más una rama

aceite de oliva extra virgen

sal kosher y pimienta recién molida

½ cebolla amarilla pequeña

3 dientes de ajo grandes

rinde de 4 a 6 porciones

Este bello pay esponjado y dorado crea una gran emoción en mi casa. Mis hijas me ayudan a cubrir el pay con la pasta de hojaldre, después ellas echan la casa por la ventana decorándolo con pollos, flores y otras figuras recortadas de los sobrantes de pasta. Les encanta admirar su obra de arte cuando el pay se hornea. ¿Tiene prisa? Simplemente corte el círculo de masa para colocar dentro del molde y colóquelo sobre el relleno sin sellarlo, después hornee como de costumbre.

pay de pollo dorado

1 cucharada de mantequilla sin sal

½ cebolla amarilla, partida en dados

1 tallo de apio, finamente rebanado

2 zanahorias pequeñas, rebanadas

1 taza de botones de champiñones, partidos en cuartos

¼ taza (80 ml/2 fl oz) de vino blanco seco

1 taza (250 ml/8 fl oz) de caldo de pollo (página 182)

½ cucharadita de tomillo fresco, picado

1 cucharada más 1 cucharadita de harina de trigo (simple)

2 tazas (375 g/12 oz) de pollo cocido, partido en dados

½ receta de Pasta de Hojaldre Rápida (página 279) o 250 g (8 oz) de pasta de hojaldre comprada descongelada, en una hoja de 25 x 33 cm (10 x 13 in)

1 huevo grande, batido con 1 cucharadita de agua

rinde de 4 a 6 porciones

Caliente una olla sobre fuego medio-alto y derrita la mantequilla. Agregue la cebolla y el apio y saltee de 2 a 3 minutos, hasta dorar. Añada las zanahorias y los champiñones y saltee durante 3 minutos. Integre el vino, reduzca a fuego lento y hierva durante 3 minutos. Agregue el caldo y el tomillo y hierva a fuego lento alrededor de 5 minutos, hasta que las verduras estén suaves y crujientes.

En un tazón pequeño bata la harina con ¼ taza (60 ml/2 fl oz) de agua fría hasta obtener una mezcla tersa. Integre aproximadamente ¼ taza del caldo caliente en la olla con la mezcla de harina, batiendo, y después vierta a través de un colador de malla fina para regresar a la olla, mezcle perfectamente y lleve a ebullición. Cuando suelte el hervor reduzca el fuego a medio-bajo y hierva alrededor de 5 minutos, hasta que las verduras estén suaves. Añada el pollo en dados, vuelva a hervir y cuando suelte el hervor reduzca el fuego y hierva durante 5 minutos para calentar el pollo por completo. Retire del fuego y vierta en un tazón, deje enfriar, tape y refrigere durante 2 horas. El relleno se puede hacer hasta con 2 días de anticipación.

Precaliente el horno a 200°C (400°F). Engrase con mantequilla un molde para pay de 23 cm (9 in). Vierta el relleno en el molde. Extienda la pasta sobre una superficie de trabajo enharinada y haga un círculo de 30 cm (12 in). Barnice la parte superior e inferior de la orilla del molde con el huevo. Coloque la masa sobre el relleno y recorte los sobrantes de manera que cuelgue 4 cm (1 ½ in) sobre la orilla. Envuelva la masa alrededor de la orilla y presione firmemente. Rice la masa sobre la orilla del molde con los dientes de un tenedor. Refrigere durante 20 minutos para dejar reposar la masa. Barnice la superficie del pay con el huevo. Corte algunos orificios en el centro. Hornee alrededor de 45 minutos, hasta que la corteza esté dorada y el relleno esté caliente y burbujeando. Deje enfriar durante 15 minutos antes de servir.

Yo tengo un árbol de limón kaffir plantado contra una barda de piedra en mi jardín, el cual surte a mi cocina con sus hojas de limón para hacer este robusto curry. Mis hijas piensan que este curry es exótico y les encanta el sabor de coco alimonado que queda entre ácido y dulce. Si a su familia le gusta el curry picante, agregue chiles serranos finamente rebanados. Sirva el curry sobre arroz y acompañe con rebanadas de limón, germinado de frijol y ramas de cilantro fresco.

curry de pollo al coco

Retire la piel de la cebolla y rebane finamente. Corte el lemongrass únicamente hasta el bulbo blanco, rebánelo longitudinalmente a la mitad y golpéelo con el lado de su cuchillo. Caliente una olla sobre fuego medio-alto y agregue el aceite. Cuando el aceite esté caliente, añada la cebolla, lemongrass, jengibre y ajo; saltee durante 1 ó 2 minutos, hasta que el ajo esté dorado. Añada el comino, chiles rebanados (si los usa; vea nota superior) y azúcar mascabado. Cocine alrededor de 30 segundos, hasta que el azúcar burbujee. Agregue la leche de coco, el caldo, salsa de pescado y hojas de limón y lleve a ebullición. Cuando suelte el hervor reduzca el fuego a bajo y hierva lentamente durante 15 minutos para integrar los sabores.

Integre el pollo, albahaca, champiñones y jugo de limón; hierva a fuego lento alrededor de 10 minutos más, hasta que el pollo esté opaco. Retire y deseche los tallos de lemongrass. Sirva el curry sobre arroz jazmín al vapor y adorne con ramas de cilantro, rebanadas de limón y germinado de frijol (vea nota superior). Sirva de inmediato.

1 cebolla amarilla pequeña

2 tallos de lemongrass

2 cucharadas de aceite de canola

1 cucharada colmada de jengibre fresco, rallado

2 dientes de ajo, machacados

¼ cucharadita de comino molido

1 cucharada compacta de azúcar mascabado claro

1 lata (430 ml/14.5 fl oz) de leche de coco

½ taza (125 ml/4 fl oz) de caldo de pollo (página 182)

2 ó 3 cucharadas de salsa de pescado

2 hojas de limón kaffir

500 g (1 lb) de pechugas o muslos de pollo sin hueso ni piel, finamente rebanados

½ taza (20 g/¼ oz) compacta de hojas de albahaca fresca

1 taza (90 g/3 oz) de champiñones blancos, finamente rebanados

2 cucharadas de jugo de limón amarillo

rinde de 4 a 6 porciones

Mis hijas me ayudan a rallar las zanahorias y a deshebrar el pollo para esta ensalada llena de verduras y rebosante de sabor. Después de que yo preparo los demás ingredientes, ellas mezclan todo. Yo preparo la vinagreta estilo tai de la página 280 sin el chile, reservo una porción para las niñas y después agrego el chile a lo demás.

ensalada asiática de pollo

220 g (7 oz) de tallarín de arroz delgado, seco

2 ½ tazas (470 g/15 oz) de carne de pechuga de pollo cocida, deshebrada

3 tazas (280 g/9 oz) de col napa, rallada

1 taza (105 g/3 ½ oz) de zanahoria, rallada

2 tazas (315 g/10 oz) de pepino, finamente rebanado

¼ taza (30 g/1 oz) de cebollitas de cambray, finamente rebanadas

½ taza (10 g/⅓ oz) de cilantro fresco, picado

¼ taza (10 g/⅓ oz) de hojas de albahaca fresca y la misma cantidad de hojas de menta fresca

vinagreta de limón estilo tai hecha en casa (página 280) o comprada

cacahuates asados y salados

rebanadas de limón amarillo, para acompañar

rinde de 4 a 6 porciones

Ponga a hervir una olla con tres cuartas partes de agua, agregue el tallarín y retire del fuego. Deje remojar de 8 a 10 minutos, hasta que esté suave. Escurra en un colador grande, enjuague bajo el chorro de agua fría y escurra perfectamente una vez más.

En un tazón grande mezcle el tallarín con el pollo, col, zanahoria, pepino, cebollitas, cilantro, albahaca y menta. Vierta aproximadamente ¼ taza (60 ml/2 fl oz) de vinagreta sobre la superficie y mezcle hasta integrar por completo. Pruebe y agregue más vinagreta, si fuera necesario. Deje reposar durante 5 minutos y mezcle una vez más. Adorne la superficie con los cacahuates y sirva. Acompañe con rebanadas de limón.

Este platillo demuestra que el pavo nutritivo y bajo en grasa ya no sólo se sirve para la cena de Día de Gracias. En esta versión de la clásica saltimbocca italiana de ternera yo le pongo prosciutto y salvia en la salsa, proporcionándole un increíble sabor. Yo les pido a las niñas que me ayuden a enharinar las chuletas o a aplanar suavemente las chuletas gruesas.

saltimbocca de pavo

Precaliente el horno a 180°C (350°F). Coloque la harina en un tazón poco profundo. Sazone las chuletas por ambos lados con sal y pimienta y después cubra por ambos lados con la harina, sacudiendo para retirar el exceso. Coloque sobre un plato.

Caliente una sartén grande para saltear a prueba de horno sobre fuego medio-alto y agregue una cucharada de la mantequilla. Cuando se empiece a dorar, agregue el aceite y después las chuletas. Cocine de 3 a 4 minutos de cada lado, volteando una sola vez, hasta dorar por ambos lados. Pase la sartén al horno alrededor de 5 minutos para que se terminen de cocer. Pase a un platón precalentado.

Coloque la sartén sobre fuego medio-alto y agregue una cucharada de la mantequilla. Cuando la mantequilla se empiece a dorar agregue el prosciutto y la salvia picada; saltee alrededor de 2 minutos, hasta que el prosciutto se dore y enchine. Añada el vino, lleve a ebullición, mezcle y hierva durante 1 ó 2 minutos para reducirlo ligeramente. Integre las 2 cucharadas restantes de mantequilla, retire del fuego y sazone al gusto con sal y pimienta. Usando una cuchara ponga la salsa sobre las chuletas y sirva de inmediato.

½ taza (75 g/2 ½ oz) de harina de trigo (simple)

6 chuletas de pavo, de aproximadamente 125 g (¼ lb) cada una y no más de 1.5 cm (½ in) de grueso

sal kosher y pimienta recién molida

4 cucharadas (60 g/2 oz) de mantequilla sin sal

1 cucharada de aceite de oliva extra virgen

125 g (¼ lb) de prosciutto, finamente rebanado, cortado en tiras delgadas

2 cucharadas de salvia fresca, picada

½ taza (125 ml/4 fl oz) de vino blanco seco

rinde de 4 a 6 porciones

Estas brochetas son perfectas para las reuniones familiares. Imagine un platón lleno de jugosas brochetas de pollo asadas a la parrilla acompañadas por esponjadas Bolsas de Pan Árabe (página 26) y tazones de picante Hummus (página 250) y Tabule (página 150). Suena como una de mis fiestas. El yogurt ayuda a mantener el pollo suave y a cubrir la carne con el sabor del cilantro, ajo y cebollita de cambray. Deje que los niños ensarten el pollo en las brochetas.

brochetas de pollo

750 g (1 ½ lb) de pechugas o muslos de pollo sin hueso ni piel, cortados en trozos de 5 cm (2 in)

½ taza (125 g/4 oz) de yogurt simple

½ taza (45 g/1 ½ g) de cebollitas de cambray, incluyendo las partes superiores de color verde

1 diente de ajo grande, machacado

½ taza (20 g/¾ oz) de cilantro fresco, picado

2 cucharadas de aceite de oliva extra virgen

sal kosher y pimienta recién molida

1 ó 2 calabacitas medianas, partidas en rebanadas gruesas (opcional)

1 taza (185 g/6 oz) de jitomates cereza (opcional)

rinde de 4 a 6 porciones

En un tazón de material no reactivo mezcle el pollo con el yogurt, cebollitas de cambray, ajo, cilantro y aceite; mezcle hasta integrar por completo. Sazone con una cucharadita de sal y un poco de pimienta. Tape y refrigere por lo menos durante 3 horas o por toda la noche.

Tenga a la mano 6 pinchos de metal para brocheta o remoje seis pinchos de bambú de 25 cm (10 in) en agua hasta cubrir, por lo menos durante 30 minutos. Prepare un asador de carbón o gas a fuego medio. Asegúrese de que la rejilla del asador esté limpia, engrásela con aceite y deje que el aceite se queme durante 5 minutos.

Mientras se calienta la parrilla, divida los trozos de pollo, las calabacitas y los jitomates cereza, si lo usa, uniformemente entre las brochetas y sazone ligeramente con sal y pimienta. Coloque sobre la rejilla del asador y ase alrededor de 8 minutos por cada lado, volteando una sola vez, hasta que el pollo esté dorado y totalmente opaco pero aún jugoso. Sirva de inmediato.

"Dedos" es un curioso nombre que se le da a las tiras de pechuga de pollo empanizadas. Pero ese nombre ha producido una industria lucrativa que produce a diario millones de dedos de pollo congelados y empacados. Yo no he cocinado esos dedos congelados desde hace algunos años y en vez de ellos hago en casa esta sabrosa versión usando pollo orgánico de buena calidad, los cuales gustan tanto a los niños y a los adultos que parece que nunca hay los suficientes.

dedos de pollo fritos al horno

Precaliente el horno a 220°C (425°F). Vierta el aceite en una charola para hornear sin borde.

Coloque por separado la harina, las claras de huevo y las migas de pan en 3 tazones poco profundos alineados en ese orden. Sazone cada tazón con una cucharadita de sal y un poco de pimienta. Integre el queso parmesano, tomillo y perejil en las migas de pan.

Una a la vez, sumerja las piezas de pollo en la harina y sacuda el exceso, sumerja en las claras de huevo y permita que el exceso escurra en el tazón. Por último, ruede en las migas de pan y coloque sobre la charola preparada dejando una separación de 2.5 a 5 cm (1-2 in) entre ellas. (En este punto el pollo se puede refrigerar, sin tapar, por algunas horas. La cubierta se secará ligeramente y se hará más crujiente en el horno.)

Hornee durante 8 minutos. Voltee las piezas y continúe horneando de 8 a 10 minutos más, hasta que estén doradas y totalmente opacas. Pase a un platón y sirva de inmediato.

sea creativo

Sumergir estos sabrosos dedos en una deliciosa variedad de salsas los hace aún más divertidos de comer, especialmente para los más pequeños. Elija entre todo tipo de menjurjes sabrosos, como la Salsa de Jitomate y Albahaca (página 235), la Mayonesa Casera de Limón (página 165), la mostaza con especias o incluso una salsa barbecue de muy buena calidad.

¼ taza (60 ml/2 fl oz) de aceite de oliva extra virgen

½ taza (75 g/2 ½ oz) de harina de trigo (simple)

4 claras de huevo grandes, ligeramente batidas

1 taza (125 g/4 oz) de migas de pan seco

sal kosher y pimienta recién molida

½ taza (60 g/2 oz) de queso parmesano rallado

1 cucharadita de tomillo fresco, picado

1 cucharada de perejil liso (italiano) fresco, picado

3 mitades de pechuga de pollo, sin hueso ni piel, cada una cortada en 4 tiras o 625 g (1 ¼ lb) de muslos de pollo (aproximadamente 12 tiras)

rinde de 4 a 6 porciones

¿Quién se puede resistir a una hamburguesa con queso de un kilómetro de alto, un grueso filete de solomillo, una jugosa chuleta de puerco marinada o un suculento costillar de cordero? Nadie en mi casa.

carne

Cuando un jugoso filete sisea sobre la parrilla de un asador, usted no podrá alejarme del fuego. Si un embutido de puerco recién hecho baila en una sartén, no puedo resistir una probada. Si ondea una chuleta ahumada lentamente a la parrilla frente a mi cara, mis rodillas se debilitan. Sé que la carne roja ha estado adquiriendo una mala reputación en años recientes, pero no es tan mala. De hecho, es una buena fuente de proteína completa (importante para el crecimiento de músculos), hierro, vitaminas B, fósforo, magnesio y más. Ocasionalmente mi esposo lanza un filete de la mejor calidad a la parrilla, pero es más probable que vea algún tipo de carne con hueso en nuestra mesa, ya sea una chuleta gruesa de puerco, una costilla corta, un costillar de cordero o un filete de rib eye. A todos nos gusta morder esos huesos después de haber terminado de comer la suculenta carne.

Aunque mi familia no come carne todos los días, nosotros disfrutamos mucho cuando lo hacemos. Si usted elije inteligentemente sus cortes y su procedencia y sirve porciones razonables, la carne es una adición muy nutritiva a su menú.

una familia de carnívoros

A mi hija mayor le ha gustado la carne de res, especialmente el filete, desde que me acuerdo. Y no le gusta muy cocida. Debe ser término medio o no lo come. A toda nuestra familia le gusta la carne de puerco: espaldilla asada lentamente, chuletas a la parrilla y tocino, salchichas y jamón a la plancha. Nos gusta pensar que consumimos todas las partes del puerco menos su gruñido.

Hace algunos años, empezamos con un programa para criar borregos para nuestros viñedos. Los borregos podan los viñedos y producen borregos cada primavera. Cada otoño tenemos cordero en nuestro congelador esperando ser comido, un delicioso subproducto que resulta de la crianza de borregos.

Nosotros comemos carne de res, puerco o cordero una o dos veces a la semana. Mi preocupación en cuanto a la forma en que son criados los animales y la salud de mi familia me ha ayudado a hacer mejores elecciones cuando yo sirvo carne. La comemos con menos frecuencia que con anterioridad y, cuando la comemos, nos aseguramos de saber quién es el productor y que haya sido criada sustentablemente.

todo depende del corte

Hay dos tipos de cortes: duros y suaves. La carne de cordero y de puerco a menudo es más suave que la carne de res, debido a que los animales son más pequeños y son sacrificados más jóvenes. La carne de res viene de un animal más grande y viejo. Un buey grande no sólo proporciona más carne sino que también produce diferentes cortes para adaptarlos a ciertas formas especializadas de cocina. Los cortes duros necesitan marinarse o cocinarse a fuego lento y húmedo como estofados, guisados o asados lentamente. Los cortes más suaves necesitan calor seco como asar a la parrilla, cocer, dorar o saltear.

espaldillas y piernas delanteras

La parte delantera del animal contiene cortes que pueden soportar cocciones lentas y largas. Estos incluyen la aguja de res, costillas cortas de res, espaldilla de cordero y puerco y pierna de ternera y cordero. Por lo general también son los cortes del animal menos suaves y más económicos, aunque su precio se ha incrementado con los años debido a que los consumidores han descubierto su sorprendente sabor y lo fácil que se cocinan lentamente. Esta carne está llena de grasa y tejidos conectivos ricos en colágeno, los cuales la hacen dura. La cocción lenta y húmeda filtra gradualmente el colágeno y la grasa, los cuales resaltan la riqueza y delicioso sabor de la carne. ¿Cuál es el resultado? Carne tan suave que usted puede cortar con un tenedor. Las recetas hechas para carne de espaldilla y patas delanteras, por lo general, saben mejor cuando se recalientan al día siguiente.

el centro

El centro se divide en dos partes: el costillar y el lomo. Es la parte más preciada del animal, que proporciona rica carne marmoleada con grasa. Pero también su tamaño y cantidad son limitadas. Los cortes del centro mejor conocidos son el costillar de cordero, las costillas de res, cañas de lomo y filete, una variedad de filetes sin hueso y chuletas, filetes de sirloin y T-bone. La mayoría de ellos son buenos candidatos para asar, cocinar a la parrilla, dorar o saltear. Los cortes menos suaves, como la arrachera y la falda se suavizan al marinarlos y rebanarlos de forma adecuada. Algunos cortes de esta sección, incluyendo las chuletas de espaldilla y costillas de cerdo así como la panza de puerco, se benefician al dorarse.

cuadril y patas traseras

Los cortes de cuadril y patas traseras son más suaves que los cortes del frente, pero menos suaves que los del centro. Los trozos más grandes de carne, como la pierna de cordero y puerco así como la bola (top round) de res vienen de esta parte del animal. Se adaptan bien para ser asados o dorados a fuego moderado. Los cortes de filete más pequeños son adecuados para asar a la parrilla, dorar o saltear y deben servirse término medio o medio-crudo. No tienen tanta grasa ni tejido conectivo como la espaldilla, por lo que si se sobrecocinan resultarán secos y duros.

ANTIBIÓTICOS Y HORMONAS

La mayoría de los antibióticos fabricados en el mundo se usan para el ganado. Muchos de ellos se aplican a vacas, corderos y cochinos a través de su forraje. Eso significa que el animal los recibe aunque no los necesite. El animal no está enfermo; los antibióticos son una medida preventiva. La res y el cordero pueden recibir hormonas de crecimiento durante el engorde de terminación pero deben ser recluidos cierto periodo antes de ser llevados al matadero para evitar que las hormonas entren a la carne. Los puercos no reciben hormonas de crecimiento. Su crianza y nutrición son tan racionalizadas y eficientes que logran el tamaño necesario para ser sacrificados en sólo seis meses.

el otro corte: la carne molida

La carne molida de res puede ser de aguja, sirloin y faldón, así como de sobrantes de otras partes. La grasa se muele con la carne, hasta un 30%, para proporcionarle humedad y sabor. La carne molida de res etiquetada como carne magra o súper magra tiene menos grasa añadida. Algunos restaurantes tienen recetas secretas para la carne de sus hamburguesas, seleccionando cuidadosamente diferentes cortes y el contenido de grasa para hacer la mejor hamburguesa.

La carne molida de puerco y cordero, por lo general, proviene de la espaldilla y del cuello, con el contenido natural de grasa de la espaldilla agregando sabor y humedad. La grasa adicional de otras partes del animal se puede moler con la carne para hacer embutidos.

las temporadas y la compra

La carne de res, puerco y cordero están disponibles durante todo el año. Antiguamente la matanza de animales obedecía a las temporadas, dependiendo de los patrones de crianza y la cantidad de pastura disponible para abastecerlos lo cual determinaba cuando se llevaba a cabo la matanza. Por ejemplo, los corderos eran engendrados durante el otoño y paridos en primavera cuando abundaba la pastura necesaria para mantener a las ovejas lactantes. Hoy en día, la temporada para los corderos de verano se extiende de marzo a octubre y la mayoría de los compradores consideran estas ovejas la mejor compra debido a que son sacrificadas a una edad temprana.

Yo a menudo compro animales vivos criados por los granjeros locales y divido un cerdo pequeño con una o varias familias. Estos animales, por lo general, son criados de acuerdo a normas orgánicas sin la certificación y, como yo conozco a los granjeros, me siento segura al comprarlos. Tenemos los animales del matadero local, en donde no se requiere de una inspección federal debido a que la carne no se vende al público. Si usted decide elegir este camino, usted necesitará un gran espacio en su congelador debido a que toda la carne del animal se le entregará al mismo tiempo. Si el comprar animales enteros no le convence, busque en la red los granjeros de su localidad que venden carne a las tiendas de abarrotes y mercados cercanos. Algunos incluso se la enviarán directamente.

Cuando compre carne de cerdo, de res o cordero elija la de excelente calidad o de primera. La carne es graduada por su calidad y por la cantidad de grasa (entre más marmoleada, estará más suave). La carne de cordero y de res sin graduación, por lo general, vendida como carne de marca propia de algunas tiendas tiene una calidad inferior y esto se refleja en su precio. Debido a que los cochinos se sacrifican a una edad tan temprana y son sumamente uniformes, la carne de puerco no tiene graduación pero es inspeccionada por el gobierno.

La carne de res y de cordero debe ser de color rojo oscuro y sin signos de decoloración. La de puerco debe tener un color rosa pálido uniforme. Rechace la carne que tenga un olor desagradable. Elija carne empacada herméticamente, sin ningún deterioro en su paquete y manténgala fría durante el viaje a casa, colocándola en una hielera si planea hacer más encargos. Una vez que llegue a casa, deje la carne en el empaque de la tienda hasta el momento de usar, almacene en la parte más fría del refrigerador y use en los 3 días siguientes.

No hay nada mejor que el siseo, ruido y aroma de los
filetes de res, las brochetas sustanciosas de cordero o las
chuletas de puerco al ajo, asándose sobre la parrilla de
un asador al aire libre. Además de su sabor ahumado,
agrega una celebración rústica a nuestra comida.

tocino curado en seco

Grasa es sabor y este tocino curado en seco ¡tiene mucho de ambos! Frote un poco de sal y de azúcar mascabado en el vientre del puerco y tres días más tarde despertará con la sorpresa de que ya tiene tocino. El corte, el cual viene de la espaldilla y las orillas de la panza del cerdo, es salado y ligeramente deshidratado, no ahumado, recordándonos la pancetta italiana. El tocino americano está hecho de la panza de puerco y ahumado.

Yo utilizo un curado en seco, que es más sencillo de hacer que un curado húmedo, porque no se tiene que lidiar con recipientes chapoteando con salmuera. El tocino sale con una bonita apariencia, salado y con un toque de dulzura y como no está ahumado, el delicado sabor del puerco resalta por completo. Se puede usar como el tocino ahumado comprado: en ensaladas y sándwiches, acompañando huevos o en cualquier receta que se beneficie con un toque de sabor a tocino.

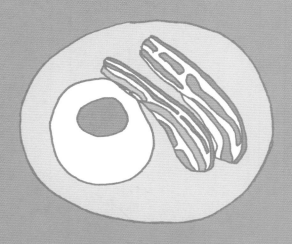

variaciones de sabor para el tocino

Por su grasa el tocino puede tomar fácilmente los sabores de las partes más lejanas del mundo. Para un giro de sabor étnico añada a la receta básica de tocino de la página 206, las siguientes especias al unto seco.

Tocino asiático

- 2 cucharaditas de polvo chino de 5 especias
- 4 dientes de ajo grandes, machacados

Utilice este tocino picado en recetas de arroz frito, salteado con ejotes largos o envuelto alrededor de castañas de agua y asado hasta que el tocino esté crujiente.

Tocino mediterráneo

- 1 ½ cucharadita de semillas de eneldo molidas
- 1 cucharadita de hojuelas de chile rojo

Añada este aromático tocino picado a ragús de carne y jitomate o sopas de alubias y verduras o use para cubrir pizzas.

Tocino alsaciano

- 1 ½ cucharadita de semillas de alcaravea, toscamente molidas
- 2 cucharaditas de pimienta negra triturada

Use tocino picado toscamente en el famoso platillo alsaciano choucroute o añada al puerco braseado y al sauerkraut. Añada tocino frito crujiente picado a una ensalada de papa en vinagreta o a una sencilla quiche de queso.

lo que necesitará para curar el tocino

- tazón pequeño y cuchara

- ½ taza (75 g/2 ½ oz) de sal kosher

- ¼ taza (60 g/2 oz) compacta de azúcar mascabado

- de 1 a 1.25 kg (2 –2 ½ lb) de vientre de puerco en trozo sin piel (aproximadamente una tercera parte de un vientre entero) de 3 a 4 cm (1 ¼ - 1 ½ in) de grueso

- tabla para picar

- pimienta toscamente molida (opcional)

- bolsa de plástico con cierre hermético de 8 litros (2 gal)

- refractario de material no reactivo (vidrio o cerámica)

- rejilla grande de metal

1 haga la salmuera

En el tazón pequeño mezcle la sal con el azúcar hasta integrar por completo. Coloque el vientre de puerco sobre la tabla de picar.

2 unte la salmuera

Espolvoree pimienta sobre la parte grasa de la carne hasta cubrir por completo, si lo desea. Frote una cuarta parte de la mezcla de sal con azúcar en la parte de la grasa y las tres cuartas partes restantes de la mezcla en la parte de la carne.

3 deje que el vientre se sale

Resbale el vientre a la bolsa de plástico, presione para retirar el aire, cierre y coloque en el refractario. Coloque el refractario en el refrigerador. Voltee la bolsa una vez al día durante 3 días. El jugo se filtrará de la carne hacia la bolsa. No retire el jugo.

4 enjuague y seque

En el tercer día retire el vientre de la bolsa, enjuague ligeramente debajo del chorro de agua fría y seque con toallas de papel. Coloque la rejilla de alambre en el refractario y coloque el vientre sobre la rejilla y meta el refractario sin tapar al refrigerador para que seque durante 2 días.

5 pruebe y almacene

Corte una rebanada, fríala y pruébela. Si lo desea más salado, cure el tocino un día más la próxima vez que lo prepare. Si lo desea menos salado, enjuague el unto un día antes. Envuelva perfectamente y refrigere hasta por una semana o rebane el tocino, envuelva en papel encerado (para hornear) después en plástico adherente y congele hasta por 3 meses.

Cada verano, cuando los jitomates están a punto de reventar por sus jugos, a todos en la casa se nos antoja un buen BLT, pero con aguacate, volviéndose un BLTA. En vez de usar rebanadas de aguacate que se resbalan fácilmente del sándwich, yo mezclo los aguacates con la mayonesa. Otro consejo: coloque el tocino en la capa superior. Él proveerá tracción para mantener las rebanadas de pan sin resbalarse por todos lados.

el mejor sándwich BLTA

para la mayonesa de aguacate

2 aguacates, sin piel, sin hueso y toscamente machacados

3 cucharadas de mayonesa comprada o Mayonesa Casera de Limón (página 165)

1 cucharadita de estragón fresco, finamente picado

¼ cucharadita de jugo de limón

sal kosher y pimienta recién molida

12 rebanadas de tocino (página 204) de 3 mm (⅛ in) de grueso

8 rebanadas de pan blanco o integral, ligeramente tostado

de 8 a 12 rebanadas de jitomate

sal kosher y pimienta recién molida

8 hojas pequeñas de lechuga mantequilla (Boston)

rinde 4 sándwiches

Para preparar la mayonesa de aguacate, en un tazón pequeño mezcle los aguacates con la mayonesa, estragón y jugo de limón hasta integrar por completo. Sazone al gusto con sal y pimienta.

Para hacer los sándwiches, caliente una sartén grande sobre fuego medio. Añada el tocino y saltee cerca de 5 minutos, hasta que la mayor parte de la grasa se haya derretido y el tocino esté crujiente en las orillas pero chicloso en el centro. Pase a toallas de papel para escurrir, después corte cada rebanada transversalmente a la mitad y mantenga caliente.

Acomode sobre una superficie de trabajo y unte 4 rebanadas de pan con una capa espesa de mayonesa de aguacate. Cubra cada una con rebanadas de jitomate. Sazone con sal y pimienta. Cubra con las hojas de lechuga y después con el tocino, dividiéndolo uniformemente.

Unte las 4 rebanadas de pan restantes con la mayonesa de aguacate. Coloque las rebanadas con la mayonesa hacia abajo sobre el tocino y presione firmemente hacia abajo para fijarlo con seguridad en su lugar. Rebane a la mitad y sirva de inmediato.

En un verano mi jardín tuvo una cosecha record de pimientos y chiles de todos los colores, formas y tamaños. Yo ya había asado, pelado y marinado montañas de ellos y de repente tuve una idea: cuando la vida te da demasiados pimientos haz una fiesta de fajitas. Si sus hijos o usted desconfían del picor de los chiles utilice sólo pimientos.

fajitas de filete

Rebane el filete muy delgado en el sentido del grano y coloque en un tazón de material no reactivo. Agregue el jugo de limón, ajo, cilantro picado y una cucharada del aceite; mezcle hasta integrar por completo. Tape y refrigere durante 1 ó 2 horas.

Retire las semillas y tallos de los pimientos y del chile pasilla y Anaheim, retire las venas y corte longitudinalmente en tiras de 12 mm (½ in) de ancho. Coloque en un tazón, añada las rebanadas de cebolla, una cucharada del aceite y un poco de sal y mezcle para cubrir uniformemente.

Caliente una sartén grande sobre fuego alto. Cuando la sartén esté caliente añada los pimientos, chiles y cebollas; mezcle rápidamente hasta que las pieles de los pimientos y chiles se ampollen. Cocine cerca de 4 minutos, hasta que estén suaves y las pieles tengan lunares negros, reduciendo el fuego de la sartén si empieza a humear demasiado. Vierta la mezcla hacia un platón de servicio.

Retire gran parte de la marinada de las tiras de carne y sazone con sal. Vuelva a colocar la sartén sobre fuego alto. Cuando esté caliente, añada una cucharada del aceite, permita que se caliente y agregue la mitad del filete. Deje que la carne se selle y dore por la parte inferior de 2 a 3 minutos y rápidamente cocine por todos lados, cerca de 2 minutos más. Ponga la carne sobre los pimientos y repita la operación con la otra mitad de carne y la cucharada restante de aceite. Ponga en el platón.

Cubra con las hojas de cilantro y forme un círculo con las rebanadas de limón. Sirva de inmediato acompañando con las tortillas.

500 g (1 lb) de filete de res limpio

2 cucharadas de jugo de limón amarillo

3 dientes de ajo, machacados

3 cucharadas de cilantro fresco, picado, más hojas adicionales para decorar

4 cucharadas (60 ml/2 fl oz) de aceite de oliva extra virgen

1 de cada uno de los siguientes ingredientes: pimiento rojo y pimiento amarillo (capsicums) pequeños, chile pasilla, chile Anaheim

1 taza (125 g/4 oz) de rebanadas delgadas de cebolla

sal kosher

8 rebanadas de limón

tortillas de harina hechas en casa (página 281) o compradas, calientes

rinde de 4 a 6 porciones

Tiempo atrás, cuando yo no sabía tanto, preparaba este guisado de carne con espaldilla. Por supuesto que tiene mucho sabor pero al cocinarse durante mucho tiempo, se seca. Por tal motivo cambié por costilla cargada, la cual queda muy jugosa. A mis hijas les gusta sopear los jugos de este sustancioso y rico guisado con rebanadas gruesas de pan crujiente.

guisado de carne de res

750 g (1 ½ lb) de costilla cargada, cada una de 5 a 7.5 cm (2 - 3 in) de largo

sal kosher y pimienta recién molida

1 cucharada de aceite de oliva extra virgen

1 cebolla amarilla, picada en cubos

2 zanahorias, sin piel y picadas en trozos de 2.5 cm (1 in)

1 pastinaca, sin piel y picada en trozos de 2.5 cm (1 in)

2 dientes de ajo grandes

185 g (6 oz) de champiñones blancos u hongos cremini pequeños, limpios y partidos a la mitad

1 taza (250 ml/8 fl oz) de vino tinto seco

1 taza (185 g/6 oz) de jitomate fresco o enlatado en cubos con su jugo

1 hoja de laurel

1 cucharadita de tomillo fresco, picado

rinde de 4 a 6 porciones

Precaliente el horno a 180°C (350°F). Rebane cada costilla transversalmente a la mitad. Sazone la carne con sal y pimienta.

Caliente un horno holandés u olla gruesa con tapa hermética sobre fuego medio-alto y añada el aceite. Cuando el aceite esté caliente, agregue la carne y selle por todos lados cerca de 8 minutos, hasta dorar.

Añada la cebolla, zanahorias, pastinaca, ajo y hongos; cocine cerca de 5 minutos, moviendo continuamente, hasta que las verduras tomen un ligero color dorado. Agregue el vino, deje hervir y cocine durante 5 minutos para reducir ligeramente. Añada los jitomates, hoja de laurel y tomillo y vuelva a hervir. Tape herméticamente, pase al horno y cocine cerca de 1 ½ hora, hasta que la carne se sienta suave al picarla con un tenedor.

Pruebe y rectifique la sazón con sal y pimienta. Sirva directamente de la olla.

Adoro las chuletas de cerdo T-bone (también llamadas chuletas del centro con hueso) porque tienen un poco de lomo y un poco de filete. Jugosas y aromáticas, estas chuletas de inspiración asiática se acompañan sorprendentemente bien con puré de manzana. No se preocupe si sus hijos las encuentran demasiado exóticas antes de probarlas. Después de probarlas, pedirán más.

chuletas de puerco asadas a las 5 especias

Coloque las chuletas en un tazón de material no reactivo. En un tazón pequeño mezcle el jengibre con el ajo, polvo de 5 especias, aceite y un poco de pimienta toscamente molida. Frote las chuletas uniformemente con la mezcla de jengibre por ambos lados, tape y refrigere por lo menos durante una hora o por toda la noche.

Prepare un asador de carbón o de gas a fuego medio. Asegúrese de que la parrilla del asador esté limpia, engrase con aceite y deje que el aceite arda durante 5 minutos.

Sazone las chuletas por ambos lados con sal. Coloque sobre la rejilla y ase de 6 a 7 minutos de cada lado, volteando una vez, hasta que queden marcadas con las líneas del asador, se doren y que sus centros se vean de color rosado claro al ser cortadas con un cuchillo. Pase a un platón precalentado y deje reposar durante 5 minutos antes de servir. Acompañe con el puré de manzana a la mesa.

de 4 a 6 chuletas de cerdo T-bone cada una de 2 cm (¾ in) de grueso

2 cucharaditas de jengibre fresco, sin piel y finamente picado

2 dientes de ajo grandes, machacados

1 cucharadita de polvo chino de 5 especias

1 cucharada de aceite de oliva extra virgen

sal kosher y pimienta recién molida

aceite vegetal para la parrilla del asador

Puré con Trocitos de Manzana preparado en casa (página 109) o comprado, para acompañar

rinde de 4 a 6 porciones

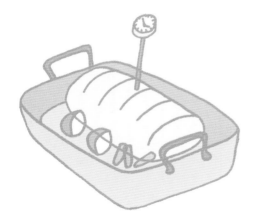

La marinada de este asado es sumamente sencilla y tiene un magnífico sabor. Permita que sus niños deshojen toscamente las hojas de las ramas grandes (no se moleste en retirar los tallos pequeños) y después machaquen las hierbas en el interior de sus manos para sacar los aceites esenciales antes de mezclarlas en el tazón.

filete de puerco asado a las 5 especias

750 g (1 ½ lb) de filete de puerco (1 grande o 2 pequeños) limpios de grasa y nervios

4 dientes de ajo grandes, machacados

2 cucharadas de hojas de romero fresco

3 cucharadas de hojas de tomillo fresco

2 cucharadas de aceite de oliva extra virgen

sal kosher y pimienta recién molida

rinde de 4 a 6 porciones

Coloque el filete en un tazón de material no reactivo. En un tazón mezcle las hierbas, ajo, una cucharada de aceite de oliva y un poco de pimienta. Frote el filete uniformemente por ambos lados. Tape y refrigere por lo menos durante 2 horas o por toda la noche.

Precaliente el horno a 200°C (400°F). Retire el filete de la marinada y retire la mayoría del ajo y las hierbas con ayuda de una brocha. Sazone el filete con sal. La pimienta de la marinada debe ser suficiente. Caliente una sartén a prueba de horno sobre fuego medio-alto y agregue el aceite restante. Cuando el aceite esté caliente, añada el filete (si es demasiado largo lo puede doblar para que quepa) y selle por todos lados de 7 a 10 minutos, hasta dorar, reduciendo el fuego ligeramente si la sartén empieza a humear demasiado.

Pase al horno y ase cerca de 20 minutos, hasta que el centro se vea de color rosa claro al ser cortado con un cuchillo en la parte más gruesa o que al insertar un termómetro de lectura instantánea en la parte más gruesa registre 60°C (140°F).

Pase el filete a una tabla de picar y deje reposar durante 10 minutos, rebane y sirva de inmediato.

sea creativo

El filete también se puede asar a la parrilla. Prepare un asador para fuego indirecto. Selle el puerco por todos lados directamente sobre el fuego y páselo a la zona menos caliente, tape el asador y cocine durante 15 ó 20 minutos. Sabe delicioso con las Ciruelas Asadas (página 119) omitiendo la crème fraîche.

Estas albóndigas son fáciles de preparar con solo una advertencia: no exprima toscamente la mezcla de ingredientes. Trátela con cuidado y será recompensada con albóndigas deliciosas y suaves. También puede hacer albóndigas muy pequeñas, de aproximadamente 2.5 cm (1 in) de diámetro, tamaño que a los niños les encanta.

las mejores albóndigas

En un tazón pequeño mezcle las migas de pan con la leche y deje remojar durante 10 minutos. Escurra en un colador de malla fina, presionando para retirar el exceso de leche. Deseche la leche.

En un tazón grande mezcle las carnes ligeramente. En otro tazón mezcle las migas de pan remojadas con el huevo, ajo, chalote, semillas de hinojo, perejil y queso. Mezcle hasta integrar por completo.

Añada la mezcla de migas a la mezcla de carne, espolvoree con 2 cucharaditas de sal y un poco de pimienta. Rápida y suavemente mezcle con sus manos para mezclar los ingredientes uniformemente, pero no mezcle demasiado ya que haría albóndigas duras.

Precaliente el horno a 220°C (425°F). Rocíe el aceite uniformemente sobre una charola para hornear con bordes grande.

Utilice una cuchara para helado de 30 ml (1 fl oz) para separar la mezcla de carne y formar 16 montículos sobre la charola preparada dejando espacio entre ellos. Levante cada montículo, forme bolas y regrese a la charola.

Hornee las albóndigas durante 15 minutos. Ruede y continúe horneando cerca de 15 minutos más, hasta dorar y cocer por completo.

Mientras tanto, hierva la salsa de tomate sobre fuego bajo. Cuando las albóndigas estén listas, páselas a la salsa y hierva lentamente durante 45 minutos para terminar de cocinar. Sirva sobre pasta o como relleno de pan crujiente para hacer sándwiches.

1 taza (125 g/4 oz) de migas de pan seco

½ taza (125 ml/4 fl oz) de leche entera

250 g (½ lb) de carne molida de res y la misma cantidad de carne molida de ternera

125 g (¼ lb) de carne molida de puerco

1 huevo grande, ligeramente batido

2 dientes de ajo, machacados

1 cucharada de chalote, finamente picado

¼ cucharadita de semillas de hinojo, molidas

1 cucharada de perejil liso (italiano) fresco, picado

¼ taza (30 g/1 oz) de queso parmesano rallado

sal kosher y pimienta recién molida

2 cucharadas de aceite de oliva

Salsa de Jitomate y Albahaca (página 235)

rinde de 4 a 6 porciones

Al ir creciendo escuché muchas conversaciones serias en la mesa del comedor acerca de las albóndigas: qué albóndigas estaban pesadas, cuáles se desmoronaban, cuáles estaban demasiadas condimentadas, cuáles estaban blandas, etcétera, etcétera. Si un pariente masculino anunciaba su compromiso matrimonial, la primera pregunta que alguien hacía acerca de su futura esposa era, ¿Sabe hacer buenas albóndigas?

Entonces alguien nombraba a Nana DiGregorio's y un silencio recaía sobre el ambiente. Las albóndigas de Nana eran reverenciadas, especialmente las pequeñas de ternera que ella preparaba en una sopa que incluía sólo albóndigas, caldo, perejil picado y un poco de queso parmesano. Estas joyas eran las albóndigas con las que todas las otras albóndigas se comparaban. Eran ligeras, llenas de sabor y delicadas; tan ligeras que se partían con el ligero toque de una cuchara, tan sabrosas que no se podría describir sus partes, sólo su totalidad; tan delicadas que se podrían colapsar si fueran más grandes que una aceituna grande.

Yo tengo que imitar las albóndigas de Nana, pero si usted prepara la receta de la página 217 sólo con la carne molida de ternera y prepara las albóndigas pequeñas, serían muy parecidas. A los niños les gusta el tamaño y su textura ligera. Deje flotar en un buen caldo de pollo si usted no desea preparar caldo de ternera.

Estas brochetas son otra forma de albóndigas, es como tener una hamburguesa de cordero en un pincho. A mis hijas les gusta cualquier cosa cocinada en una brocheta, por lo que las presento a la mesa en brochetas y después las resbalo hacia el plato para que no se piquen. O puede darle forma de tortitas a la mezcla, asarlas y colocar adentro de pan árabe.

brochetas de cordero con pan árabe

¾ taza (140 g/4 ½ oz) de cebolla amarilla, finamente picada

3 dientes de ajo, machacados

2 cucharadas de cilantro, picado

1 cucharada de menta fresca, picada

1 cucharada de perejil liso (italiano) fresco, picado

750 g (1 ½ lb) de carne molida de espaldilla de cordero

1 cucharadita de comino molido

1 ½ cucharadita de sal kosher

pimienta recién molida

aceite vegetal, para la rejilla del asador

pan árabe hecho en casa (página 26) o comprado

Raita Refrescante de Pepino (página 65) o yogurt simple

rinde de 4 a 6 porciones

Tenga a la mano 3 brochetas planas de metal o remoje 4 brochetas de bamboo de 25 cm (10 in) en agua hasta cubrir por lo menos durante 30 minutos.

En un tazón grande mezcle la cebolla, ajo, cilantro, menta y perejil hasta integrar por completo. Añada el cordero y espolvoree con el comino, sal y un poco de pimienta. Rápida y cuidadosamente mezcle con sus manos para mezclar todos los ingredientes uniformemente.

Divida la mezcla entre 12 porciones iguales y dé forma oval a cada porción. Escurra las brochetas de bamboo, si las usa. Tome una porción y clave longitudinalmente el centro en la brocheta, después vuelva a formar la misma figura con la carne alrededor de la brocheta. Repita la operación, ensartando 2 o más óvalos si utiliza brochetas de bamboo o 3 o más óvalos si usa brochetas de metal, dejando un espacio de 12 mm (½ in) entre ellos. Coloque las brochetas en una charola plana. Repita la operación hasta que haya llenado todas las brochetas. Refrigere durante 20 minutos para que la carne esté firme antes de asar.

Prepare un asador de carbón o un asador de gas para asar sobre fuego medio. Asegúrese de que la rejilla del asador esté limpia, engrase con aceite y deje que el aceite arda durante 5 minutos.

Sazone las brochetas ligeramente con sal y pimienta. Coloque en la rejilla del asador y ase cerca de 10 minutos de cada lado, volteando una sola vez, hasta dorar por afuera y cocer completamente sin dejar que pierda sus jugos. Pase las brochetas a un platón de servicio y deje reposar durante 5 minutos. Después deslice la carne de las brochetas y sirva de inmediato con el pan árabe y la raita.

Hummus cremoso, pudín de arroz con coco, curry sazonado de garbanzo, ¿quién dice que los frijoles y demás granos son un alimento aburrido?

pasta, granos y leguminosas

Casi nadie rechaza un tazón grande humeando con pasta mezclada con salsa de jitomate y albahaca. Comida casera auténtica que los niños y adultos disfrutan por igual. Pero muy rara vez la gente se desvanece cuando se pone en la mesa un plato de frijoles refritos o un sustancioso guisado de lenteja y los granos desde hace mucho tiempo no han sido muy atractivos. Sin embargo, los tiempos están cambiando y las opiniones de la gente también están cambiando. Los frijoles y los granos ahora son considerados como los mejores alimentos energéticos, llenos de proteínas, fibra, vitaminas, minerales y carbohidratos, y los cocineros están ideando deliciosas formas para servirlos. También están descubriendo lo prácticos que son estos ingredientes: se mantienen frescos durante mucho tiempo en la despensa y se pueden convertir fácilmente en un delicioso platillo.

Lo maravilloso de estos alimentos básicos es que se pueden tomar de la despensa en cualquier momento y agregarles unos cuantos ingredientes para preparar una deliciosa y sustanciosa comida llena de sabor y textura.

una opción sencilla

HACER BUEN USO DE LAS DIFERENTES FORMAS DE PASTA SECA

- Pasta para sopa: *stelline, acini di pepe, anellini, letras, tubettini,* orzo

- Pasta para ensalada: farfalle, *gemelli, fusilli,* macaroni

- Pasta para caldos, marinaras o salsas de crema ligera: capellini, vermicelli, linguine, tagliatelle

- Pasta para carne, crema espesa o salsas gruesas: *cavatelli,* orechiette, spaghetti, fettuccine, *pappardelle, bucatini,* penne

- Pasta para platillos horneados: ziti, macaroni, lasagna, rigatoni, penne, *cavatappi*

- Pasta para rellenar: *conchiglie,* manicotti, *lumache*

Estoy sorprendida de la cantidad de pasta, granos y frijoles que incorporamos en las comidas de nuestra casa. Siempre pienso que estamos un poco cortos en este departamento y después abro las puertas de la alacena. Está llena con una gran variedad de arroz, frijoles, lentejas y pasta de todos tipos y tamaños. Cada vez que tomo una bolsa de arroz o frijoles me doy cuenta lo fácil que es convertirlos en una sustanciosa comida. Algunas veces se tiene que planear con anticipación, remojar los frijoles durante toda la noche o poner los granos enteros a hervir más temprano que sus contrapartes refinadas, pero no es una tarea difícil. Y la pasta, ya sea integral o no, siempre se prepara con rapidez.

¿qué tiene una masa?

La mejor pasta seca está hecha de harina de sémola alta en proteína, molida de trigo duro. Debido a que es alta en proteína produce una masa tersa y brillante que se seca rápidamente y mantiene su forma. La pasta fresca, que por lo general incluye huevos, algunas veces está hecha de harina de sémola pero, por lo general, está hecha de harina de trigo (simple). Las pastas

integrales (de trigo entero) secas y frescas están hechas con harina de sémola de trigo entero o de harina de sémola a la cual se le agrega salvado. Estas pastas suministran las bondades de la fibra, pero ofrecen casi los mismos beneficios nutricionales que la pasta hecha de trigo refinado. También se puede encontrar pasta hecha de cebada, quinoa, maíz y arroz.

¿cuánto debo servir?

El tamaño de la porción recomendaba es de ½ taza (90 g/3 oz) de pasta cocida, aunque la mayoría de los empaques dicen que se sirva el doble. Esto es una decepción para todos aquellos a quienes les gusta la pasta, y eso significa a casi todos. Si usted quiere decidir qué tanta pasta cocinar, use las siguientes medidas: ½ taza (60 g/2 oz) de pasta seca en figuras proporciona 1 taza (155 g/5 oz) de pasta cocida; 50 g (2 oz) de pasta larga proporciona 1 taza de pasta cocida; o 50 g (2 oz) de fideo seco de huevo rinde aproximadamente ½ taza de pasta cocida.

el mundo de los granos

Los granos pueden aparecer en todas las comidas del día, desde su tazón de cereal en la mañana y su tazón de sopa al medio día hasta su tazón de risotto en la cena. Pueden ser enteras y refinadas y vienen en una variedad de formas y tamaños. Los granos más populares son el arroz, maíz, trigo, avena y el salvado, y la quinoa, el mijo y el centeno empiezan a ganar admiradores.

Los granos enteros son coloridos, variados y más nutritivos que sus parientes refinados. Compare el arroz integral con el arroz blanco. Los granos enteros, un elemento importante en una dieta saludable, son bajos en grasa además de ser una buena fuente de carbohidratos complejos, fibra, vitaminas y minerales. También son ricos en lignanos, antioxidantes, ácido fenólico y fotoquímicos que se cree que reducen el riesgo de enfermedades del corazón, cáncer y diabetes. Son elementos bastante poderosos.

Los granos refinados parecen pálidos y uniformes en comparación. A la mayoría de ellos se les retira un poco o todo el salvado y germen que tienen al molerlos, aperlarlos o pulirlos, procesos que les permiten cocerse con más rapidez. Algunos granos refinados se enriquecen con vitaminas y minerales después de ser procesados, pero su pérdida de fibra es permanente. Sin embargo, los granos enteros no siempre son la mejor opción. El risotto no tendría su textura cremosa si el salvado del arroz estuviera intacto. Los arroces aromáticos como el basmati y el jazmín son más aromáticos en su estado refinado. El cornmeal desgerminado hace que el pan de maíz sea más dulce y tenga una textura más fina. La avena ligeramente procesada se convierte en hojuelas de avena que se cuecen más rápido para el desayuno. En otras palabras es importante balancear su consumo de granos enteros y refinados.

CÓMO COCINAR LA PASTA PERFECTA

1 Use por lo menos 4 litros (4 qt) de agua para cocinar 500 g (1 lb) de pasta y hiérvala vigorosamente.

2 Siempre agregue sal al agua de cocimiento, usando aproximadamente 2 cucharadas por cada 500 g (1 lb) de pasta. Nunca agregue aceite. Si la pasta se pega, puede separarla con un poco de salsa.

3 Agregue toda la pasta al mismo tiempo y mezcle inmediatamente para evitar que se pegue.

4 Cocine la pasta hasta que esté al dente, en otras palabras, suave pero que se sienta firme al morderla. Use el tiempo de cocimiento indicado en el paquete como guía pero empiece a revisar con varios minutos de anticipación.

5 Escurra la pasta en el momento en que esté lista. Reserve un poco del agua de cocimiento por si usted necesita agregar más humedad para diluir la salsa.

que estoy cocinando.

Las lentejas comunes de color café, los chícharos secos y los garbanzos eran alimentos básicos del invierno en las cenas de mi casa cuando yo era niña. La primera vez que probé las lentejas francesas supe que había encontrado algo para agregar a la despensa de mi cocina. Las lentejas cafés de mi juventud palidecieron en comparación con la variedad de procedencia gala de textura suave. Cuando comí mi primer dal con especias exóticas en un restaurante hindú de San Francisco, juré que estaba comiendo chícharos amarillos secos. El hostess sumamente paciente me explicó que eran lentejas, lentejas rojas, y después el chef me enseñó como eran cuando estaban crudas. Me pregunté qué alquimia culinaria había convertido esas leguminosas de color rojo brillante en un amarillo curioso.

Desafortunadamente, los garbanzos y los chícharos secos han permanecido inmutables. Pero descubrí los chícharos secos de color amarillo, que proporcionaron color a mi vida. Y en una noche fría de invierno todavía me gusta comer una buena sopa de chícharo seco hecha con un hueso de jamón, o un sustancioso guisado de garbanzo. También sé que las leguminosas siempre estarán en mi mesa de la cena por su gran carnosidad y la forma en que se mezclan con otros sabores. El hecho de que ellas alberguen tanta nutrición es un beneficio adicional para algo que ya de por sí es bueno.

comprando y preparando frijoles

Los frijoles secos vienen un una gran variedad de tamaños y colores. Compre diferentes variedades y experimente. Los frijoles viejos tardan más tiempo en cocinarse, por lo que es mejor comprarlos en una tienda que tenga gran movimiento de inventario o

UNA LISTA DE GRANOS ENTEROS Y REFINADOS

- **Maíz:** palomitas, cornmeal, sémola, polenta
- **Trigo:** cebada, espelta, trigo quebrado, bulgur
- **Arroz:** silvestre, integral, aromático blanco; grano largo, medio y corto enriquecido
- **Avena:** entera, triturada y entera molida, molida para cocimiento rápido e instantánea
- **Cebada:** sin cáscara, aperlada
- **Centeno:** oscuro, claro
- **Mijo**
- **Quinoa**

frijoles y lentejas

Una vez que usted empieza a comer granos, usted puede intensificar el platillo agregando más fibras y vitaminas a su dieta combinándolos con frijoles secos, chícharos o lentejas, todos ellos miembros de la familia de las leguminosas. Las leguminosas son bajas en grasas y altas en fibra, ácido fólico, potasio, hierro y magnesio. Cuando usted une frijol y grano ha creado una proteína completa sin ningún rastro de colesterol. Es un sustituto perfecto y saludable de la carne.

Los frijoles, lentejas y chícharos vienen en una amplia variedad de texturas y un arco iris de colores. A mi me gusta alinearlos en frascos de vidrio transparente en mis anaqueles de manera que yo pueda admirarlos. Algunos de mis frijoles favoritos entre los cientos de frijoles disponibles están los bayos, pintos, arándanos, cannellini y negros. Elijo el color y la textura que va de acuerdo a mi estado de ánimo y al platillo directamente del granjero. Busque frijoles abultados, enteros y brillantes de un tamaño uniforme. Si los compra en bolsas, no adquiera los paquetes que tengan frijoles rotos o una capa de sedimentos en la parte inferior.

Las lentejas, al igual que los frijoles, vienen en una amplia variedad de colores y deben ser abultadas y enteras. La única excepción son las lentejas secas en mitades, a las que se les ha retirado su cascarilla. Los discos deben ser redondos y tersos y no deben tener polvo ni sedimentos. Busque las mismas cualidades en los chícharos secos, ya sean verdes o amarillos, como lo hace en las lentejas secas.

Cuando prepare frijoles, lentejas o chícharos siempre empiece extendiéndolos en una superficie plana, ya sea una tabla para picar o una charola para hornear y retire los frijoles arrugados y las piedras. Posteriormente, colóquelos en un colador y enjuáguelos perfectamente debajo del chorro de agua fría hasta que el agua salga clara. La mayoría de las recetas piden que remoje los frijoles durante toda la noche cubriendo con agua y deje reposar a temperatura ambiente o en el refrigerador. Sin embargo, no tendrá que remojar las lentejas ni los chícharos.

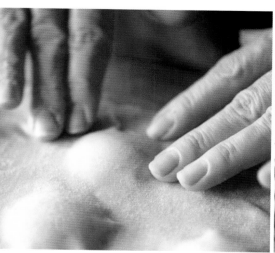

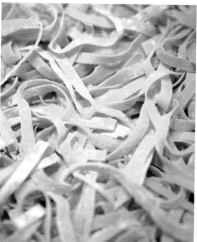

pasta fresca

La masa para pasta fresca convierte la tarea de hacer una de nuestras cenas favoritas en una actividad divertida para toda la familia. Nosotros comemos pasta fresca una o dos veces a la semana. Yo saco la masa para la pasta del refrigerador y la pongo sobre la cubierta de mi cocina para que se caliente antes de enrollarla. Cuando mis hijas la descubren, empieza la discusión para ver quién la va a extender.

Aunque mis hijas piensan que extender la masa es divertido, yo lo encuentro catártico. A mi me encanta sentir la masa tersa y brillante a medida que pasa sobre mi mano, a través de la máquina y sale de ella ligeramente más delgada cada vez. Es gratificante ver la pila de pasta terminada que cada vez se hace más alta a medida que la masa extendida se corta en listones. Usted puede extender bastante masa en muy poco tiempo y una vez que se extiende y corta, se cocina con rapidez.

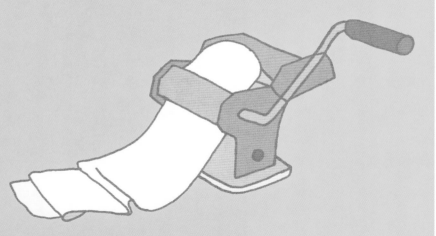

pasta fresca en listón

La pasta fresca se corta fácilmente en diferentes gruesos con una máquina para cortar pasta o a mano. Las siguientes pastas en listón van de la más delgada a la más gruesa. El spaghetti cortado a máquina o a mano tendrá una forma ligeramente cuadrada, pero no redonda.

Como regla general, las pastas más delgadas son más adecuadas para las salsas ligeras y delicadas, mientras que las pastas más gruesas pueden aguantar salsas ricas y carnosas.

spaghetti: .15 cm (1/14 in) de grueso

lingüine: .3 cm (1/8 in) de grueso

tagliatelle: .5 cm (3/16 in) de grueso

fettucine: .6 cm (1/4 in) de grueso

pappardelle: 2.5 cm (1 in) de grueso

para cortar con una máquina

Adapte el cortador adecuado a su máquina para pasta y meta la hoja de pasta a través del cortador siguiendo las instrucciones del fabricante.

para cortar a mano

Si su máquina para pasta no viene con cortadores para todos los anchos, corte sus hojas de pasta en hojas de 30 cm (12 in) de largo, espolvoree con harina o sémola y enrolle apretadamente. Use un cuchillo para cortar al ancho deseado, desenrolle la pasta, sacuda y espolvoree con harina o coloque sobre una charola.

una vez que la pasta está cortada

Coloque la pasta cortada sobre una charola para hornear con borde espolvoreada con harina. La pasa se puede cocinar de inmediato o puede dejar que se seque al aire, sin tapar, hasta por 2 horas.

lo que necesitará para hacer pasta fresca

- un tazón grande y un tazón pequeño
- cuchara de madera
- 1 taza (155 g/5 oz) de harina de trigo (simple)
- 1 taza (155 g/5 oz) de harina de sémola
- 1 ½ cucharadita de sal kosher
- batidor globo
- 2 huevos grandes
- 1 cucharada más 2 cucharaditas de agua fría
- 1 cucharada de aceite de oliva extra virgen
- plástico adherente
- rodillo
- máquina manual para hacer pasta

1 prepare los ingredientes

En un tazón grande, usando la cuchara, mezcle ambas harinas con la sal. En el tazón pequeño bata los huevos, agua y aceite con el batidor globo.

2 mézclelos

Haga una fuente en la harina y agregue la mezcla de huevo. Usando la cuchara, integre los ingredientes secos con los húmedos hasta incorporar por completo.

3 amase la masa

Enharine ligeramente una superficie de trabajo y coloque la masa sobre ella. Amase alrededor de 5 minutos, hasta que esté tersa y elástica, como si fuera plastilina dura. Si la masa está demasiado seca, agregue gotas de agua, unas cuantas cada vez. Si está demasiado húmeda, agregue harina, un puño cada vez.

4 haga discos de masa

Corte la masa en tres partes y aplane cada trozo en discos de 12 mm (½ in) de grueso. Envuelva en plástico adherente y deje reposar durante 45 minutos a temperatura ambiente o durante toda la noche en el refrigerador. Si la masa se ha refrigerado, deje reposar a temperatura ambiente (alrededor de 20 minutos) antes de extenderla.

5 extienda la pasta

Usando el rodillo extienda el disco de masa hasta dejar de 6 mm (¼ in) de grueso. Ajuste los rodillos de la máquina para pasta en la posición más abierta. Pase un trozo de la masa 3 veces a través de los rodillos, doblando la masa a la mitad cada vez y enharinándola ligeramente si empieza a pegarse. Envuelva en plástico adherente y deje reposar durante 15 minutos.

6 siga extendiéndola

Ajuste los rodillos en la siguiente posición más delgada y pase la masa a través de cada posición más delgada hasta obtener una hoja larga y delgada y que la masa haya pasado a través de la posición más delgada. Espolvoree ligeramente con harina si la masa queda pegajosa. Debe quedar lo suficientemente delgada para que pueda ver su mano a través de ella.

7 reserve

Espolvoree la hoja de pasta ligeramente con harina, doble en tercios y envuelva en plástico adherente. Deje reposar a temperatura ambiente hasta el momento de usar, hasta por 30 minutos, o refrigere durante toda la noche. Repita la operación con la masa restante.

ravioles de queso ricotta a las hierbas

harina de sémola, para espolvorear

3 tazas (750 g/1 ½ lb) de queso ricotta fresco, preparado en casa (página 52) o comprado

½ taza (60 g/2 oz) de queso parmesano, rallado

1 huevo grande, ligeramente batido

1 cucharada de perejil liso (fresco), picado

sal kosher y pimienta recién molida

500 g (1 lb) de masa para pasta fresca, en hojas (página 228)

4 tazas (1 litro/32 fl oz) de Salsa de Jitomate y Albahaca (página 235) o salsa de jitomate comprada

rinde aproximadamente sesenta ravioles cuadrados de 5 cm (2 in); de 4 a 6 porciones

Espolvoree 2 charolas para hornear con harina de sémola. En un tazón mezcle ambos quesos con el huevo y el perejil. Agregue una cucharadita de sal y un poco de pimienta; mezcle hasta integrar por completo.

Enharine ligeramente una superficie de trabajo y coloque una hoja de pasta sobre ella. Agregue cucharaditas colmadas de la mezcla de queso sobre la pasta, dejando una separación uniforme entre ellas de 4 cm (1 ½ in). Usando las yemas de sus dedos, humedezca con agua las orillas de la hoja y los espacios entre los montículos de mezcla. Coloque una segunda hoja de pasta del mismo tamaño sobre la primera. Empezando por la orilla del relleno, presione alrededor de cada montículo para retirar el aire atrapado y sellar la pasta. Usando un cuchillo filoso corte los ravioles en cuadros de 5 cm (2 in), recortando las orillas disparejas.

Coloque los ravioles sobre la charola preparada. Cubra con una toalla de cocina y repita la operación con el relleno y las hojas de pasta restantes. Los sobrantes de pasta se pueden guardar y cocinar por separado o desechar. Los ravioles crudos se pueden congelar directamente sobre la charola. Una vez congelados, páselos a bolsas de plástico con cierre hermético y use en los siguientes 3 meses.

Llene una olla grande con tres cuartas partes de agua y coloque sobre fuego alto. Cuando suelte el hervor, agregue 2 cucharadas de sal. Deje caer la mitad de los ravioles en el agua hirviendo. Cuando del agua vuelva a soltar el hervor reduzca el fuego a medio y hierva lentamente alrededor de 2 minutos, hasta que estén suaves. Usando un desnatador pase los ravioles a un tazón grande y poco profundo y cubra la superficie con aproximadamente una taza (250 ml/8 fl oz) de la salsa. Mantenga calientes. Cocine los ravioles restantes usando la misma técnica y coloque en el tazón. Usando una cuchara coloque la salsa restante sobre la superficie, mezcle cuidadosamente y sirva de inmediato.

sea creativo

Para hacer ravioles de espinaca con queso ricotta agregue ½ taza (110 g/ 3 ½ oz) de espinaca cocida, finamente picada, al relleno de queso.

Nuestras plantas de jitomate son portadores de nutrientes, por lo que en verano y otoño hacemos puré del exceso de jitomate y colamos y congelamos el puré, asegurándonos de tener el sabor del verano durante todo el invierno. Yo controlo la licuadora y las niñas cuelan los jitomates, haciendo un equipo de trabajo que convierte una montaña de jitomates en puré en un momento. Si usted no tiene jitomates frescos y maduros, sustituya por 3 latas (1.25 kg/45 oz) de jitomates orgánicos partidos en dados.

pasta con jitomate fresco y albahaca

Para hacer la salsa ponga el aceite y el ajo en una olla grande. Encienda el fuego a medio y cocine alrededor de 4 minutos, hasta que el ajo esté dorado por todos lados. Retire del fuego.

Descorazone los jitomates y parta en cuartos. Trabajando en tandas, muela los jitomates en una licuadora hasta obtener un puré terso y cuele a través de un colador de malla gruesa colocado sobre la olla con el aceite y el ajo. Añada la hoja de laurel, azúcar, una cucharadita de sal y un poco de pimienta. Coloque sobre fuego medio-alto y lleve a ebullición. Reduzca el fuego a bajo y hierva alrededor de 45 minutos, sin tapar, hasta que espese.

Justo antes de que la salsa esté lista, ponga a hervir una olla con tres cuartas partes de agua con sal, agregue el spaghetti y cocine siguiendo las instrucciones del paquete, hasta que esté al dente.

Integre la albahaca a la salsa y hierva lentamente durante 5 minutos. Pruebe y rectifique la sazón con sal y pimienta. Escurra la pasta. Usando una cuchara coloque aproximadamente ¾ taza (180 ml/6 fl oz) de la salsa en la base de un tazón de servicio precalentado. Añada la pasta y mezcle para cubrir con la salsa. Usando un cucharón ponga más salsa sobre la superficie, espolvoree con queso parmesano y sirva de inmediato.

para la salsa de jitomate y albahaca

3 cucharadas de aceite de oliva extra virgen

5 dientes de ajo grandes

1.5 kg (3 lb) de jitomate guaje rollizo, fresco

1 hoja de laurel

2 cucharaditas de azúcar

sal kosher y pimienta negra recién molida

½ taza (30 g/1 oz) compacta de hojas de albahaca fresca, troceadas

375 g (¾ g) de spaghetti u otra pasta larga

queso parmesano rallado, para acompañar

rinde de 4 a 6 porciones

sea creativo

Sirva este platillo acompañado de albóndigas (página 217) o haga una comida más sustanciosa agregando champiñones salteado, salchicha desmoronada cocida o carne de res o puerco cocida y deshebrada.

Cuando mis hijas eran pequeñas preferían macarrones con queso de caja con su producto de "queso" en polvo en vez de mis macarrones con queso hechos en casa con queso gruyère añejado en cuevas y parmesano. Yo estaba horrorizada. Por lo que dejé de hacer los de caja por algunos meses, se les olvidaron y después introduje esta receta. Les encantó en el mismo instante. Nosotros entrenamos a nuestros hijos a comer lo que ellos comen; pero también los podemos desentrenar. Me lo pude comprobar a mí misma.

macarrones con queso realmente sorprendentes

para la salsa

2 cucharadas de mantequilla sin sal

¼ taza (45 g/1 ½ oz) de harina de trigo (simple)

3 tazas (750 ml/24 fl oz) de leche entera

1 cebolla amarilla pequeña, finamente rebanada

½ hoja de laurel

una pizca de nuez moscada rallada

sal kosher y pimienta recién molida

250 g (½ lb) de macarrones, conchas u alguna otra forma de pasta

2 cucharadas de mantequilla sin sal

1 ½ taza (185 g/6 oz) de mezcla de quesos duros, rallados, como el cheddar, gruyère o parmesano

½ taza (125 ml/4 fl oz) de crema espesa

rinde de 4 a 6 porciones

Precaliente el horno a 180°C (350°F). Engrase con mantequilla un refractario cuadrado o similar de 25 cm (10 in) o de 4 a 6 refractarios individuales.

Para preparar la salsa, en una olla sobre fuego medio derrita la mantequilla. Integre la harina y cocine, moviendo, alrededor de un minuto, hasta que la mezcla forme una bola. Retire del fuego e integre la leche, batiendo con un batidor globo, una taza (250 ml/8 fl oz) a la vez, mezclando después de cada adición hasta obtener una mezcla tersa. Vuelva a colocar la olla sobre fuego medio y bata hasta que la mezcla suelte el hervor. Agregue la cebolla, hoja de laurel y nuez moscada; sazone al gusto con sal y pimienta. Reduzca el fuego a bajo y cocine alrededor de 10 minutos, hasta espesar. Cuele a través de un colador de malla fina sobre un tazón grande y cubra para mantener caliente. Usted deberá tener aproximadamente 2 ½ tazas (625 ml/20 fl oz).

Ponga una olla con tres cuartas partes de agua con sal sobre el fuego y lleve a ebullición, agregue la pasta y cocine siguiendo las instrucciones del paquete, hasta que esté al dente. Escurra, pase a un tazón e integre la mantequilla. Agregue la salsa, una taza (125 g/4 oz) de queso y la crema; mezcle para integrar. Sazone al gusto con sal y pimienta.

Añada la pasta al refractario preparado y espolvoree la ½ taza (60 g/2 oz) sobrante de queso sobre la superficie. Hornee alrededor de 30 minutos, hasta que burbujee y se dore. Deje enfriar durante 5 minutos antes de servir.

A mí me gusta como esta salsa entra en los círculos cóncavos de pasta conocidos como orecchiette u "orejitas". La calabaza dulce asada, una cubierta perfecta para el tocino salado, se desbarata ligeramente cuando se mezcla con la pasta, haciendo que la salsa sea realmente cremosa y sumamente exquisita. Éste es uno de mis platillos favoritos que sirvo en reuniones casuales con nuestros amigos, impresiona y es cálido, especialmente en una noche fría.

pasta de calabaza asada y tocino

Precaliente el horno a 200°C (400°F). En una charola para hornear con borde mezcle la calabaza con la cebolla y el aceite y extienda en una sola capa. Corte una cucharada de la mantequilla en trozos y coloque uniformemente sobre la calabaza. Sazone con sal y pimienta.

Ase alrededor de 45 minutos, rotando la charola de enfrente hacia atrás a la mitad del cocimiento, hasta que la calabaza y la cebolla estén doradas y suaves.

Ponga una olla con tres cuartas partes de agua con sal a hervir, agregue la pasta y cocine siguiendo las instrucciones del paquete, hasta que esté al dente. Escurra reservando una taza (250 ml/8 fl oz) del agua de cocimiento. Tape la pasta y mantenga caliente.

Mientras se cocina la pasta, caliente una sartén grande para saltear sobre fuego medio. Agregue el tocino y saltee alrededor de 4 ó 5 minutos, hasta que suelte la mayor parte de la grasa y el tocino esté crujiente en las orillas pero aún chicloso en el centro. Reserve una cucharada de la grasa y deseche el resto. Vuelva a colocar la sartén sobre fuego medio-alto. Añada la salvia y saltee durante 30 segundos. Agregue la calabaza y cocine alrededor de 2 minutos, moviendo ocasionalmente, hasta calentar por completo. Integre los piñones.

Añada la pasta caliente, las 2 cucharadas restantes de mantequilla y ¼ taza (60 ml/2 fl oz) del agua caliente de la pasta y mezcle para integrar. Si la pasta se ve seca incorpore un poco más del agua de la pasta. Sazone al gusto con sal y pimienta. Pase a un plato de servir precalentado y espolvoree el queso sobre la pasta. Sirva de inmediato.

1 calabaza butternut, de aproximadamente 750 g (1 ½ lb), partida a la mitad, sin piel y cortada en cubos del tamaño de un bocado

½ taza (60 g/2 oz) de cebolla amarilla, partida en dados

1 cucharada de aceite de oliva extra virgen

3 cucharadas de mantequilla sin sal

sal kosher y pimienta recién molida

250 g (½ lb) de orecchiette, penne o fusilli

4 rebanadas gruesas de tocino ahumado apple wood, picado

1 cucharada de salvia fresca, picada

¼ taza (45 g/1 ½ oz) de piñones, ligeramente tostados

½ taza (60 g/2 oz) de queso parmesano, rallado

rinde de 4 a 6 porciones

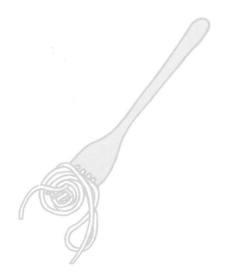

La carbonara es tan fácil de hacer que casi se termina antes de haber empezado. A mis hijas les encanta observar la alquimia que ocurre cuando la pasta caliente se mezcla con los huevos y el queso creando una salsa tersa espesa y cremosa. Usted tiene que trabajar con rapidez en este punto. Si no lo hace, los huevos se cuajan.

spaghetti carbonara

1 cucharada de aceite de oliva extra virgen

½ taza (75 g/2 ½ oz) de pancetta o tocino, cortado en dados

sal kosher y pimienta recién molida

375 g (¾ lb) de spaghetti

2 huevos grandes

2 cucharadas de queso parmesano recién rallado

½ taza (60 g/2 oz) de queso pecorino romano, rallado

rinde de 4 a 6 porciones

Caliente una sartén grande para saltear sobre fuego medio y agregue el aceite. Cuando el aceite esté caliente, agregue la pancetta y saltee durante 4 ó 5 minutos, hasta que haya soltado casi toda su grasa y la pancetta esté crujiente en las orillas pero aún chiclosa en el centro. Retire del fuego y reserve en la sartén.

Ponga una olla con tres cuartas partes de agua con sal a hervir, agregue la pasta y cocine siguiendo las instrucciones del paquete, hasta que esté al dente.

Mientras la pasta se cocina, en un tazón pequeño bata los huevos con un batidor globo hasta integrar por completo.

Escurra la pasta, reservando una taza (250 ml/8 fl oz) del agua de cocimiento. Agregue la pasta caliente a la sartén para saltear, aún fuera del fuego, y mezcle con la pancetta. Añada los huevos y mezcle vigorosamente para cubrir los hilos de spaghetti uniformemente. Integre ambos quesos con rapidez. Si la pasta se ve seca, incorpore un poco del agua caliente de la pasta para diluir la salsa. Muela bastante pimienta sobre la superficie y sazone con sal al gusto. Mezcle una vez más y sirva de inmediato en platos o tazones precalentados.

Yo prefiero el arroz Carnaroli para hacer risotto. Mantiene su textura mejor y queda ligeramente más firme que el popular arroz Arborio. Si no puede encontrar Carnaroli use Arborio, pero vigile de cerca la sartén para asegurarse de que no quede demasiado suave. El risotto terminado debe ser cremoso pero no aguado.

risotto cremoso

En una olla mezcle el caldo con 2 tazas (500 ml/16 fl oz) de agua y lleve a ebullición lenta sobre fuego medio. Cuando suelte el hervor reduzca el fuego a lo más bajo posible para mantener el caldo en ebullición muy lenta.

Caliente una olla gruesa sobre fuego medio y agregue la mantequilla. Cuando la mantequilla se empiece a dorar, agregue la cebolla y saltee alrededor de 4 minutos, hasta que esté translúcida. Sazone con sal y pimienta.

Agregue el arroz y saltee alrededor de 3 minutos, hasta que los granos se cubran de mantequilla y estén calientes y translúcidos. Añada el vino, lleve a ebullición y mezcle vigorosamente hasta que se absorba el vino. Agregue un cucharón pequeño del caldo caliente y mezcle hasta que casi todo se haya absorbido. Continúe agregando el caldo, un cucharón pequeño a la vez, cocinando y mezclando hasta que el caldo se haya absorbido casi por completo antes de agregar más.

El arroz estará listo cuando los granos se sientan casi suaves al morderlos pero aún ligeramente firmes en el centro y se resbalen fácilmente entre ellos cuando se pase una cuchara a través del centro de la sartén. Esto tomará aproximadamente 18 minutos desde el momento en que usted agregó por primera vez el caldo. Si el arroz no está listo, agregue más caldo o agua caliente y cocine durante unos minutos más.

Incorpore el queso usando movimiento envolvente y sazone al gusto con sal y pimienta. Sirva de inmediato. Si tiene que esperar algunos minutos, tape la sartén y diluya el risotto con un poco de caldo caliente antes de servir.

3 tazas (750 ml/24 fl oz) de caldo de pollo (página 182)

2 cucharadas de mantequilla sin sal

½ taza (75 g/2 ½ oz) de cebolla amarilla, finamente picada

sal kosher y pimienta recién molida

1 taza (220 g/7 oz) de arroz Carnaroli o Arborio

1 taza (250 ml/8 fl oz) de vino blanco seco

¼ taza (30 g/1 oz) de queso parmesano, rallado

rinde de 4 a 6 porciones

Cuando usted encuentra una comida que le gusta, ya sea pan o queso, tiende a enfocarse en ella. Cuando usted se da cuenta de esta obsesión su evaluación de las características de dicho alimento se hace más matizada. En nuestra casa nos obsesionamos con el arroz.

Si usted entra a nuestra casa en un día cualquiera encontrará por lo menos seis tipos diferentes de arroz en la despensa. Tenemos basmati blanco e integral, jazmín, blanco de grano largo, Carnaroli y tres tipos de arroz para sushi de grano corto con diferentes niveles de pulido. Yo la nombro "la casa del arroz". Comemos todos los tipos de arroz todo el tiempo, eligiendo un arroz específico para cada platillo. Yo me di por vencida tratando de usar un tipo de arroz para todo uso después de que mis hijas se quejaron de que el arroz del sushi no sabía bien con azafrán. Por lo que ahora yo uso arroz blanco de grano largo para los platillos estilo mexicano, el jazmín para los de inspiración tai, el basmati para los platillos hindúes y del Medio Oriente y el Carnaroli para los italianos.

El arroz es el camaleón de sabor perfecto. Cocine arroz en caldo de pollo o verduras para obtener un grandioso sabor sin ningún esfuerzo. Integre sus verduras favoritas, como los espárragos o los chícharos, a la receta de risotto (página 241) o use sus hierbas sobrantes, como el perejil, cebollín o eneldo, picándolas finamente e integrándolas con cualquier tipo de arroz al final del cocimiento. Cocine arroz con especias aromáticas como el jengibre o el coco rallado para hacer una versión suavemente sazonada. Entre más cocine, encontrará más preferencia hacia ciertos ingredientes. A medida que se familiarice más con ellos, usted buscará sus favoritos y algún día se encontrará buscando en su despensa y dándose cuenta de que ha convertido su casa en la casa de la mostaza o de la harina, o quizás incluso la casa del arroz como la nuestra.

Un pleito surge entre mis hijas por chupar la cuchara caliente cubierta de arroz cuando la saco de la olla. Mi más pequeña habla con gran entusiasmo sobre este pudín cremoso con sabor a coco. El aromático arroz de grano largo mantiene su elegante textura y proporciona un exótico perfume a este platillo terminado. El cardamomo es un magnífico acompañante para la leche de coco, pero si no tiene una vaina a la mano, el pudín seguirá siendo muy bueno sin él.

pudín de arroz con coco

1 ½ taza (375 ml/12 fl oz) de leche entera

3 tazas (750 ml/24 fl oz) de leche de coco sin endulzar

½ taza (125 g/4 oz) de azúcar

¾ taza (185 g/6 oz) de arroz basmati o jazmín

½ cucharadita de sal kosher

1 vaina de cardamomo verde, ligeramente machacada (opcional)

2 huevos grandes

½ taza (60 g/2 oz) de coco seco sin endulzar

Crema Batida Dulce (página 278), para acompañar

rinde de 4 a 6 porciones

En una olla mezcle ambas leches con ¼ taza (60 g/2 oz) del azúcar, el arroz, la sal y la vaina de cardamomo, si la usa. Lleve a ebullición sobre fuego medio-alto, mezclando frecuentemente para evitar que el arroz se quede en la base y se queme. Reduzca el fuego a bajo y hierva a fuego lento alrededor de 30 minutos, sin tapar, moviendo frecuentemente, hasta que el pudín esté espeso y cremoso y el arroz esté suave.

En un tazón bata vigorosamente los huevos con el ¼ taza restante de azúcar hasta que la mezcla caiga en un listón espeso y ancho cuando se levante el batidor globo. Agregue el arroz caliente, unas cucharadas a la vez, a los huevos mientras mezcla vigorosamente con una cuchara de madera.

Pase el pudín a un tazón de servicio grande o a tazones individuales. Deje enfriar a temperatura ambiente, cubra y refrigere hasta que esté totalmente frío.

Mientras tanto, precaliente el horno a 180°C (350°F). Extienda el coco uniformemente sobre una charola para hornear con borde y tueste alrededor de 8 minutos, moviendo ocasionalmente, hasta que se dore.

Sirva el pudín cubriendo con cucharadas de crema batida y espolvoreando con coco tostado.

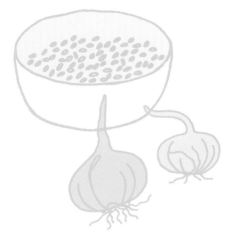

Este pilaf cubre todas las bases: arroz, verduras y pollo, convirtiéndolo en un maravilloso alimento en una olla y perfecto para alimentar a su familia durante la semana. No se preocupe acerca de la pequeña cantidad de agua que se pide para el arroz; el pollo suelta suficiente jugo y juntos darán suficiente líquido para cocinar el arroz.

pilaf horneado de arroz con pollo

1 pollo de 2 kg (4 lb), cortado en 8 piezas individuales

sal kosher y pimienta recién molida

1 cucharada de mantequilla sin sal

1 cebolla amarilla pequeña, finamente picada

2 zanahorias, cortadas en dados pequeños

2 tallos de apio, cortados en dados pequeños

2 dientes de ajo, finamente picados

1 ½ taza (330 g/10 ½ oz) de arroz basmati

1 cucharadita de tomillo fresco, picado

1 cucharada de perejil liso (italiano) fresco, picado

1 hoja de laurel

rinde de 4 a 6 porciones

Sazone las piezas de pollo por ambos lados con sal y pimienta. Reserve a temperatura ambiente mientras empieza a hacer el arroz. Precaliente el horno a 220°C (425°F).

Caliente un horno holandés grande o una olla grande y gruesa con tapa pesada sobre fuego medio-alto y agregue la mantequilla. Cuando la mantequilla se empiece a dorar agregue la cebolla, zanahoria, apio y ajo; sazone con sal y pimienta. Cocine alrededor de 3 ó 4 minutos, moviendo ocasionalmente, hasta que las verduras estén suaves. Agregue el arroz y cocine durante un minuto moviendo constantemente, para tostar ligeramente.

Retire del fuego, integre el tomillo, perejil y hoja de laurel y coloque el pollo sobre el arroz en una sola capa. Coloque en el horno, sin cubrir, y ase durante 15 minutos. Reduzca el fuego a 180°C (350°F), agregue una taza (250 ml/8 fl oz) de agua, tape la olla y hornee alrededor de 45 minutos, hasta que el pollo esté totalmente opaco y el arroz esté suave.

Retire del horno y deje reposar, tapado, durante 10 minutos. Destape, esponje el arroz debajo del pollo con un tenedor grande, deseche la hoja de laurel y sirva directamente de la olla.

Yo crecí alimentada con lentejas cocinadas con el hueso que quedaba del jamón. Cuando comíamos jamón yo sabía que de seguro el siguiente plato eran lentejas. En esta receta yo usé tocino en su lugar. Usted puede servir el guisado solo o puede servirlo sobre tallarín de huevo con mantequilla, que es como les gusta a mis hijas.

guisado de lenteja, espinaca y tocino

Caliente una olla grande sobre fuego medio. Agregue el tocino y saltee alrededor de 5 minutos, hasta que el tocino haya soltado la mayor parte de su grasa y esté dorado. Agregue la zanahoria, cebolla, apio y ajo; saltee durante 2 ó 3 minutos, hasta que estén suaves. Sazone al gusto con sal y pimienta.

Añada las lentejas y mezcle para cubrir con la grasa. Eleve el fuego a medio-alto, agregue 3 tazas (750 ml/24 fl oz) de agua y el caldo, tomillo y hoja de laurel y lleve a ebullición. Reduzca el fuego a medio-bajo, agregue una cucharadita de sal y hierva a fuego lento, sin tapar, durante 35 ó 40 minutos, hasta que las lentejas estén suaves.

Integre la espinaca con la mezcla de lentejas y cocine alrededor de 4 minutos, hasta que se marchite. Sazone al gusto con sal y pimienta. Pase a un tazón de servicio precalentado, espolvoree con las migas de pan, si las usa, y sirva de inmediato.

3 rebanadas gruesas de tocino, partido en dados

2 zanahorias, sin piel y cortadas en trozos de 2.5 cm (1 in)

½ cebolla amarilla pequeña, finamente picada

1 tallo de apio, picado

3 dientes de ajo, presionados

sal kosher y pimienta recién molida

2 tazas (440 g/14 oz) de lentejas francesas verdes pequeñas, limpias y enjuagadas

2 tazas (500 ml/16 fl oz) de caldo de pollo (página 182)

1 cucharadita de tomillo fresco, picado

1 hoja de laurel

6 tazas (250 g/8 oz) de hojas de espinaca pequeña

Migas de Pan Frito (página 280), para acompañar

rinde de 4 a 6 porciones

Este curry vegetariano es imponente después de un día de reposo, así el garbanzo tiene tiempo para absorber el sabor de las especias. Yo siempre lo preparo con un día de anticipación sólo por esa razón. Usando una cuchara, ponga este curry vegetariano sobre arroz basmati caliente, cocido al vapor, para que pueda apreciar por completo los sabores de la salsa. Si quiere un poco de picor, agregue un poco de chile serrano finamente picado. Acompañe con cucharadas de raita (página 65) para obtener un contraste fresco.

curry de garbanzo

Caliente una olla grande sobre fuego medio-alto y agregue el aceite. Cuando el aceite esté caliente agregue la cebolla, ajo y jengibre, saltee durante 1 ó 2 minutos, hasta que el ajo empiece a dorarse.

Agregue las semillas de comino, jitomates, garam masala, cúrcuma, cilantro y 2 tazas (500 ml/16 fl oz) de agua; sazone con una cucharadita de sal y lleve a ebullición. Reduzca el fuego a medio-bajo y hierva lentamente durante 15 minutos sin tapar.

Agregue las papas y el garbanzo y continúe hirviendo lentamente de 15 a 20 minutos más, hasta que las papas estén suaves.

Sazone al gusto con sal e integre el cilantro y el jugo de limón. Pase a un tazón de servicio precalentado y sirva de inmediato. Pase el arroz y la raita a la mesa (vea nota superior).

2 cucharadas de aceite de canola

1 ½ taza (185 g/6 oz) de rebanadas delgadas de cebolla amarilla

3 dientes de ajo, presionados

3 cucharadas de jengibre sin piel, rallado

¼ cucharadita de semillas de comino

2 tazas (375 g/12 oz) de jitomates frescos o de lata, cortados en dados, con su jugo

2 cucharaditas de garam masala

½ cucharadita de cúrcuma y la misma cantidad de semillas de cilantro, molidas

sal kosher

2 tazas (315 g/10 oz) de papas Yukon doradas, partidas en cubos

5 tazas (1 kg/35 oz) de garbanzo cocido, drenado (página 281)

¼ taza (10 g/⅓ oz) de cilantro fresco, picado

2 cucharadas de jugo de limón amarillo

rinde de 4 a 6 porciones

El secreto para obtener un hummus terso y cremoso es usar garbanzos totalmente cocidos, agregar únicamente el líquido suficiente y continuar haciendo puré hasta obtener la textura adecuada. Tenga cuidado de no agregar demasiado líquido de golpe o se estará arriesgando a obtener una sopa. Los garbanzos blancos también se pueden sustituir por un delicioso puré.

hummus con pan árabe tostado

2 ½ tazas (500 g/18 oz) de garbanzo cocido, drenado (página 281)

¾ taza (235 g/7 ½ oz) de tahini

½ taza (125 ml/4 fl oz) de jugo fresco de limón amarillo

¼ taza (60 ml/2 fl oz) de aceite de oliva extra virgen, más el necesario para rociar

sal kosher

½ cucharadita de pimienta de cayena

3 panes árabes, hechos en casa (página 26) o comprados, cada uno cortado en 8 rebanadas

páprika dulce o ahumada, para adornar

rinde aproximadamente 3 ½ tazas (875 g/28 oz)

En un procesador de alimentos mezcle el garbanzo con el tahini y el jugo de limón y procese hasta obtener una mezcla tersa. Si el puré está demasiado duro para moverlo suavemente, agregue 1 ó 2 cucharadas de agua conforme sea necesario para obtener una pasta muy tersa y espesa. Con el procesador encendido vierta el aceite a través del tubo alimentador y continúe procesando hasta que el aceite esté totalmente incorporado. Sazone con una cucharadita de sal y la pimienta de cayena. Pase el hummus a un tazón, tape y refrigere durante algunas horas para integrar los sabores.

Mientras tanto, precaliente el horno a 180°C (350°F). Coloque las rebanadas de pan árabe sobre una charola para hornear con borde, rocíe con aceite y espolvoree con sal. Tueste en el horno de 10 a 15 minutos, hasta que estén doradas y crujientes. Deje enfriar.

Pruebe el hummus y rectifique la sazón con sal y/o jugo de limón. Pase a un tazón de servicio, espolvoree con la páprika y sirva acompañando con las rebanadas de pan árabe.

Yo muelo mis frijoles refritos hasta que los hago un puré terso. Si usted prefiere los frijoles con textura, retire una tercera parte de los frijoles, muela los demás y vuelva a ponerlos en la olla. La grasa es lo que hace que los frijoles refritos adquieran un delicioso sabor y, aunque a muchos no les gusta la manteca por razones de salud, en realidad hace los mejores frijoles refritos.

frijoles negros refritos

Limpie los frijoles desechando los que estén arrugados y las arenillas. Coloque en un tazón, agregue agua hasta cubrir por 10 cm (4 in) y remoje durante toda la noche.

Escurra los frijoles, enjuague perfectamente y pase a una olla. Agregue el ajo, cebolla, comino y agua hasta cubrir y lleve a ebullición sobre fuego alto, retirando la espuma que se forme en la superficie. Reduzca el fuego a medio-bajo y hierva lentamente durante 30 minutos. Agregue una cucharadita de sal y el agua necesaria para mantener los frijoles sumergidos; continúe cocinando de 15 a 20 minutos más, hasta que los frijoles estén muy suaves pero no pegajosos. Retire del fuego y deje enfriar los frijoles en su líquido de cocimiento, escurra y reserve un poco del líquido de cocimiento. (O, si no los va a usar inmediatamente, refrigere los frijoles fríos en el líquido de cocimiento.)

Coloque los frijoles en un procesador de alimentos y procese hasta que estén tersos. Si el puré es demasiado duro para moverse suavemente, agregue 1 ó 2 cucharadas del líquido de cocimiento conforme sea necesario para obtener una pasta muy tersa y espesa. Pruebe y sazone con sal.

Caliente una sartén para saltear sobre fuego medio y agregue el aceite. Cuando el aceite esté caliente, agregue los frijoles, mezcle perfectamente para incorporar con el aceite y cocine alrededor de 7 minutos, moviendo constantemente, hasta que los frijoles siseen y se separen de los lados de la sartén. Pruebe y rectifique la sazón con sal y agregue la pimienta de cayena si usted quiere frijoles picantes. Sirva de inmediato.

1 taza (220 g/7 oz) de frijoles negros secos

2 dientes de ajo grandes

1 cebolla amarilla, picada

½ cucharadita de semillas de comino

sal kosher

¼ taza (6 ml/2 fl oz) de aceite de canola o ¼ taza (60 g/2 oz) de manteca

¼ cucharadita de pimienta de cayena (opcional)

rinde de 4 a 6 porciones

¿Chocolate semiamargo o de leche? ¿Azúcar mascabado o blanco? ¿Canela, nuez moscada o jengibre? Esos son sólo algunos ingredientes que hay en la despensa.

azúcar, especias y chocolate

El mundo es un lugar más dulce y aromático gracias a las especias, azúcar y chocolate. Pero no siempre fue así. Durante varios momentos de la historia, cada uno de estos ingredientes era considerado muy valioso, disponible únicamente para los ricos. Las guerras fueron causadas por las rutas de las especias. La caña de azúcar era bloqueada por los ingleses. Los aztecas y los mayas eran saqueados por sus escondites de chocolate. Usted puede imaginar lo aburrido que era la vida antes de que se descubriera este delicioso trío. Hoy en día damos por hecho la existencia de estos ingredientes, mezclándolos felizmente en soufflés sumamente altos, galletas chiclosas, pudines cremosos, dulces crujientes, ricas salsas y pan de jengibre desmoronable, olvidándonos de la intriga histórica y las traiciones que incitaron en los corazones de aquellos que los deseaban.

Ya sea una gran rebanada de empalagoso pastel de chocolate, un cálido pan de jengibre con especias o un pay de manzana con canela que hace que usted se desvanezca, el azúcar es sumamente exquisito y delicioso, especialmente cuando se combina con especias, chocolate o fruta.

dulce, dulce azúcar

El azúcar es un arduo trabajador. Ayuda a estabilizar claras de huevo cuando se baten para hacer un merengue, suaviza los pasteles, endulza el café o el té, se convierte en caramelo cuando se hierve, es la base para todo tipo de betunes y confecciones y preserva a la fruta en frascos de mermeladas o jaleas. Ha sido cultivada en India desde el año 10,000 A.C. pero no estaba tan ampliamente disponible en Europa hasta el siglo XVIII. Otro siglo pasaría antes de que el azúcar blanco fuera un ingrediente común en las mesas de Norteamérica.

La caña de azúcar y la remolacha azucarera son las principales fuentes del azúcar mundial, siendo esta última la responsable de sólo el 30% de la producción. La mayoría de nosotros no podemos diferenciar entre los dos, aunque muchos pasteleros insisten en usar el de caña de azúcar, reclamando que el azúcar de remolacha puede tener un efecto impredecible en sus recetas.

El azúcar puede ser morena, cruda y refinada. No es de sorprenderse que entre menos refinada esté, ésta

proporciona mayor nutrición. El azúcar morena húmeda y suave, que es simplemente azúcar granulada que ha sido teñida con melaza, tiene el mayor valor nutritivo debido a su contenido de melaza. Viene en dos tipos, la oscura y la clara, dependiendo de la cantidad de melaza.

En los Estados Unidos, los azúcares llamados azúcares sin refinar, que en realidad son parcialmente refinados y que varían del color café oscuro hasta el café amarillento, incluyen el azúcar Demerara, mascabado y turbinado. El azúcar refinado blanco viene en muchos tamaños de cristales, desde el azúcar de grano grande (para decorar) hasta el azúcar granulado del diario y el azúcar superfino (caster) y el azúcar glass, el cual se hace al pulverizar los cristales en un polvo sumamente fino.

comprando y almacenando azúcar

En los supermercados hay muchas variedades de azúcares convencionales y orgánicos. Los empaques que están etiquetados como "azúcar puro de caña de azúcar" garantizan que el azúcar ha sido extraído de caña de

azúcar. Los sacos que no tienen el letrero de "caña" es muy probable que tengan azúcar hecho de remolacha de azúcar.

El azúcar orgánico, a menudo llamado jugo de caña evaporado, debe ser hecho de caña de azúcar cultivada orgánicamente y debe ser procesada y refinada orgánicamente. Algunos azúcares orgánicos son menos refinados que otros y tienen un tono dorado. Pero todos los azúcares saben igual ya sean orgánicos o no.

Almacene todo tipo de azúcar, sin importar de que tipo sean, en recipientes con cierre herméticos para mantenerlo fresco, seco y libre de contaminantes. Para mantener el azúcar moreno suave, refrigérelo. Si su azúcar moreno se endurece, caliéntelo en el horno de microondas alrededor de 30 segundos y úselo rápidamente antes de que se vuelva a endurecer.

CÓMO CARAMELIZAR AZÚCAR

Caramelizar azúcar es sencillo pero se debe tener cuidado. Mantenga a los niños pequeños y a las distracciones lejos de la estufa. Si usted está practicando, empiece preparando una cantidad pequeña. Cuando empiece a ganar confianza, haga cantidades mayores. Siempre mantenga un tazón con agua con hielo cerca de la estufa. Ahí deberá meter cualquier parte de su cuerpo que se salpique con el caramelo caliente.

1   Vierta ¼ taza (60 g/2 oz) de azúcar granulado en una olla pequeña y gruesa. Caliente sobre fuego medio-alto mientras mezcla constantemente con una cuchara de madera. El azúcar empezará a derretirse y a hacerse bolas.

2   Continúe mezclando hasta que el azúcar se dore. Desbarate las bolas grandes en trozos más pequeños con la punta de la cuchara. Se disolverán en cuanto el azúcar se caramelice. Mezcle hasta que el caramelo esté de color dorado oscuro y todas las bolas hayan desaparecido.

COCOA EN POLVO PROCESADA ESTILO ALEMÁN CONTRA COCOA NATURAL

La cocoa en polvo alemana o procesada estilo alemán es cocoa en polvo sin endulzar que ha sido tratada con un álcali para neutralizar sus ácidos. Es de color café rojizo, tiene un suave sabor y se disuelve fácilmente en los líquidos. Su delicado sabor la convierte en la cocoa ideal para los platillos horneados y galletas delgadas. Debido a que sus ácidos han sido neutralizados, no se puede usar para activar el bicarbonato de sodio en las recetas y no se puede intercambiar por la cocoa en polvo natural en ninguna receta que lleve bicarbonato de sodio como agente leudante.

La cocoa en polvo natural es muy amarga e imparte un fuerte sabor a chocolate a los platillos horneados, especialmente a los brownies y a los pasteles de chocolate. También es ácida, lo que significa que se puede usar para activar el bicarbonato de sodio en las recetas.

chocolate, la gratificación favorita

Desde hace mucho tiempo me he comprobado a mí misma que el chocolate eleva el nivel de endorfinas en el flujo de sangre, o sea los compuestos naturales en el cuerpo que nos llenan con un sentido de bienestar. Quizás el deseo de sentir ese flujo de endorfina fue lo que causó la lucha por obtener el chocolate hace muchos siglos. Asegúrese de almacenar el chocolate, especialmente el chocolate de muy buena calidad, bien envuelto en papel aluminio o plástico adherente a temperatura ambiente fresca.

cómo se hace el chocolate

El chocolate se hace del fruto del árbol de cacao, el cual crece dentro de una delgada banda geográfica a lo largo del ecuador. Se cultivan tres tipos básicos de árbol de cacao: el Forastero que produce aproximadamente el 80% de la producción mundial mientras que el Criollo y el Trinitario producen aproximadamente el 10% cada uno. El chocolate más fino viene de la última variedad.

Después de cosechar el fruto de cacao, se retiran las semillas y la pulpa y se fermentan en barricas durante algunos días o hasta por una semana. Este paso es lo que le proporciona al chocolate su sabor familiar. Las semillas se secan rápidamente, ya sea bajo el sol si el clima es el adecuado o mecánicamente si no lo es, para evitar que se forme moho y se trasportan a una instalación para fabricar chocolate.

Los granos de cacao, como se conocen las semillas fermentadas y secas, se asan, pelan y muelen en trocitos llamados trozos de cacao triturado. Los trozos de cacao triturado, que contienen sólidos de cacao y manteca de cacao, se muelen en una pasta llamada licor de chocolate, que es la base de la cual se hace el chocolate.

el aroma de las especias

La producción de especias es y siempre ha sido un trabajo muy intenso. Damos por sentado la existencia de las especias pero no somos los que las cultivan, seleccionan, pelan, secan y muelen. La mayoría de las especias crecen en regiones tropicales que van desde Asia, África y el Medio Oriente hasta Sudamérica, y sus cultivos han forjado una enorme franja aromática alrededor del mundo.

Las especias tienen un carácter dulce y sazonado, siendo la pimienta de jamaica, canela, nuez moscada, macis, clavo, jengibre y cardamomo las especias dulces más comunes y la cúrcuma, alcaravea, comino, mostaza, apio y semillas de mostaza así como la pimienta blanca y la negra las especias sazonadas más comunes. El cilantro, hinojo y azafrán están en el puente entre el mundo dulce y el sazonado.

Las especias enteras, por lo general, ofrecen la mejor calidad. Una vez que son molidas empiezan inmediatamente a perder su potencia, debido a que desprenden sus aceites aromáticos. Si le es posible, compre especias enteras y muélalas con un molino eléctrico o un mortero y su mano. O, por el contrario, compre pequeñas cantidades de especias molidas de manera que se le terminen rápido. Almacene todas las especias, ya sea enteras o molidas, en recipientes con cierre hermético en una alacena fresca. Para refrescar las especias enteras antes de molerlas, tuéstelas ligeramente en el horno a 180°C (350°F) durante algunos minutos para que desprendan su perfume.

una nota acerca de la canela

La mayoría de la canela vendida en los Estados Unidos proviene del árbol de casia, un pariente de la canela auténtica. A diferencia de la canela, que es la piel delgada enrollada de la corteza interior de color café claro y que truena fácilmente cuando se exprime, la casia es una vaina de color café rojizo oscuro, dura y gruesa. La canela auténtica es más aromática y tiene un sabor más delicado que la casia además de que es más cara.

TODOS LOS TIPOS DE CHOCOLATE

- **Chocolate blanco:** A pesar de su nombre el chocolate blanco no es chocolate auténtico debido a que no contiene licor de chocolate. Es una mezcla de sólidos de la leche, manteca de cacao, vainilla y lecitina (un emulsificador). El chocolate blanco es bueno para betunes, rellenos y galletas. A mí me parece demasiado dulce para comerlo.

- **Chocolate de leche:** Hecho de sólidos de la leche, licor de chocolate, azúcar, vainilla y lecitina, el chocolate de leche es maravilloso para comerse solo, en forma de chocolate en barra, así como para hornear cuando se desea un sabor suave a chocolate.

- **Chocolate oscuro:** Este término se usa para un chocolate endulzado, por lo general chocolate semiamargo (simple) o semidulce hecho con licor de chocolate, manteca de cacao, azúcar, vainilla y lecitina pero sin sólidos de la leche. En los Estados Unidos los chocolates semiamargo y semidulce deben contener mínimo un 35% de licor de chocolate y algunos de ellos contienen hasta el 70%. El chocolate súper amargo puede tener hasta el 85% de licor de chocolate. Para hornear a mí me gusta usar chocolate que contenga entre el 60 y el 70% de licor de chocolate porque no es demasiado dulce ni demasiado fuerte. Los chocolates con porcentajes mayores algunas veces contienen menos emulsificante, lo que significa que se pueden cortar si se calientan demasiado.

- **Chocolate para repostería:** También conocido como chocolate sin endulzar, el chocolate para repostería contiene licor de chocolate y manteca de cacao pero no contiene azúcar. Proporciona un intenso sabor a chocolate a los platillos horneados.

- **Trozos de cacao triturado:** Estos trozos son granos de cacao asados y molidos. Proporcionan una textura crujiente con sabor a chocolate a los rellenos, galletas, brownies y demás platillos horneados y son deliciosos cuando se espolvorean sobre helado y pasteles con betún.

- **Cocoa en polvo:** Cuando se le ha retirado prácticamente toda la manteca de cacao al licor de chocolate, queda un sólido que se muele y se obtiene este polvo sin endulzar. Existen dos tipos básicos de cocoa en polvo: la natural y la procesada estilo alemán (vea explicación a la izquierda).

estrellas de malvavisco hechas en casas

El milagro de los malvaviscos hechos en casa, la sorprendente alquimia de gelatina y miel de azúcar caliente, es una imagen que es digna de contemplar. Y una vez que los haya hecho, nunca más querrá comprar los malvaviscos esponjados que se venden en bolsas de plástico.

Ver como se juntan todos los ingredientes es tan divertido que con frecuencia hacemos malvaviscos en nuestra casa y los damos como regalo. Nuestros amigos dudan cuál es nuestra obsesión. Nunca les he contado lo divertido que es hacer malvaviscos porque temo perder hogares cariñosos para poder regalar nuestra extraordinaria producción.

La fabricación de malvaviscos lleva su riesgo. Tanto la miel de azúcar caliente y los pasos de batido, tareas únicamente para adultos, pueden causar quemaduras, por lo que usted tiene que estar alerta mientras trabaja. También asegúrese de retirar todos los trastos que puedan impedir su viaje de la estufa a la batidora.

variedades de malvaviscos

Agregue el sabor o color después de que la mezcla de los malvaviscos esté blanca y espesa.

malvaviscos de cocoa
Incorpore batiendo 2 cucharadas de cocoa en polvo sin endulzar.

malvaviscos de menta
Incorpore batiendo ½ cucharadita de extracto puro de menta.

malvaviscos arco iris
Tíñalos con el color de su elección usando colorantes naturales o colorantes artificiales para alimentos que son más seguros. Agregue unas cuantas gotas hasta que obtenga la intensidad de color deseado.

malvaviscos sumergidos en chocolate

Corte los malvaviscos en doce cuadros de 4 cm (1 ½ in). Espolvoree ligeramente con azúcar glass, sacudiendo para retirar el exceso. Coloque sobre una rejilla puesta dentro de una charola para hornear forrada con papel encerado para hornear. Derrita 250 g (8 oz) de chocolate semiamargo en un hervidor doble (baño María) y deje enfriar hasta que esté tibio y aún líquido. Usando un cucharón ponga el chocolate sobre los malvaviscos, cubriendo todos los que pueda. Golpee la rejilla contra la charola para hacer que el exceso de chocolate se escurra, refrigere los malvaviscos en la rejilla sobre la charola alrededor de 20 minutos, hasta que el chocolate se endurezca. Almacene los malvaviscos en un recipiente hermético a temperatura ambiente.

lo que necesitará para hacer malvaviscos

- ¼ taza (30 g/1 oz) de fécula de maíz (maicena)
- ½ taza (60 g/2 oz) de azúcar glass
- molde de 28 x 23 cm (11 x 9 in)
- papel aluminio
- aceite de canola para la olla
- 1 ½ cucharada de grenetina sin sabor
- ¼ cucharadita de sal kosher
- ¼ cucharadita de cremor tártaro
- 1 ¼ taza (315 g/10 oz) de azúcar granulada
- 1 cucharada de miel de maíz clara
- 1 cucharadita de extracto puro de vainilla
- molde de estrella de 4 cm (1 ½ in)

1 prepare la sartén

En un tazón cierna la fécula de maíz con el azúcar glass. Forre el molde con papel aluminio y engrase el papel ligeramente con aceite. Cierna ¼ taza (30 g/1 oz) de la mezcla de azúcar sobre el molde y ladee para cubrir la base y los lados. Deje el exceso en una capa uniforme sobre la base.

2 disuelva la grenetina

Vierta ½ taza (125 ml/4 fl oz) de agua en el tazón de una batidora de mesa. Espolvoree la grenetina sobre el agua, bata y deje reposar durante 5 minutos para suavizar. Integre la sal y el cremor tártaro, batiendo. Adapte la batidora con el aditamento de batidor globo y bata a velocidad media durante 2 ó 3 minutos, hasta esponjar.

3 derrita el azúcar

Ponga ½ taza (125 ml/4 fl oz) de agua en una olla. Integre el azúcar granulada y la miel de maíz. Coloque sobre fuego medio-alto, lleve a ebullición y cocine, sin mover, hasta que la mezcla adquiera un color café claro y registre aproximadamente 120°C (250°F) en un termómetro de repostería o punto de bola firme.

4 agregue el azúcar caliente

Encienda la batidora a velocidad media y rocíe la miel de azúcar caliente sobre la mezcla de grenetina, alimentándola entre el batidor y la orilla del tazón. ¡Tenga mucho cuidado!

5 bátala

Aumente la velocidad a alta y bata la mezcla alrededor de 5 minutos, hasta que la mezcla esté blanca y espesa. Agregue la vainilla y bata alrededor de 20 minutos, hasta que la mezcla se enfríe.

6 aplane los malvaviscos

Vierta en el molde preparado. Sumerja un cuchillo de paleta en agua fría y aplane la superficie. Deje reposar alrededor de una hora, hasta que se forme una nata en la superficie. Espolvoree con ¼ taza de la mezcla de azúcar y deje reposar durante toda la noche a temperatura ambiente.

7 haga estrellas

Cubra un molde con papel encerado y espolvoree con la mezcla de azúcar. Sumerja el molde de estrella en el azúcar y corte estrellas de malvavisco. Acomode las estrellas en el molde espolvoreándolas con más azúcar. Tape herméticamente y almacene a temperatura ambiente hasta por 2 semanas.

A mis hijas les gusta la suntuosidad de la leche entera en esta suculenta bebida. Para hacer una bebida con menos grasa, use leche ligera y omita la crema. Para una bebida más espesa, agregue más crema y menos leche entera. La vida de un malvavisco hecho en casa es efímera una vez que toca el chocolate caliente, convirtiéndose rápidamente en un estanque con esencia de malvavisco esponjoso. Revuelva para integrarlo y disfrute.

chocolate caliente con malvaviscos

4 tazas (1 litro/32 fl oz) de leche entera

½ taza (125 ml/4 fl oz) de crema dulce para batir

185 g (6 oz) de chocolate semiamargo o de leche, o una mezcla de ambos

1 cucharadita de extracto puro de vainilla

¼ cucharadita de canela molida (opcional)

de 2 a 4 cucharadas de azúcar

estrellas de malvavisco (página 258), para acompañar

rinde de 4 a 6 porciones

Vierta la leche y la crema en una olla gruesa, coloque sobre fuego medio-alto y caliente hasta que esté muy caliente pero aún no suelte el hervor.

Usando un batidor globo integre el chocolate, la vainilla y la canela, si la usa, y continúe batiendo hasta que la leche espume y el chocolate se haya incorporado. Siga batiendo e integre azúcar al gusto.

Divida entre tarros precalentados y cubra cada porción con una o dos estrellas de malvavisco. Sirva de inmediato.

Es maravilloso servir mantecadas que usted ha hecho de principio a fin para la fiesta de cumpleaños de sus hijos, en vez de hacerlas con harina preparada para mantecadas. En esta receta cubro la mitad de ellas con betún de vainilla y la mitad con betún de chocolate para tener variedad. Para hacer mantecadas de vainilla, omita la cocoa en polvo y el chocolate derretido y agregue ¼ taza (45 g/1 ½ oz) más de harina y ¼ taza (60 g/2 oz) de azúcar.

mantecadas de chocolate para cumpleaños

1 ½ taza (235 g/7 ½ oz) de harina de trigo (simple)

¼ taza (20 g/¾ oz) de cocoa en polvo sin endulzar, cernida

1 cucharadita de polvo para hornear

½ cucharadita de sal kosher

¼ cucharadita de bicarbonato de sodio

½ taza (125 ml/4 fl oz) de leche entera

½ taza (125 ml/4 fl oz) de crema dulce para batir

½ taza (125 g/4 oz) de mantequilla sin sal, a temperatura ambiente

1 ¼ taza (315 g/10 oz) de azúcar

2 huevos más 1 yema de huevo

125 g (4 oz) de chocolate semiamargo, derretido

1 cucharadita de extracto puro de vainilla

rinde 16 mantecadas

Precaliente el horno a 180°C (350°F). Cubra con papel encerado o capacillos de papel los 12 moldes de una charola para mantecadas y 4 moldes más de otra charola, distribuyendo los de la segunda charola en moldes separados para obtener un horneado uniforme.

En un tazón mezcle la harina, cocoa, polvo para hornear, sal y bicarbonato de sodio. En otro tazón bata la leche con la crema ácida.

En el tazón de una batidora de mesa, usando el aditamento de pala, bata la mantequilla con el azúcar a velocidad alta, hasta obtener una mezcla ligera y esponjada. Detenga la batidora y baje la masa que quede sobre las paredes del tazón. A velocidad media, agregue los huevos y la yema de huevo, uno a la vez, batiendo hasta integrar por completo después de cada adición. Una vez más, baje la masa que quede sobre las paredes del tazón. Agregue el chocolate y la vainilla. A velocidad baja añada la mezcla de harina alternando con la mezcla de leche, batiendo después de cada adición. Baje la masa que quede en las paredes del tazón. A velocidad alta bata durante 5 segundos para integrar por completo. Usando una cuchara pase la masa a los moldes para mantecadas preparados, llenándolos hasta tres cuartas partes de su capacidad.

Hornee de 15 a 17 minutos, hasta que un palillo de madera insertado en el centro de una mantecada salga limpio. Desmolde las mantecadas sobre una rejilla, voltéelas para dejar boca arriba y deje enfriar por completo.

betunes de chocolate y vainilla

Para hacer los betunes, en el tazón de una batidora de mesa usando el aditamento de pala bata la mantequilla, azúcar glass y sal a velocidad media hasta mezclar. Aumente la velocidad a alta y bata hasta esponjar. Detenga la batidora y baje la mezcla que haya quedado en las paredes del tazón. Agregue la leche y la vainilla y bata hasta esponjar. Detenga la batidora y reserve 1 ¾ taza (430 ml/14 fl oz) del betún en un tazón. Éste es el betún de vainilla

Cierna la cocoa sobre el betún que queda en el tazón de la batidora. Bata a velocidad baja hasta mezclar. Aumente la velocidad a alta y bata hasta esponjar. Agregue el agua caliente (para activar el sabor de la cocoa) y bata el betún durante un minuto más. Éste es el betún de chocolate.

Cubra la mitad de las mantecadas frías con el betún de vainilla y la mitad con el de chocolate.

1 taza (250 g/8 oz) de mantequilla sin sal, a temperatura ambiente

4 tazas (500 g/1 lb) de azúcar glass, cernida

1 cucharadita de sal kosher

¼ taza (60 ml/2 fl oz) de leche entera

2 cucharaditas de extracto puro de vainilla

¼ taza (20 g/¾ oz) de cocoa en polvo sin endulzar

2 cucharaditas de agua muy caliente

rinde aproximadamente 3 ½ tazas (875 ml/28 fl oz) de betún

Mi hija menor tenía dos años de edad cuando escribí mi primer libro de cocina. Yo la ponía en su silla alta, en donde podía jugar con las tazas de medir y las cucharas y balbucear mientras yo probaba las recetas. Una mañana, empecé a probar las recetas para los pasteles de chocolate. Para la tarde la cocina estaba llena con un aroma a chocolate caliente. Saqué mi primera prueba del horno y mi hija de pronto se quedó callada. Dejé el pastel imperfectamente esponjado sobre la cubierta de mi cocina y empecé a hornear otro. Cuando me incliné sobre la batidora pude sentir los ojos de mi hija fijos en mi espalda. Preocupada por su silencio, voltee para ver si ella estaba bien. Sentada perfectamente derecha, ella tenía su mirada fija en mí y en el pastel que se estaba enfriando. Entonces empezó a golpear las tazas de medir sobre la charola de su silla alta y a cantar "¡pastel de chocolate! ¡pastel de chocolate!" Esto de una niña que todavía no había pronunciado una palabra.

Le corté una rebanada delgada, ella se la engulló en un segundo e inmediatamente cantó para que le diera más. Le dí otra rebanada y después escondí el pastel, sin saber qué tanto chocolate podía comer una niña de dos años de edad. Para retirarla del aire con aroma de chocolate, rápidamente la llevé a su arenero para que jugara, en donde se sentó alegremente haciendo pastelitos de arena y balbuceando acerca del pastel de chocolate. Yo sabía que acababa de ser testigo del nacimiento de un amante de chocolate de por vida.

Quizás había hecho surgir la adoración interna de mi hija hacia el chocolate con el pastel de chocolate pero desde entonces a ella y a la mayoría de sus amigas les encantan las mantecadas. Mi mejor amiga tiene cuatro hijos y a menudo omite el glaseado y espolvorea sus mantecadas con azúcar glass para hacer una versión más sencilla en vez de hacer toda la receta.

Los soufflés son espectaculares y sumamente fáciles de hacer. En nuestra casa un soufflé de chocolate, todavía peligrosamente caliente recién sacado del horno, es devorado rápidamente acompañado con grandes cucharadas de helado de vainilla. Sólo asegúrese de que sus hijos no se quemen la lengua. Usted puede preparar este soufflé hasta con 4 horas de anticipación y dejarlo reposar a temperatura ambiente antes de meterlo al horno.

soufflé de chocolate

2 cucharadas de mantequilla sin sal, más 1 cucharada de mantequilla derretida para engrasar el molde para soufflé

¾ taza (185 g/6 oz) de azúcar granulada

185 g (6 oz) de chocolate semiamargo, de preferencia con un mínimo de 70% de cacao, picado

2 cucharadas de crema dulce para batir

4 yemas de huevo grandes

1 cucharadita de extracto puro de vainilla

6 claras de huevo grandes

¼ cucharadita de sal kosher

¼ cucharadita de cremor tártaro

azúcar glass, para espolvorear

rinde de 4 a 6 porciones

Coloque una rejilla en la parte central del horno dejando bastante espacio sobre ella para que el soufflé se pueda esponjar; precaliente el horno a 220°C (425°F). Barnice la base y los lados de un molde para soufflé con capacidad de 6 tazas (1.5 litro/48 fl oz) con la mantequilla derretida y cubra con ¼ taza (60 g/2 oz) del azúcar granulada, sacudiendo para retirar el exceso.

En un tazón térmico mezcle la mantequilla restante con el chocolate y la crema. Coloque el tazón sobre agua hirviendo lentamente en una olla (pero sin tocarla) y caliente, moviendo ocasionalmente, hasta que se derrita y esté terso. Reserve en un lugar cálido. En un tazón grande, usando un batidor globo, bata vigorosamente las yemas de huevo con la vainilla y ¼ taza (60 g/2 oz) del azúcar granulada hasta que la mezcla caiga en listón espeso y ancho cuando se levante el batidor globo. Integre la mezcla de chocolate.

En el tazón de una batidora de mesa, usando el aditamento de batidor globo, bata las claras de huevo, sal y cremor tártaro a velocidad medio-alta hasta que espume. Agregue lentamente el ¼ taza (60 g/2 oz) restante de azúcar y bata hasta que se formen picos firmes. Integre las claras de huevo, una tercera parte a la vez, con la mezcla de chocolate y huevo, usando movimiento envolvente, sólo hasta integrar. Usando una cuchara pase la mezcla al molde para soufflé preparado, llenando hasta la orilla.

Hornee el soufflé durante 15 minutos. Reduzca el fuego a 200°C (400°F) y continúe horneando durante 25 ó 30 minutos, hasta que el soufflé se haya esponjado aproximadamente 5 cm (2 in) por arriba de la orilla del molde. Espolvoree la superficie con azúcar glass y sirva de inmediato.

La mayoría de los niños prefieren el chocolate de leche y la mayoría de los adultos el chocolate oscuro. Este pudín combina ambos. Deje que los niños hagan las láminas de chocolate con el rallador de verduras o use chispas miniaturas de chocolate en su lugar. Para agregar un poco de color y sabor agregue una capa de frambuesas durante la temporada de frutas del bosque.

vasos de pudín de chocolate en tiras

4 huevos grandes

²⁄₃ taza (155 g/5 oz) de azúcar

4 cucharadas de fécula de maíz (maicena)

2 cucharaditas de cocoa en polvo sin endulzar

½ cucharadita de sal

4 tazas (1 litro/32 fl oz) de leche

⅛ cucharadita de canela molida

1 cucharadita de extracto puro de vainilla

90 g (3 oz) de chocolate de leche, picado

60 g (2 oz) de chocolate semiamargo, picado

1 taza de crema dulce para batir, bien fría

3 cucharaditas de azúcar

¼ taza (45 g/1 ½ oz) de láminas de chocolate semiamargo o chispas miniatura de chocolate

rinde 6 porciones

En un tazón térmico grande y usando un batidor globo bata los huevos con el azúcar, fécula de maíz, cocoa y sal hasta integrar. En una olla mezcle la leche con la canela y lleve a ebullición sobre fuego medio. Vierta lentamente la leche caliente sobre la mezcla de huevo batiendo constantemente.

Vuelva a colocar la mezcla de huevo y leche en la olla y cocine sobre fuego medio durante 3 ó 4 minutos, moviendo constantemente, hasta que burbujee y esté espesa. Cuele el pudín a través de un colador de malla fina colocado sobre un tazón limpio e incorpore la vainilla y ambos chocolates, mezclando hasta que se derritan. Presione una hoja de plástico adherente directamente sobre la superficie para evitar que se forme una nata. Deje enfriar hasta que esté tibio, tape y refrigere hasta que esté frío.

Tenga a la mano seis vasos para postre con capacidad de una taza (250 ml/8 fl oz) o un tazón de vidrio transparente con capacidad de 6 tazas (1.5 litro/48 fl oz).

En un tazón mezcle la crema con el azúcar y bata hasta que se formen picos suaves. Haga capas de pudín y crema batida en los vasos o en el tazón, alternándolos para crear capas uniformes. Cubra cada porción con una cucharada de crema batida y adorne con las láminas de chocolate.

Parece que nadie se puede resistir a esta combinación de natilla y salsa de butterscotch si nos basamos en la velocidad con la que desaparecen estos pudines en nuestra casa. Caramelizar azúcar sin importar su tamaño, se debe hacer con mucho cuidado y siempre con la supervisión de un adulto.

pudín horneado de butterscotch

Precaliente el horno a 180°C (350°F). Coloque seis ramekins, refractarios individuales o moldes para natillas con capacidad de ¾ taza (180 ml/6 fl oz) en una charola para asar, dejando una separación entre ellos. En una olla mezcle la crema con la leche y lleve a ebullición sobre fuego medio. Cuando suelte el hervor retire del fuego y tape para mantener caliente.

En otra olla sobre fuego medio-alto derrita el azúcar granulada durante 3 ó 4 minutos, moviendo constantemente con una cuchara de madera, hasta que adquiera un tono dorado oscuro (vea en la página 255 los consejos para caramelizar azúcar). Retire del fuego. Trabajando con cuidado, agregue la mezcla de crema caliente lentamente, unas cucharadas a la vez, mientras bate constantemente con un batidor globo. Vuelva a colocar la olla sobre fuego medio y mezcle hasta que el azúcar se disuelva y la mezcla esté tersa. Retire del fuego y mantenga caliente.

En un tazón bata las yemas de huevo con el azúcar mascabado y la sal. Vierta la crema de caramelo caliente, una tercera parte a la vez, sobre la mezcla de yemas mientras bate constantemente. Cuele a través de un colador de malla colocado sobre una jarra y retire las burbujas de aire que queden en la superficie con ayuda de un cucharón.

Divida la natilla uniformemente entre los recipientes preparados. Cubra cada refractario con un trozo plano de papel aluminio grueso. Saque la rejilla del horno hasta la mitad, coloque la charola para hornear sobre la rejilla y vierta agua muy caliente para llegar hasta la mitad de los refractarios. Empuje la rejilla hacia adentro del horno. Hornee de 50 a 55 minutos, hasta que las natillas se cuajen pero los centros aún se muevan ligeramente cuando se agiten con suavidad. Retire las natillas del baño de agua. Refrigere sin tapar hasta que estén frías y tape y refrigere durante toda la noche. Sirva las natillas bien frías.

2 tazas (500 ml/16 fl oz) de crema dulce para batir

½ taza (125 ml/4 fl oz) de leche entera

¼ taza (60 g/2 oz) de azúcar granulada

6 yemas de huevo grandes

½ taza (105 g/3½ oz) compacta de azúcar mascabado

¼ cucharadita de sal kosher

rinde 6 porciones

Cuadros, círculos, corazones y diamantes, cualquiera que sea la forma que usted elija, estas ricas y desmoronables galletas de nuez son toda una delicia para acompañar té o cocoa. A mis hijas les encanta espolvorear las superficies con azúcar glass para después colocarlas sobre las bases llenas de mermelada, presionando únicamente lo suficiente para hacer que la mermelada salga por el orificio. Es una maravillosa forma de pasar una tarde en la cocina con aromas de especias.

sándwich de galleta linzer con mermelada

En un tazón mezcle las almendras y avellanas con la harina, sémola, sal y canela. En el tazón de una batidora de mesa, usando el aditamento de pala, bata la mantequilla durante 2 ó 3 minutos, hasta que esté cremosa. Agregue el azúcar glass y la vainilla y bata durante 2 ó 3 minutos, hasta esponjar. Integre la mezcla de harina batiendo hasta obtener una mezcla uniforme.

Vacíe la masa del tazón sobre una superficie de trabajo enharinada. Amase unas cuantas veces para incorporar los ingredientes. Golpee ligeramente la masa para hacer un disco. Divida el círculo a la mitad. Extienda cada mitad de masa entre dos hojas de papel encerado para dejar de 3 mm (⅛ in) de grueso. Coloque sobre una charola para hornear y refrigere alrededor de 30 minutos, hasta que esté firme.

Precaliente el horno a 180°C (350°F). Retire la masa del refrigerador, una mitad a la vez para evitar que la masa se suavice demasiado. Retire la hoja superior de papel encerado, puede usarla para cubrir una charola para galletas. Usando un molde para cortar galletas de 7.5 cm (3 in) corte las galletas y pase a la charola para galletas preparada con ayuda de una espátula de metal. Cuando termine de cortar todas las galletas, use un molde redondo pequeño de 12 mm (½ in) para cortar un orificio en el centro de la mitad de las galletas para hacer las partes superiores. Reúna los sobrantes y vuelva a extender entre las hojas de papel encerado, refrigere y repita la operación.

Hornee las galletas entre 12 y 15 minutos, hasta que sus orillas estén doradas. Deje enfriar durante 5 minutos sobre la charola para galletas. Pase las partes superiores a una rejilla. Voltee las partes inferiores y unte cada una con una cucharadita de mermelada. Espolvoree las partes superiores con azúcar glass y una con las partes inferiores a modo de sándwiches. Acomode en un recipiente hermético haciendo capas con papel encerado y almacene hasta por una semana.

½ taza (60 g/2 oz) de almendras tostadas, finamente molidas

¼ taza (30 g/1 oz) de avellanas tostadas, finamente molidas

1 ½ taza (235 g/7 ½ oz) de harina de trigo (simple)

½ taza de harina de sémola, finamente molida

1 cucharadita de sal kosher

1 cucharadita de canela molida

1 taza (500 g/17 ½ oz) de mantequilla sin sal, a temperatura ambiente

½ taza (60 g/2 oz) de azúcar glass más la necesaria para espolvorear

½ cucharadita de extracto puro de vainilla

1 ¼ taza (390 g/12 ½ oz) de mermelada hecha en casa (página 102) o comprada

rinde aproximadamente 18 galletas

En los días fríos me gusta acurrucarme en el sillón con una taza de este té caliente y un buen libro. Al tostar las especias secas se resaltan sus aceites esenciales, los cuales desaparecen gradualmente entre más tiempo se almacenen. Ésta es una mezcla de sabor que yo disfruto pero usted puede variar la cantidad de cada especia dependiendo de su gusto.

té chai auténtico

1 cucharadita de semillas de hinojo

3 vainas de cardamomo verde, abiertas

8 granos de pimienta

8 semillas de cilantro

8 clavos enteros

1 raja de canela de 10 cm (4 in) de largo

2 tazas (500 ml/16 fl oz) de leche entera

1 cucharada de jengibre fresco sin piel y finamente rebanado

2 cucharadas de hojas sueltas de té Assam

azúcar o miel de abeja, para acompañar

rinde de 4 a 6 porciones

Precaliente el horno a 180°C (350°F). Mezcle las semillas de hinojo con el cardamomo, granos de pimienta, semillas de cilantro, clavo y canela en un molde para pay y tueste alrededor de 5 minutos, hasta aromatizar. Pase a un tazón para enfriar y presione ligeramente con el revés de una cuchara de madera.

En una olla pequeña mezcle la leche con 2 tazas (500 ml/16 fl oz) de agua, especias tostadas y jengibre y lleve a ebullición sobre fuego medio-alto. En cuanto suelte el hervor retire del fuego, tape y deje macerar durante 20 minutos.

Vuelva a colocar la olla sobre fuego medio-alto y lleve a ebullición. Cuando suelte el hervor retire del fuego, agregue el té, tape y deje macerar durante 3 ó 4 minutos. Cuele a través de un colador de malla fina sobre tazas precalentadas y endulce con azúcar o miel al gusto. Sirva de inmediato.

sea creativo

Para hacer té chai de vainilla, abra una vaina de vainilla de 2.5 cm (1 in) y raspe las semillas sobre la mezcla de leche cuando agregue las demás especias.

Para hacer té chai de naranja, agregue una tira de cáscara de naranja de 7.5 cm (3 in) a la mezcla de leche con las especias.

Para hacer cocoa a las especias, hierva la mezcla de leche macerada, cuele de inmediato e integre, batiendo, 90 g (3 oz) de chocolate semiamargo derretido en vez del té.

Este oscuro pan de jengibre es deliciosamente húmedo y lleno de especias. Los dos tipos de jengibre, tanto el fresco como el seco, realzan el sabor del pastel terminado. A nuestra familia le gusta untar una capa gruesa de crema batida sobre los cuadros de pan, ya que la crema fresca proporciona un maravilloso contraste para las especias cálidas.

pan de jengibre

Precaliente el horno a 180°C (350°F). Engrase con mantequilla un molde cuadrado de 20 cm (8 in), espolvoree con harina y sacuda para retirar el exceso.

En un tazón mezcle la harina con la sal, polvo para hornear, bicarbonato de sodio, jengibre molido, canela y clavo. En un tazón pequeño mezcle el jengibre fresco con ½ taza (125 ml/4 fl oz) de agua caliente y el piloncillo.

En el tazón de una batidora de mesa, usando el aditamento de pala, bata la mantequilla con ambos azúcares a velocidad alta, hasta obtener una mezcla ligera y esponjada. Detenga la batidora y baje la mezcla que haya quedado en los lados del tazón. A velocidad media agregue los huevos y la yema de huevo, uno a la vez, batiendo perfectamente después de cada adición. Baje la mezcla que haya quedado en las paredes del tazón una vez más. A velocidad baja agregue la mezcla de harina alternando con la mezcla de melaza, empezando y terminando con la mezcla de harina. Integre el buttermilk, aumente a velocidad alta y bata durante 5 segundos para incorporar por completo. Pase la masa al molde preparado.

Hornee aproximadamente 45 minutos, hasta que un palillo delgado insertado en el centro del pastel salga limpio. Deje enfriar sobre una rejilla. Sirva tibio o a temperatura ambiente directamente del molde.

sea creativo

Para hacer pan de jengibre volteado con pera, engrase con mantequilla un refractario y cubra con mitades de pera salteadas con azúcar mascabado, hasta caramelizar. Cubra con la masa y hornee siguiendo las instrucciones de la receta. Invierta el pastel sobre un platón y sirva.

2 ¾ tazas (440 g/14 oz) de harina de trigo (simple)

1 cucharadita de sal kosher y la misma cantidad de polvo para hornear

½ cucharadita de bicarbonato de sodio

1 cucharadita de jengibre en polvo y la misma cantidad de canela molida

⅛ cucharadita de clavo molido

1 cucharada de jengibre fresco, sin piel y rallado

½ taza (170 g/5 ½ oz) de piloncillo

¾ taza (185 g/6 oz) de mantequilla sin sal, a temperatura ambiente

½ taza (125 g/4 oz) de azúcar granulada y la misma cantidad de azúcar mascabado

2 huevos más una yema de huevo

½ taza (125 ml/4 fl oz) de buttermilk o yogurt

rinde 8 porciones

Los adultos se convierten en niños cuando ven estas paletas hechas en casa. Son "taaaaaaan bueeeeeenas", como dicen mis hijas. Yo me cansé de usar moldes comerciales para hacer paletas heladas, por lo que idee un método más sencillo que no requiere de un equipo especial. Usted también puede usar un molde para pastel redondo de 23 cm (9 in) e insertar el palo para paletas en la orilla curva y ancha de cada paleta. O puede omitir los palos y servir como si fuera helado.

paletas heladas de crema de naranja

1 litro (1 qt) del Mejor Helado de Vainilla (página 71) o helado de vainilla de la mejor calidad comprado, suavizado a temperatura ambiente durante 20 minutos

½ taza (125 ml/4 fl oz) de jugo concentrado de naranja orgánica, congelado, parcialmente descongelado

rinde 10 paletas heladas

Cubra un molde de 23 x 18 x 5 cm (9 x 7 x 2 in) con plástico adherente, dejando que cuelgue un sobrante de 13 cm (5 in) de los lados largos del molde.

En un tazón mezcle el helado con el jugo concentrado de naranja y mezcle hasta integrar por completo. Vierta en el molde y cubra la superficie con el plástico adherente. Coloque en el congelador durante toda la noche.

Al día siguiente, usando un cuchillo filoso corte el helado congelado en 10 rectángulos (2 filas de 5 rectángulos cada una). Usando una espátula pequeña levante cada rectángulo e inserte un palo de madera para paletas heladas en un extremo. Si las paletas se han suavizado colóquelas sobre una charola para hornear y vuelva a meterlas al congelador hasta que estén firmes.

Sirva directamente de la charola para hornear o envuelva cada paleta en papel encerado, gire el papel en donde la paleta se une al palo y congele hasta el momento de servir o hasta por una semana.

temas básicos

masa para pasta quebrada hecha en casa

1 ¼ taza (200 g/6 ½ oz) de harina de trigo (simple)

¾ cucharadita de sal kosher

½ taza más 2 cucharadas (155 g/5 oz) de mantequilla sin sal fría, cortada en cubos

½ cucharadita de vinagre blanco destilado

3 ó 4 cucharadas de agua con hielo

En un tazón mezcle la harina con la sal. Distribuya los trozos de mantequilla sobre la harina e integre usando un mezclador de varillas o dos cuchillos de cocina hasta que la mantequilla quede del tamaño de un chícharo. Agregue el vinagre y después añada gradualmente suficiente agua con hielo, mezclando con un tenedor, hasta que la masa empiece a juntarse. Debe estar húmeda pero no totalmente uniforme y su textura debe tener algunos grumos.

Coloque la masa sobre una superficie de trabajo ligeramente enharinada, presione suavemente para formar un disco de 2.5 cm (1 in) de grueso, envuelva en plástico adherente y refrigere por lo menos durante 30 minutos o durante toda la noche. (O, congele hasta por 3 meses y descongele en el refrigerador, aún envuelta, durante toda la noche.)

rinde suficiente para un pay de corteza sencilla de 23 cm (9 in) o una corteza para tarta rectangular de 33 x 10 cm (13 x 4 in)

para extender la masa para pasta
Espolvoree ligeramente una superficie de trabajo con harina. Extendiendo desde el centro hacia las orillas en todas direcciones, extienda la masa haciendo un círculo de 30 cm (12 in) y de aproximadamente 3 mm (⅛ in) de grueso. Trabaje rápidamente para evitar que la masa se caliente demasiado. Levante y voltee la masa varias veces a medida que extiende para evitar que se pegue. Si empieza a pegarse, espolvoree la superficie de trabajo con un poco de harina.

para cubrir un molde para pay o tarta
Espolvoree ligeramente el rodillo con harina y enrolle la masa cuidadosamente alrededor del rodillo. Coloque el rodillo sobre el molde y desenrolle la masa, centrándola en el molde. Levante suavemente la orilla de la masa con una mano, mientras la presiona en la orilla del molde para pay con la otra. Recorte las orillas y continúe siguiendo las instrucciones de la receta.

para hornear en blanco una corteza para pay
Precaliente el horno a 200°C (400°F). Cubra una corteza para pay fría con un trozo de papel aluminio. Llene la corteza cubierta con papel con pesos de cerámica para pay, frijoles secos o arroz crudo. Hornee la corteza alrededor de 15 minutos, hasta que se seque. Retire cuidadosamente los pesos y el papel juntando las orillas del papel y llevándolas al centro, hacia arriba y hacia fuera.

Para preparar una corteza horneada en blanco, continúe horneando alrededor de 5 minutos más, hasta que la corteza esté muy ligeramente dorada en las orillas y se vea seca en la base. Pase la corteza a una rejilla de alambre y use como lo indica la receta.

Para preparar una corteza totalmente horneada, continúe horneando alrededor de 10 minutos más, hasta que toda la corteza esté de color dorado oscuro. Pase la corteza a una rejilla de alambre y use como lo indica la receta.

crema batida dulce

¾ taza (180 ml/6 fl oz) de crema dulce para batir, refrigerada

1 cucharada de azúcar

½ cucharadita de extracto puro de vainilla

En un tazón bien frío mezcle la crema, azúcar y vainilla. Usando un batidor globo, una batidora manual o una batidora de mesa, bata la crema hasta que se formen picos suaves.

rinde 1 ½ taza (375 ml/12 fl oz)

pasta de hojaldre rápida

3 ½ tazas (545 g/17 ½ oz) de harina de trigo (simple)

2 cucharaditas de sal kosher

500 g (1 lb) de mantequilla sin sal fría, cortada en cubos de 2.5 cm (1 in)

2 cucharaditas de vinagre de vino blanco

1 taza (250 ml/8 fl oz) de agua con hielo

En el tazón de una batidora de mesa mezcle la harina con la sal. Adapte la batidora con el aditamento de pala, disperse la mantequilla sobre la mezcla de harina y mezcle a velocidad media hasta que la mantequilla esté del tamaño de un chícharo grande y esté cubierta con harina. A velocidad media-baja agregue el vinagre e integre el agua con hielo hasta que la mezcla de harina esté húmeda y empiece a juntarse. Quizás no necesite toda el agua.

Coloque la masa sobre una superficie de trabajo ligeramente enharinada, reúna para hacer una bola y amase ligeramente hasta obtener una mezcla uniforme. Extienda para hacer un rectángulo de 28 x 43 cm (11 x 17 in) y de 12 mm (½ in) de grueso. Sacuda el exceso de harina de la superficie con una toalla de cocina limpia y seca. Con el lado corto hacia usted, doble el tercio inferior hacia arriba y después doble el tercio superior hacia abajo sobre el primero, como si estuviera doblando una carta de negocios. Ahora deberá medir aproximadamente 15 x 28 cm (6 x 11 in). Si la masa se siente caliente, envuelva en plástico adherente y refrigere durante 15 minutos.

Una vez más extienda la masa para hacer un rectángulo de 28 x 43 cm (11 x 17 in) y 12 mm (½ in) de grueso y doble en tercios. Extienda y doble una vez más. Usando el rodillo presione la masa doblada ligeramente sobre ella para "cerrar" los dobleces. Corte el rectángulo doblado en tercios, envuelva cada tercio herméticamente con plástico adherente y refrigere por lo menos durante una hora o por toda la noche. O, congele hasta por 3 meses y descongele, aún envuelta, en el refrigerador durante toda la noche.

rinde suficiente para hacer tres tartas de 25 cm (10 in)

crème fraîche sencilla

2 tazas (500 ml/16 fl oz) de crema dulce para batir, no ultrapasteurizada

¼ taza (60 ml/2 fl oz) de buttermilk o yogurt

En una olla, caliente la crema hasta que esté ligeramente tibia (35°C/95°F). Vierta en un frasco o tazón de vidrio transparente e integre el buttermilk, batiendo. Cubra con manta de cielo o con plástico adherente perforado con múltiples orificios diminutos. (La crema necesita oxígeno para cultivarse.) Deje reposar a temperatura ambiente durante toda la noche para que espese y almacene tapada herméticamente en el refrigerador hasta por 2 semanas.

rinde 2 ½ tazas (560 g/18 oz)

glaseado de vainilla

1 taza (125 g/4 oz) de azúcar glass

½ cucharadita de sal kosher

2 cucharadas de mantequilla sin sal, derretida

2 cucharadas de leche entera

1 cucharadita de extracto puro de vainilla

En un tazón pequeño cierna el azúcar glass con la sal. En otro tazón bata la mantequilla con la leche y la vainilla e integre con el azúcar para formar una pasta tersa. Extienda el glaseado sobre roles de canela, empanadas o pasteles calientes.

rinde ½ taza (125 g/4 oz)

vinagreta de cebolla morada asada

2 rebanadas de cebolla morada de 12 mm (½ in) de grueso

3 cucharadas de vinagre de vino tinto

½ cucharadita de sal kosher

¼ cucharadita de azúcar

pimienta recién molida

¼ taza (60 ml/2 fl oz) de aceite de oliva extra virgen

Ase las rebanadas de cebolla sobre fuego medio en un asador de carbón o gas. Pique finamente, coloque en un tazón pequeño e integre el vinagre, sal y azúcar. Agregue un poco de pimienta, deje reposar durante 10 minutos e integre el aceite, batiendo; pruebe y rectifique la sazón.

rinde aproximadamente ½ taza (125 ml/4 fl oz) de vinagreta

vinagreta cítrica

2 cucharadas de jugo de naranja fresco

1 cucharada de jugo fresco de limón y la misma cantidad de jugo fresco de limón agrio

1 cucharadita de chalote, finamente picado

¼ cucharadita de sal kosher

pimienta negra recién molida

2 cucharadas de aceite de oliva extra virgen y la misma cantidad de aceite de canola

2 cucharaditas de mezcla de hierbas frescas, picadas, como cebollín, perejil liso (italiano), estragón y/o perifolio, en cualquier combinación

En un tazón pequeño y usando un batidor globo, bata el jugo de naranja con los jugos de limón, chalote, sal y un poco de pimienta. Deje reposar durante 10 minutos para permitir que los sabores se unan. Integre ambos aceites, batiendo, pruebe y rectifique la sazón. Agregue las hierbas justo antes de servir para que retengan su color brillante.

rinde aproximadamente ½ taza (125 ml/4 fl oz) de vinagreta

vinagreta de limón estilo tai

¼ taza (60 ml) de jugo fresco de limón

3 cucharadas de salsa de pescado

1 cucharada de vinagre de arroz

2 cucharadas de azúcar morena

1 ó 2 cucharaditas de chile serrano, finamente rebanado (opcional)

1 diente de ajo, machacado

En un tazón pequeño y usando un batidor globo, bata el jugo de limón, salsa de pescado, vinagre, azúcar, chile, si lo usa, y ajo hasta que el azúcar se disuelva. Deje reposar por lo menos durante 10 minutos para permitir que los sabores se unan.

rinde aproximadamente ¾ taza (180 ml/6 fl oz) de vinagreta

migas de pan frito

3 cucharadas de aceite de oliva extra virgen

1 cucharadita de ajo, finamente picado

¾ taza (90 g/3 oz) de migas de pan simple seco

1 cucharada de perejil liso (italiano) fresco, picado

1 cucharada de ralladura fina de limón amarillo

sal kosher y pimienta recién molida

En una sartén pequeña sobre fuego medio caliente el aceite y el ajo alrededor de un minuto, hasta que el ajo se empiece a dorar. Agregue las migas de pan y cocine, moviendo, alrededor de 5 minutos, hasta que se doren y aromaticen. Pase a un tazón, integre el perejil y la ralladura de limón; sazone con sal y pimienta. Use para poner sobre sopas o pasta.

rinde aproximadamente ¾ taza (90 g/3 oz) de migas

tortillas de harina

3 tazas (470 g/15 oz) de harina de trigo (simple)

2 cucharaditas de polvo para hornear

1 cucharadita de sal kosher

5 cucharadas (75 g/2 ½ oz) de manteca de cerdo, manteca vegetal sólida no hidrogenizada o una mezcla de ellas, más la necesaria para la sartén

1 taza (250 ml/8 fl oz) de agua tibia

En un tazón grande mezcle la harina con el polvo para hornear y la sal. Agregue la manteca y, usando un tenedor o un cortador de varillas, trabaje la manteca para integrar con la harina hasta que la mezcla tenga la textura de migas finas. Agregue gradualmente el agua (debe estar tibia al tacto), mezclándola con un tenedor hasta que la masa esté suave pero no pegajosa. Si la masa estuviera demasiado firme, integre 1 ó 2 cucharadas más de agua. Amase la masa durante unos cuantos minutos hasta que esté tersa.

Divida la masa en 14 trozos iguales y ruede cada trozo para hacer una bola. Coloque las bolas sobre una charola, tape con plástico adherente y deje reposar a temperatura ambiente durante 10 minutos o hasta por 2 horas.

Trabajando con una a la vez, espolvoree las bolas con harina, aplane el centro con un rodillo y extienda sobre una superficie de trabajo para hacer un círculo de 15 cm (6 in) de diámetro, extendiendo desde el centro hacia fuera y levantando y volteando el círculo para evitar que se pegue.

Caliente una sartén gruesa de 25 cm (10 in) o un comal sobre fuego medio-alto. Engrase ligeramente con manteca la sartén y retire el exceso. (Necesita engrasar la sartén únicamente para la primer tortilla.) Coloque una tortilla sobre la palma de su mano volteada hacia arriba e invierta su mano para dejar caer suavemente la tortilla plana en la sartén caliente. Cocine alrededor de 30 segundos y voltee la tortilla. Cocine por el otro lado alrededor de 15 segundos más, hasta que la tortilla se esponje ligeramente y esté moteada con algunas manchas de color café. Envuelva en una toalla limpia de cocina y repita la operación con las demás tortillas, apilándolas a medida que estén listas. Sirva de inmediato.

Almacene las tortillas sobrantes en una bolsa de plástico con cierre hermético en el refrigerador durante 5 días. Para recalentar las tortillas retire de la bolsa, envuelva en papel aluminio y caliente en el horno a 120°C (250°F) hasta que estén calientes.

rinde 14 tortillas de harina

cocinando leguminosas

1 taza (220 g/7 oz) leguminosas secas como garbanzos, frijoles cannellini o frijoles negros

4 dientes de ajo grandes

sal kosher

Escoja las leguminosas, desechando las que estén arrugadas y las arenillas. Coloque en un tazón, agregue agua fría hasta cubrir por 10 cm (4 in) y remoje durante toda la noche.

Escurra las leguminosas, enjuague perfectamente y pase a una olla. Agregue el ajo y agua hasta cubrir por 10 cm (4 in). Lleve a ebullición sobre fuego alto, retirando la espuma que se forme en la superficie. Reduzca el fuego a medio-bajo y hierva lentamente durante 40 minutos. Agregue 2 cucharaditas de sal y agua, si fuera necesario, para mantenerlas sumergidas en agua y continúe cocinando entre 30 minutos y 1 ½ hora más, dependiendo del tipo de frijoles, hasta que estén suaves pero no pegajosos.

Retire del fuego y deje enfriar los frijoles en su líquido de cocimiento, escurra y reserve un poco del líquido de cocimiento. Use de inmediato o refrigere los frijoles fríos en su líquido en un recipiente con cierre hermético hasta por una semana.

rinde aproximadamente 2 ½ tazas (560 g/18 oz) de frijoles cocidos

cómo…

tostar nueces y coco

La mayoría de las variedades de nueces saben mejor si se tuestan antes de usarlas en una receta. Al tostarlas se hacen más crujientes, reduce su amargor y resalta su sabor. Asegúrese de tostar las nueces justo antes de usarlas.

Precaliente el horno a 165°C (325°F). Extienda las nueces o el coco rallado seco en una sola capa sobre una charola para hornear pequeña con bordes y tueste, moviendo ocasionalmente para obtener un dorado uniforme, hasta que aromaticen y su color sea más oscuro. Vigílelas de cerca ya que el tiempo varía dependiendo del tipo y tamaño de las nueces. La mayoría de las nueces tardan de 10 a 20 minutos; el coco rallado tardará de 5 a 10 minutos.

retirar la piel de las nueces

Para retirar la piel de las avellanas, cacahuates o nueces tueste primero y páselas, aún calientes, a una toalla de cocina y frótelas firmemente. Retire la piel que quede adherida a algunas nueces con sus dedos.

Para retirar la piel de las almendras y pistaches colóquelas en un tazón refractario, agregue agua hirviendo hasta cubrir y déjelas reposar alrededor de un minuto. Escurra, enjuague con agua fría y exprima cada una entre dos de sus dedos para retirar la piel.

derretir chocolate

Coloque el chocolate picado en un tazón refractario que quede apretado dentro de una olla gruesa (hervidor doble o baño María). Llene la olla con agua hasta obtener una profundidad de aproximadamente 4 cm (1 ½ in) y caliente sobre fuego alto hasta que hierva levemente. Coloque el tazón con el chocolate sobre el agua (pero sin tocarla). Caliente, moviendo a menudo con una espátula térmica de hule, hasta que se derrita el chocolate. Retire el tazón y reserve para dejar enfriar ligeramente antes de usar.

preparar ralladura de cítricos

El mejor utensilio para preparar ralladura de cítricos es el rallador fino microplane. Detenga la fruta cítrica limpia en la palma de su mano y pase el rallador a través de la fruta siguiendo el contorno y retirando únicamente la porción de color de la fruta. La piel blanca que tiene debajo de ésta es más amarga. Golpee el microplane firmemente sobre la orilla del tazón para retirar la ralladura. Si no tiene un microplane o un rallador manual, puede prepararla retirando con un pelador de verduras y picarla finamente con un cuchillo filoso.

retirar el tallo y cáliz de las fresas

Inserte un cuchillo mondador en ángulo ligeramente inclinado debajo del tallo de la fresa. Rote el cuchillo hasta desprender el tallo, levante y deseche el tallo y el corazón.

retirar la piel de duraznos y jitomates

Ponga a hervir tres cuartas partes de agua en una olla sobre fuego alto. Mientras el agua se calienta, corte una pequeña X poco profunda en la base del durazno o jitomate. Déjelo caer en el agua hirviendo y remoje durante 30 segundos. Retire el durazno o jitomate con una cuchara ranurada. Cuando esté lo suficientemente frío para poder tocarlo, retire la piel de la fruta empezando en la X.

retirar el hueso de las drupas (frutas con hueso)

Empezando en la orilla del tallo use un pequeño cuchillo filoso para cortar la fruta longitudinalmente a la mitad, cortando alrededor del gran hueso central. Agarrando fuertemente cada mitad, rote las mitades en dirección opuesta y jale para separar. Saque el hueso con sus dedos o use el cuchillo para sacarlo. Si las mitades no se pueden rotar, usted puede cortar rebanadas para separar del hueso y después desechar el hueso.

descorazonar manzanas y peras

Si la receta pide manzanas o peras sin piel, primero retire la piel de la fruta con un pelador de verduras. Corte la fruta longitudinalmente a la mitad a través del tallo. Use una cuchara para cortar bolas de melón para retirar las semillas y un cuchillo mondador para retirar el corazón y la orilla del tallo.

limpiar un poro

Recorte las hojas de color verde oscuro de la parte superior del poro. Usted puede mezclar estas hojas con algunas zanahorias y apio para hacer un agradable caldo de verduras, o desechar. Corte el poro longitudinalmente a la mitad, dejando la raíz intacta. Enjuague debajo del chorro de agua fría asegurándose de retirar toda la suciedad que haya entre las capas del poro. Rebane como se indica en la receta.

blanquear verduras

Blanquear es una técnica que se usa para cocinar verduras parcial o completamente para suavizarlas. La cocción parcial hecha por adelantado puede ayudar a agilizar los pasos finales de la preparación de alimentos. Hierva 3 ó 4 litros (qts) de agua y agregue 1 1/2 cucharada de sal por cada litro de agua. Prepare un tazón grande con agua con hielo para las verduras blanqueadas. Agregue las verduras a la olla y cocine de 3 a 8 minutos, dependiendo de la verdura, hasta obtener la suavidad deseada. Retire las verduras con una cuchara ranurada, enfríe rápidamente en el agua con hielo y escurra perfectamente.

retirar el cascarón de los huevos cocidos

Retire del fuego la olla que contiene los huevos cocidos. Escurra los huevos y póngalos debajo del chorro de agua fría para que se enfríen ligeramente. Golpee los huevos contra el borde de la olla para romper los cascarones y después llene la olla con agua fría y deje reposar los huevos durante 30 minutos. Si el agua se entibia, escurra y vuelva a llenar con agua fría. Escurra los huevos y retire el cascarón. El agua fría se mete entre el cascarón y el huevo cocido facilitando el trabajo.

IDEAS PARA COMIDAS

Cena Clásica: Ensalada de Hortaliza con Queso de Cabra, Chuletas de Puerco Asadas a las 5 Especias, Puré con Trocitos de Manzana, El Puré de Papa Más Cremoso, Crumble de Chabacano

Cena Preparada con Anticipación: Minestrone de Verduras, Pilaf Horneado de Arroz con Pollo, Pudín Horneado de Butterscotch

Una Cena para que Cocinen los Niños: Pizza, Pizza, Pizza, Ensalada de Hortaliza con Queso de Cabra, Paletas Heladas de Crema de Naranja

Brunch de Verano: Hot Cakes de Mora Azul, Tocino Curado en Seco, Frittata Colorida, Smoothies Tropicales

Brunch de Invierno: Mantecadas de Plátano y Azúcar Morena, Huevo Revuelto Mañanero, Rebanadas de naranja sangría, Chocolate Caliente con Malvaviscos

Fiesta de Té: Scones de Crema, Pan de Limón Alimonado, Empanadas de Almendra Tostada y Cereza, Sándwich de Galleta Linzer con Mermelada, Té Chai Auténtico

Una Comida Grande para Cumpleaños: Dedos de Pollo Fritos al Horno, Pescado con Cornmeal Crujiente y Salsa Tártara, Macarrones con Queso Realmente Sorprendentes, Mantecadas de Chocolate para Cumpleaños con Betunes de Chocolate y Vainilla

Cena estilo Latino: Frituras de Maíz con Limón, Tacos de Pescado con Ensalada de Col, Tortillas de Maíz, Frijoles Negros Refritos, Vasos de Pudín de Chocolate en Tiras

Fiesta del Medio Oriente: Brochetas de Pollo con Pan Árabe, Raita Refrescante de Pepino, Tabule, Pudín de Arroz con Coco

Cena estilo Hindú: Curry de Garbanzo, Raita Refrescante de Pepino, Arroz al vapor, Rebanadas de mango

índice

degustis

Importado, editado y publicado por primera vez en
México en 2009 por/ Imported, edited and published
in Mexico in 2009 by:
Advanced Marketing S. de R.L. de C.V.
Calzada San Francisco Cuautlalpan No.102 Bodega "D"
Col. San Francisco Cuautlalpan, Naucalpan
Edo. de México C.P. 53569

Fabricado e impreso en Singapur el dia 17 de junio de 2009
por/ Manufactured and printed in Singapore on June 17th,
2009 by: Tien Wah Press, 4 Pandan Crescent, Singapore
128475

Título original/ Original Title: Family meals,
Comidas familiares

WILLIAMS-SONOMA, INC.

Fundador y Vice-presidente Chuck Williams

COMIDAS FAMILIARES

Ideado y producido por Weldon Owen Inc.
415 Jackson Street, Suite 200, San Francisco, CA 94111

En colaboración con Williams-Sonoma, Inc.
3250 Van Ness Avenue, San Francisco, CA 94109

Una producción de Weldon Owen
Derechos registrados © 2008 por Weldon Owen Inc.
y Williams–Sonoma, Inc.

Primera impresión en 2009
10 9 8 7 6 5 4 3 2 1

ISBN: 978-607-404-089-0

WELDON OWEN INC.

Presidente Ejecutivo, Grupo Weldon Owen John Owen
CEO y Presidente Terry Newell
VP Senior, Ventas Internacionales Stuart Laurence
VP, Ventas y Desarrollo de Nuevos Proyectos Amy Kaneko
Director de Finanzas Mark Perrigo

VP y Editor Hannah Rahill
Editor Ejecutivo Kim Laidlaw

VP y Director Creativo Gaye Allen
Director Senior de Arte Emma Boys
Diseñador Lauren Charles

Director de Producción Chris Hemesath
Administrador de Producción Michelle Duggan
Director de Color Teri Bell

Fotografía Ray Kachatorian
Ilustrador Rosie Scott
Estilista de Alimentos Lillian Kang
Estilista de Props Lauren Hunter
Asistente de Fotografía Chris Andre
Asistente de Sesión Fotográfica Molly McCulloch
Traducción Laura Cordera L. y Concepción O. de Jourdain

RECONOCIMIENTOS

De Maria Helm Sinskey: El libro fue creado de principio a fin por un
grupo de personas dedicadas a los buenos alimentos y experiencia
compartida. Agradezco a Tory Ritchie quien dio a conocer mi
nombre a Hannah Rahill. Al alocado equipo encargado de las
sesiones fotográficas conformado por Emma Boys, Kim Laidlaw,
Ray Kachatorian, Chris Andre, Lillian Kang, a la apacible Molly
McCulloch y a Gaye Allen quien nos sacó de la casa y nos llevó a
cenar fuera. Jamás en este planeta había sido tan divertido trabajar
en un proyecto que todos amamos tan fervientemente. Mi familia
se merece un gran agradecimiento, a mis hijas Ella y Lexi quienes
algunas veces sonreían por medio de lágrimas para terminar con el
trabajo y a mi tan paciente esposo Rob, quien me permitió hacer
todo a mi manera durante la mayor parte del tiempo. Un
agradecimiento adicional a Kim, quien llevó a cabo la edición
pacientemente y mantuvo un buen sentido del humor durante todo
el proceso. Y, por último pero no por ello menos importante,
agradezco profundamente a Fred Hill, mi agente y amigo, quien
nunca duda de que yo terminaré el trabajo.

Weldon Owen agradece a las siguientes personas por su generosa
ayuda para lograr que este libro se hiciera realidad: Ken DellaPenta,
Leslie Evans, Anna Giladi, Carolyn Keating, Sharon Silva y Tuan Tran.